U.P.plus

Joe Biden's Foreign Policy
and His Vision

# バイデンのアメリカ

## その世界観と外交

佐橋 亮・鈴木一人｜編
SAHASHI Ryo
SUZUKI Kazuto

東京大学出版会

UP plus
Joe Biden's Foreign Policy and His Vision

Ryo SAHASHI and Kazuto SUZUKI, Editors

University of Tokyo Press, 2022
ISBN978-4-13-033303-0

バイデンのアメリカ——その世界観と外交　目次

装幀——水戸部功＋北村陽香

# バイデンのアメリカ——その世界観と外交

# はじめに

佐橋　亮

ジョー・バイデン氏がアメリカの第四六代大統領に就任してから一年あまりの時が過ぎた。

アメリカを震撼させた二〇二一年一月六日の連邦議事堂襲撃から二週間後に行われた就任演説で、バイデン大統領は国民に結束を呼びかけた。「意見の不一致が、国の解体につながってはならない」という一節からは、彼がアメリカの政治分断を憂い、それを修復しなければならないという歴史的使命を悲痛なほどに感じていることがわかる。

その後、バイデン政権からは、民主主義の再生、国際秩序の立て直し、そして中国との大国間競争など様々な目標が語られていく。それでも、市民にとって大きな関心事は、すでに一年以上にわたって生活を制約し経済や社会の形を否応なく変えているコロナウイルス感染症の拡大であり、また広がり続ける貧富の差、とくに出自による社会的上昇機会の違いが顕著になっていることであり、また全米各地で老朽化した道路などのインフラ設備だった。

果たして、バイデン政権は目標を達成できつつあるのだろうか。

就任後一年の節目ということで、二二年一月一九日にホワイトハウスではバイデン大統領による記者会見が行われた。二時間近くと異例の長さになる会見の冒頭、大統領はワクチン接種者の増大や失業率の低下、昇給の広がりなど、雇用や社会保障といった問題から語りはじめる。そして、「コロナこそが新たな敵なのだ」として、自らの政権が前政権よりも上手くそれに対応していることに力を込めて国民に訴えた。

会見は内政に重点を置いたものだった。大統領が冒頭に語った政策の柱は国内経済の回復、社会保障の充実、大企業の寡占への対応であり、その後の質疑も内政が中心になった。質疑応答では外交に関する質問もあったが、市民の関心は内政、経済や社会保障、教育に集中しており、そしてバイデン政権は自らがそれに十分に答えていると繰り返し応じた格好だ。

だが、バイデン政権を取り巻く状況は厳しい。雇用や株価、失業率などの数字は改善しているが物価も上がっており、インフレを前にバイデン政権の経済政策に対する市民の評価は芳しくない。大統領支持率は二〇二一年夏に支持と不支持が逆転した後、四割台前半で推移している。アフガニスタンからの撤退が杜撰に進められたことも一つのきっかけになったが、内政で実行力をみせられなかったことも大きい。秋以降は政権の目玉法案であるインフラ投資法案、(社会保障や教育など主要課題への大規模予算支出案である)ビルド・バック・ベター法案などが審議されるが、党派対立にくわえ、与党民主党内からの反対論にもあい、インフラ投資法案を成立させるのがやっとの状況だった。二〇二二年に入り、ビルド・バック・ベター法案や投票権保護法案の審議が続いているが、なかなか打開策がみえてない。

もちろん、すべてをバイデン政権の責任と言うことはできない。もとより、アメリカ社会の分断は加速しており、政治の基礎条件があまりに悪いなかで舵取りを迫られている。連邦議会においても上院では民主党、共和党が伯仲しており、下院では民主党が優位といっても党内左派と穏健派のあいだで政権が板挟みになる構図ができあがっている。

さらに言えば、バイデン政権はトランプ政権という異形の大統領を据えた政権後に、それを否定する目的を持って生み出されたような政権であり、二〇〇九年にオバマ政権を迎えた熱狂ははじめからアメリカ社会になかった。しかし、政権が広げてみせるビジョンと、実際になされていることや評価との間に乖離が大きいことは抑えておきたい。そして、アメリカの分断もあまり修復されないまま、二〇二二年の中間選挙、二〇二四年の大統領選挙に向けた動きを与野党が活発化させている。

アメリカ合衆国という存在が世界で圧倒的なパワーをもち、より自由で豊かな世界に向けた牽引力を発揮し、憧れを集めたような時代は過ぎ去ろうとしているのかもしれない。

それでも、私たちはアメリカの動きに関心を持たざるを得ない。アメリカ経済がグローバル経済と密接に結びついており、たとえばその経済政策の動向が私たちの日々の生活に影響を及ぼすことは自明だろう。大企業への対策やエネルギー政策、またインフレへの対応などは世界経済に直結する。

それにくわえ、アメリカ社会が今直面している政治課題は、アメリカ以外の国や社会も直面していくものも多い。たとえば、経済的に弱い立場にある人々への支援策、高所得者への課税、社会における多様性の尊重、インフラ設備の補修、自然環境への配慮など、実に多くの課題でアメリカの取り組みは参考になる。分断された政治状況のなかで、どのように解を見いだしていくのか。その点でも、アメリカも満点の回答は示せていないにせよ、参照すべき点は多い。

そして、アメリカ外交やその安全保障政策は、良くも悪くも世界各地の平和・安定に大きな影響を及ぼし得る。バイデン政権は発足すると二一年三月、異例なことに国家安全保障戦略の暫定版を公表したが、そこで中心に据えられたのは中国との大国間競争だった。オースティン国防長官は議会の指名公聴会で中国を「迫りつつあるライバル」と表現し、CIAも中国を専門に扱うセンターを新たに設置したが、すでに中国への取り組みは軍・情報機関を越えて全省庁的なものとなっている。たとえば、レモンド商務長官も中国のイノベーションを遅らせることが重要だと明言し、中国との技術覇権をめぐる競争のために輸出管理などの政策手段を駆使する姿勢をみせる。科学技術におけるアメリカの競争力を維持し、世界におけるデジタル貿易やインフラ投資、新興技術の応用をめぐるルールをアメリカと同盟国を中心に進めていこうとする意欲が政権全体の政策に反映されている。

たしかに、バイデン政権は対中国戦略を「三つのC」、すなわち対決・競争・協調と呼んで、対決を避け、必要な箇所では協調し、そして技術や世界のあり方をめぐっては競争を辞さないと説明することが多い。つまり、中国への競争意識をむき出しにするだけではなく、対話を続けるとの方針を示している。実際にバイデン政権は中国政府との対話の機会を頻繁に設け、二〇二一年秋にはオンライン形式での米中首脳会談も実施した。

しかし、もっとも重視していることは中国との競争に勝ち抜くことであり、そのために政策手段を総動員しようとしている。そのなかには、中国に機微な技術を含んだ製品を渡さないための輸出管理や、中国企業からの投資を規制し、さらにアメリカにおける資金調達を制限することなども含まれている。技術流出への備えを固め、また情報空間における安全性を高める取り組みも進んでいる。実はこうした政策手段のリストはトランプ政権を引き継いでいるところも大きい。こうしたアメリカ政府の試みに入る課題を日本では経済安全保障と呼ぶことも多いが、アメリカの同盟国は一様にそれらへの対応を迫られており、実際に政策対応が進んでいる。

アメリカにとって中国が影響力を拡大させるという事態は、単に世界における力のバランスが変化するということを意味するだけではない。異なる政治体制をもち、アメリカの信奉する価値観とは相容れない考え方を世界に広めかねない存在が台頭することで国際秩序の形が変わり、アメリカにとって望ましい世界が失われるともみえる。従来、アメリカは中国が成長したとしても、欧米の政治経済体制と矛盾しない存在になっていくと考えて、関与し、発展への支援も与えてきた。いまや、そうした前提はなくなり、中国をありのままにみたとき、彼我のあまりに大きな違いに気づき、その成長に怯えているといえる。

それゆえに、バイデン政権も民主主義や人権といった価値観を前面に出すようなアプローチを採りながら、中国に向かい合おうとしている。

だが、いくつもの難題がバイデン政権の前に立ちはだかっている。まず、アメリカの国内を見回したとき、もっとも関心が置かれていることは内政である。世論調査をみると中国への違和感は党派を超えて高まっているが、安全保障の視点がもとより強い政府関係者に比べたとき、一般市民は中国がアメリカをどのように脅かすのか、そのイメージを摑めていないようにも見える。具体的な政策をみても、市民の関心に沿うように、中国を念頭に置いた政策ではアメリカ企業を育成し、なにより雇用を増やすことが重要視されている。

戦略的な問題意識の説得力のなさ、国内政治への配慮によって、対中戦略には多くの制約がかかっている。バイデン政権は中国に対峙するためにインド太平洋戦略を重視し、その柱として同盟だけでなくインド太平洋経済フレームワークを挙げるが、それがデジタル貿易やインフラ投資におけるルールの形成を目指すと言いつつ市場アクセスの交渉を含むことができないことは、まさに国内政治に起因する限界を示している。中間層を奪い合うような政治が続く限り、外交におけるコンセンサスが形成されることは容易ではない。

さらに、新しい国際主義を模索するような考え方が若い世代や左派を中心に育ちつつあるが、そこでは気候危機や生物多様性、世界的な貧富の差などへの対応が重視され、中国との大国間競争という視点はあまり重視されていない。こうした考えは未だ支配的とは言えないものの、バイデン政権や議会での審議をみると影響力が高まっていることは明らかだ。

そして、今もっとも難しい課題としてバイデン政権に突きつけられているものがロシアのウクライナ侵攻という難題であろう。侵攻から一週間も経たずして行われたバイデン政権の初めての一般教書演説は、冒頭に長い時間を割いてプーチン政権を批判し、ウクライナとの連帯を演出するものだった。だが、バイデン大統領はロシアへの経済制裁、武器供与を含むウクライナへの支援継続を約束しつつも、ウクライナへの米軍派兵を否定し、NATO加盟国の防衛を保証するにとどめた。そして、中間選挙を控えたバイデン政権の政治的展望にとってコロナ対策、経済対策が依然として最大の課題であり、重要な国内政策方針への理解を求めることが演説の主題であった。ウクライナのゼレンスキー大統領による議会演説後もそうした基本姿勢は変わらず、むしろバイデン政権は軍事的な消極姿勢をあえて繰り返し国内にアピールしている。

そのように直接的な軍事介入を避ける方針の背景には、核保有国ロシアとアメリカとの間での事態のエスカレーションを防ぐ意図に加え、アフガニスタン撤退から間もないなかで再度戦争に関与することに消極的な世論への配慮がある。その政治的意図は理解できるものの、自由主義的な国際秩序を重視すると明言し、他国への侵略行為によって秩序を破壊しようとしている行為を実際に目の当たりにしている戦時のアメリカ大統領の行動としては、意外なほど弱々しくも見える。厳しい国内政治状況のなかで、中国とロシアという戦略課題、グローバル課題に長期的視野から取り組むだけの余力に乏しいとも言える。

こうした多くの難題を前に、果たしてバイデン政権はいかなる舵取りができるのだろうか。本書はバイデン政権の背景にある世界観や政権の体質を読み解き、重要なパートナーとどのような関係を構築しつつあるか考察するものだが、こうした議論を踏まえれば、今後の展開を考えるための重要な手がかりが得られるのではないだろうか。

本書の第一部では、バイデン外交の背景にある世界観を探るため、全体的な性格を探ろうとする論文にくわえ、中間層対策や人権、環境、民主主義といった要因がどのように外交政策に影響を与えているのか、各章で検討を加えている。

第二部では、バイデン外交の外交課題をより具体的に取り上げる。どうして中国が戦略的課題の中心となったのか、それにどのように安全保障政策の見直しや各国との外交で向かい合おうとしているのか、また各国がそれにどのように対応しようとしているのか議論が行われている。バイデン政権と各国・地域の関係を分析するだけでなく、歴史的文脈に置きながら現状を位置づける論考が多いことも特徴となる。

多面的な要素を持つアメリカ政治外交を理解することは常に容易ではなく、バイデン政権も例外ではない。アメリカ外交は、良くも悪くも国内における論争に大きく左右される。同盟重視、普遍的価値観を守ると言っても、他者からの影響よりも、国内の政治文脈が議論や政策の行方を作用する。そのため、本書に寄せられた論考も国内政治と外交の接点を探るものが多い。

本書は、とくに事前に研究プロジェクトが存在していたわけではない。各稿は、編者たちの呼びかけに応じた最前線の研究者たちによって特別に寄稿されたものとなる。

本書の議論を通じて、バイデン時代の世界、またアメリカ外交の理解が促進されることがあれば、編者としてこの上ない喜びである。

（さはし　りょう）
東京大学東洋文化研究所准教授
専門は東アジアの国際関係・米中関係・国際政治学
著書に『米中対立——アメリカの戦略転換と分断される世界』（中央公論新社）、『共存の模索——アメリカと「二つの中国」の冷戦史』（勁草書房）などがある。

# I　バイデン政権の世界観

アメリカ合衆国大統領就任式・バイデン氏が第46代アメリカ合衆国大統領就任を宣誓する場面、2021年1月20日。

（写真提供：Gripas Yuri／ABACA／共同通信イメージズ）

# バイデン政権の世界観と外交

植木千可子・高橋杉雄・鈴木一人［司会］

## 1　バイデン外交の全体像とその特徴

**鈴木**　バイデン政権の発足からすでに半年が経ったわけですが（本鼎談は二〇二一年八月四日に行われたが、その後の状況に関して校正過程で最低限の加筆を行った）、まず、この政権がどのような特徴を持っており、どのような外交を行っているのかという全体像についてお話しいただければと思います。最初に、高橋さんからお願いいたします。

**高橋**　まず確実に言えることは、非常によく準備ができていた、ということです。政策構想はもちろんですが、人事を含めて非常によく準備ができていました。やはり人事についてはダイバーシティも考慮したみたいで、最終的な確定までには多少の時間はかかりましたが、誰をグループに入れるかという選定についてはおそらく異例の早さで決まったと思います。

その中身についても、一年目の二〜三月の段階から、リモートでの会談も利用しながら、Ｑｕａｄ（日米豪印戦略対話）の首脳会談をやり、日米「２＋２」をやり、米韓「２＋２」をやり、帰り道で米中外相会談をやり、戻った後で日米首脳会談と米韓首脳会談をやりました。そして、この一連のアジア外交のキャンペーンを行った後で、今度はヨーロッパに行ってヨーロッパ外交をしました。これらのすべてを最初の四〜五カ月でやってのけたのは、非常によく準備ができていたということです。

また日米首脳会談で出されたステートメントは、合計で一〇ページもあるんですね。例えば過去の対談と比べてみると、安倍晋三とドナルド・トランプとの最初の会談では二ページ、麻生太郎とバラク・オバマの最初の会談では一ページもステートメントが出ませんでした。それに比べると、付属文書二つを合わせて一〇ページもの文書を四月の段階で出し切ったというのは、いろいろな準備をしていたからこそできたと言えるでしょう。

同様に、対中政策や対露戦略についても基本的な準備があり、それに基づいて同盟国の意見を聞くという作業を二〇二一年の前半をかけてやってきました。

したがって、際立った特徴というのは、とにかくよく準備ができていたということだと思います。

**鈴木**　なるほど。面白いのは、固め打ちの感じがすごくしているところですね。まずアジア・キャンペーンをやり、次にヨーロッパ、ロシアの外交をやり、今度は東南アジア外交をやるという感じで、プライオリティー順に固め打ちで一気に片づけて、それが終わると次のところに移って行く。トータルで見ると、全体のバランスを取っているような気もしますが、「一回アジアに来たからもうしばらくは来ない」というような雰囲気すらある印象を受けました。

**高橋**　最初の一年ですからね。あとは、非常に職業外交官のにおいがするのも特徴です。順番の踏み方が、下からちゃんとボトムアップで上げていくわけですから。同盟国側に投げたアジェンダを首脳会談で回収しているはずなので、私には、プロがきちんとカレンダーを見ながら外交をしている感じがします。

**鈴木**　植木さんはいかがですか。

**植木**　私は、民主主義の優越性というものを非常に強く世界に打ち出している外交なのではないかと見ています。同盟国との協力関係の重視もその表れです。Ｑｕａｄについても、今までは概念としてはありましたが、実際には局長レベル程度の会談しかやっていませんでした。それを、もっと高いレベルまで動かしていくという意思が見えています。

もう一方で、民主主義の優越性を維持する政策の一環として民主主義国との連携を深めること、そして人権の観点から、香港、ウイグル、チベットの問題も重視しています。これらの問題は時の政権によって強弱はありましたが、バイデン政権は人権問題を特に重視して、中国側にもはっきり伝えていく姿勢を持っているように思われます。

**鈴木**　ありがとうございます。確かに民主主義と人権がバイデン政権の特徴として上げられます。ただバイデン政権は、香港やウイグルの問題は頻繁に取り上げますが、ミャンマーをはじめとしたその他の人権問題については、どこまで取り上げているのか。まったく言及しないわけではないし、ミャンマーにも制裁は行っていますが、実際のところ対中政策を人権という名の下でやっているような印象を受けています。一方では価値外交を行っていますが、実際のところはリアルポリティークをやっている。そういう理解でいいのでしょうか。

**植木**　バイデン政権とその周辺にいる人たち、加えてワシントンにいるある程度の人たちは、対中国を前提として、民主主義対専制主義の競争だと見ているようです。

ここで面白いのは、クリントンやオバマの場合、その外交政策の基礎となる理論的な考え方はリベラル・インスティチューショナリズムとエコノミック・リベラリズム、具体的に言えば「ルール」「制度」「経済依存」「関与」という手段を使って中国の行動を抑制する戦略でした。

しかしバイデンは、言葉では「民主主義」と言いますが、考え方は決してリベラルな戦略ではなく、同盟国との連携を強化して、その力の強さから対峙する戦略を採っています。したがって、やり方としてはパワーポリティクスでありリアリズムだと思っています。

**鈴木**　今、クリントンとオバマの話が出てきたので、先ほどの高橋さんがおっしゃっていたプロフェッショナリズムの話とつなげて考えると、今のバイデン政権の外交チームは基本的にオバマ政権で外交チームの中枢にいた人たちです。その点で言うと、むしろオバマ政権からの継続性の方が強く出るような印象もあるのですが、植木さんのご指摘は、「バイデンはクリントンやオバマとは違う」と指摘しています。この矛盾をどのようにとらえたらいいのでしょうか。

**高橋**　それについては、オバマ政権における一期目と二期目との違いをきちんと把握する必要があるのではないかと思います。オバマ政権一期目のときの対中政策の考え方は、バランスシングの中にもインスティテューショナル・バランシングというものを結構重視していました。要するに、「中国を制度の網に取り込んでいく」ということです。特にエヴァン・メディロス（第二期オバマ政権のNSC北東アジア部長）などは、政権入りの前はそのことを非常に重視していたわけですが、それがうまくいかないことはかなり早い段階でわかりました。

それで第二期の段階でいわゆるリバランスにシフトしたときに、中国を「責任ある大国」にいざなうことはあきらめて、より勢力均衡に振れているので、バイデン政権にはオバマ政権二期との連続性がはっきりと見られます。オバマ政権二期の政策というのは実は二〇〇八年、オバマとの選挙戦の前に『フォーリン・アフェアーズ』で発表された各候補者の論文の中で、ジョン・マケインが主張していた政策に非常に近いんです。マケインは同盟重視・勢力均衡重視で知られていましたが、オバマ政権第二期の段階でマケイン的な東アジアの勢力均衡を重視する政策を採っています。バイデン政権がパワーポリティクスでありリアリズムであるというなら、それはすでにオバマ政権第二期の特徴であり、民主党政権としても連続性が観察できるということです。ただオバマ政権の発足当初の段階とは違うという理解はあり得ます。

**鈴木**　確かにオバマ政権の二期目の方がかなりリバランシング的な発想が強かったとは思います。ただそれでも、勢力均衡というところまで意識していたのでしょうか。私は、いわゆる関与政策をあきらめきったという印象を受けてはいないのですが。

**高橋**　「あきらめきった」ということを鮮明に述べたのは、トランプが二〇一七年に公表した「国家安全保障戦略」です。

しかしオバマ政権期の二〇一二年一月に、リバランスの戦略を文書化した「国防戦略指針」が公表されています。これは、ブッシュ政権期の二〇〇一年に公表されたQDR（四年ごとに国防計画見直し）に非常に近い内容です。この二〇〇一年版QDRは9・11の直後に出されたものですが、ここでは当時ブルーチームと呼ばれた人たちによる対中強硬政策の考え方が非常に強く出ている部分がありますね。共和党・民主党の違いがあるにもかかわらず、この二つの文書はうり二つなのです。

なお、オバマ政権第二期のリバランスで重視していたのは北東アジアではなく、東南アジアでした。二〇〇一年版QDRで「不安定の弧」と呼んでいた部分が含まれます。そして東南アジア諸国との関係で重視していたのは、米軍のアクセスであり、米軍のプレゼンスの強化なので、オバマ政権第二期の段階から、勢力均衡、あるいは軍事バランスの再構築に取り組んでいたと見るのが自然だと思います。

**鈴木**　確かに、クリントン‐オバマというひとくくりではなく、加えてオバマも一期と二期では違うという側面は強くあると思いますし、勢力均衡的な発想がベースにありつつも、オバマ政権の一つの特徴はインスティテューショナル・リベラリズムというか、国際制度を維持・是正するインターナショナル・インスティテューションのようなイメージもあったと思うのですが。

**植木**　私もそう思いますね。もちろん軍事的な戦略や兵力の配置は、リバランスのときからそれほど変わってないのかもしれませんが、そのリバランスの中には経済的側面が入っていて、例えばTPPのようなもので地域の影響力を保持しつつ、いずれは中国もその中に取り入れてルールに従わせることが可能だという期待のようなものが、まだあの時期にはあったと思います。

**高橋**　私はそうは思いませんが、続けてください。

**植木**　そうした状況からアメリカのスタンスが変わったのは、人が代わったからというよりも、中国に対する関与政策が中国の行動を協調的にすることに成功していないという現状認識だと思います。また、アメリカのビジネス界において、「中国とビジネスを行っても失うことの方が多いのではないか」という疑問が膨らんだのもその要因の一つと言えるでしょう。具体的には技術を盗まれたり、フェアでないプラクティスなどがあり、関与政策への支持が減ったのではないかと思います。

今アメリカでは、多国間の貿易枠組み等に対して国内的には非常に否定的なので、バイデン政権は、オバマ政権がやろうとしたような地域的な枠組みは採りにくく、関与政策を強く打ち出せるという状況にはありません。また、それが現実的に成功する戦略だと思っている人が、ワシントンには少なくなっているという状況もあります。

インスティテューショナリズムについて言えば、トランプが脱退した国際協定や国際同盟に復帰することについては積極的ですし、その重要性についても考えていますが、しかし、いわゆるインスティテューショナリストが、潜在的脅威で

オンラインによる米中首脳会談、バイデン大統領と習近平国家主席。2011 年 11 月 15 日。（写真提供：ロイター／アフロ）

ある国を制度に取り込んで行動を変えていくという形では、必ずしもとらえてないと思っています。そこのところが、バイデン政権の戦略がどこに行き着こうとしているのかよくわからない部分なのです。

　中国に対しては、力で「ルールに従え」と言っていますが、一方でインスティテューショナリズムについては、あまり信頼していないのではないかというふうにも見えます。そこのところが、戦略的な手段としてインスティテューショナリズムを持っていたオバマの二期目とは違いがあるのではないかと思います。

**鈴木**　その違いというのは、要するにインスティテューショナリズム的なとらえ方はもうしていないという意味でしょうか。

**植木**　対中国についてはそうです。

**高橋**　オバマ政権第二期にインスティテューショナリズムに基づく対中政策を進めたという議論にはエビデンスがありません。当時、中国を含む形でＴＰＰを考えていた形跡はないです。当時政権の中にいた私の友人たちは、完全に対抗戦略に基づく考え方をしていました。対中関与政策と言ったときに、「関与政策」という言葉が非常にあいまいなので、それが具体的に何を意味しているのかもう少しはっきりさせて議論した方がいいような気がします。

## 2　バイデン政権は「脱トランプ化」を進めているのか

**鈴木**　私はＴＰＰが、対中関与政策というか対中包摂政策であるとは思わないです。あれはどちらかというと中国に対して対抗する、ないしは中国を排除すると言うとちょっと強すぎる言葉かもしれませんが、中国のいない貿易秩序をこの地域に作るというのが一つのイメージとしてあったと思います。その意味では、仮に中国がＴＰＰに入ろうとするなら、「ＴＰＰの軍門に下れ」というような、ある種の抑圧的な立場というか、上から目線というか、そういう戦略だったと思います。ですから、インスティテューショナリズムというものとは違うという印象を持っています。

ただ、「バイデン政権は脱トランプ化を進めている」とよく言われていますが、本当に「脱トランプ化」と呼ぶのが適切なのかどうかというのは、結構悩んでいます。確かにトランプは、国際的に考えるとやや常識外れ的なことを数多くやってきたので、それを是正しているという側面では「脱トランプ化」と言えますが、全部が脱トランプ化しているのかと言えば、そうとも限らないと思っています。

この点、TPPは別にしても、WHOやWTO、あるいはパリ協定など、国際的な取り決めに戻るという点は、ある種のインスティテューショナリズムの表れなのか、それとも単に、トランプの路線を是正しているにすぎないのか。そこはどのようにお考えでしょうか。

**植木**　私は国際的な取り決めに戻る理由としては、一つには、バイデン政権がインスティテューションの力を信じているからだと思います。そこに戻ることによって、民主主義勢力の力を強くし、それがアメリカの力を強くすることにつながるという考え方に立っていると思います。中国に関して言えば、インスティテューションの中で中国の影響力を削ぎ、アメリカの影響力の強化を図りたいという考えでしょう。ただし、競争相手の中国を多国間の中に取り込んでその行動を改善しようという戦略ではないと思っています。

では、トランプ政権とバイデン政権はどこが違うかというと、バイデン政権には制度の大切さや、同盟国と連携することの重要性などが、すべてアメリカにとっての重要な戦略的アセットであるという基本的考え方はありますが、トランプ政権はそう見てはいなかった。けれども、バイデン政権が目指しているところはトランプ政権とあまり変わらないと思っています。

アメリカにおける歴代の政権においても、多少の差はあっても目指しているところは同じで、アメリカの「primacy」、ナンバーワンの地位の維持だと思うのです。トランプはそれを一国で行い、アセットであるインスティテューションや同盟国さえも潜在的な競争相手だと見なしていたようなところがあったわけです。しかしバイデン政権はそうではなく、こうしたアセットを使って一番のライバルである中国と競争していくというところなんだと思います。

ですから、バイデンが大事にしている民主的価値は脱トランプだし、方法や手段も違うのだけれど、目指しているところはトランプ政権と似ていると考えています。

**鈴木**　なるほど。目的は共有しているけれども手段は異なるという「手段の脱トランプ化」というのはそれなりに説得力のある話だと思うんですが、高橋さんはいかがですか。

**高橋**　私はどちらかと言うと、鈴木さんと同じような形での脱トランプだと思っています。もちろんトランプとは違うんですよ。トランプとは違うんですけど、要するに政権が代われば政策が変わるので、その範囲に収まっていると思います。

そう考える理由はいくつかあるのですが、しかしTPPに関して言えば、たぶん戻るという選択は採らない。あと、米中の貿易戦争で引き上げた関税を戻す気もない。そのあたりの理由ははっきりしていて、民主党本来の支持基盤は、TPPに反対だし関税は高い方がいいと思っているからです。自分たちの政治的リソースをまったく使わずに、トランプが悪役になってそれをやってくれたんだから、それをわざわざひっくり返す必要などどこにもないわけですよね。そういう意味で、自分たちの政策選好に合う政策については継続をするわけです。

加えて、中国やロシアに対する競争政策というのも共通しています。違いはアプローチで、特に同盟国をもう少し大事にしましょうということがある。同盟国とのフェアな負担だけではなく、同盟国にも夢を与える形で協力関係を築いていくというところがトランプとは違うところです。しかし、それは手段の違いであって目的の違いではない。

ただ、先ほど植木さんがおっしゃった「primacy」の維持という点については、違う可能性があると思っています。もしかしたらトランプは、アメリカを普通の大国にしたかったのかもしれません。一方のバイデンは、普通の国にリトリートする気はあまり持っていないようです。

ただ、普通の国にリトリートする傾向は、実はオバマのときにも観察はされました。だからそのあたりは、オバマとトランプはそんなに違っていないかもしれません。しかしバイデンは、トランプとの比較で考えると、もう少しアメリカのリーダーシップというものを強く意識しているように思われます。

**鈴木**　確かにオバマは「世界の警察官ではない」と宣言したり、NATOのリビアに対する攻撃に際して「Leading From Behind」と言ったりしていました。「リーダーシップは執りませんが大国です」という、ある種トランプと共通するニュアンスというのはあったように思われます。

しかしバイデンとトランプは、確かに表現の仕方の違いや手段の違いはありますが、もう一つは世界観の違いみたいなものもあるように思われます。高橋さんがおっしゃったように、アメリカを世界にどう位置づけるかということが、バイデンとトランプとでは相当違うのだろうと思っています。

トランプは、普通の大国というよりも、アメリカ例外主義を維持したまま、ほかの国と同等の大国になることを模索したのではないか。つまり、これまでアメリカは「例外だからリーダーなんだ」と言われてきた。だから、「リーダーとして振舞わなければならない」という宿命を背負っていた。勝手に背負っていた部分もあると思いますが。そうしたものを全部脱ぎ捨てて、「アメリカだってただの一つの国でしょう。だからアメリカは自分たちのやりたいようにやる」と。なぜアメリカが、ほかの国に対して支援をしなければならないのか。なぜアメリカが同盟国を守らなければならないのか。こうした問いを突き立てる一方で、でもアメリカは特別であると。だからこそ、「アメリカ・ファースト」という言葉にそれが全部凝縮されているような気がするんです。「アメリカは特別だけどワン・オブ・ゼムである」という位置づけだったのかと思います。

おそらくバイデンはそれをひっくり返そうとして、逆に言えばアメリカ例外主義を前面に出さずに、「アメリカは普通の国なんだけどリーダーである」という言説にすり替えている感じが少ししています。

**高橋**　オバマの言葉で言うと、「indispensable power」というやつですよね。『hegemony』ではないけれど、『indispensable power』なんだ」みたいな感じですね。

**鈴木**　そう。

**植木**　ナンバーワンを維持するという目的は同じだということです。アメリカの世論調査では、一九六〇年代には、アメリカが関与せずに世界各国がそれぞれ自分の面倒を見ることに賛成の人は二〇%台だったのが、二〇〇〇年代に入るとそれが五〇%を超える状況になった。オバマ政権は、「アメリカはもう世界の警察官ではない」ということを打ち出しましたが、それは単に大統領だけの意見ではなく、世論がそういった考え方になっていたからです。

ただバイデンには、それを何とか巻き返したいという思いがあります。なぜアメリカが関与していることが、アメリカにとってもいいのかという議論が、いろいろな文書で出されています。そこを同盟諸国と一緒に担って王座を守っていく。そこがトランプと違うところです。

トランプはアメリカファーストだけれども、同盟国との関係がアメリカにとっての力の源泉になっているとは思っていなかっただろうと思います。それがバイデンと違う。

**鈴木**　確かに、同盟国との関係もバイデン政権の大きな特徴だとは思いますが、正直に言うと、日本から見ているから、そういうふうに見えている部分があるのではないか。バイデン政権の主たる競争相手は中国であって、対中政策への意識が強くなればなるほど同盟国は必要になるという発想があるように思います。バイデン政権が同盟国を重視すること自体を目的化しているのではなくて、あくまでも対中政策をやるためにはみんなの力が必要だと言っているわけです。アメリカ一国で今の中国に対抗するには、やはり十分ではない、という発想があるからなのだという気もしています。アメリカはリーダーシップを執りたいのか、それともご都合主義的に同盟国がいないと対中政策はうまくいかないからなのか。高橋さん、いかがですか。

**高橋**　まさに、同盟というのは目的ではありません。明らかにそれは手段ですよね。今の中国との競争ですが、中国自身が非常に巨大化してしまっている一方で、アメリカ自身は第二次世界大戦後のような圧倒的な力があるわけではない。アメリカの非常に大きな比較優位はパートナーシップパワー（パートナーとの協力を進める力）にあるので、それをきちんと動員していきましょうと。トランプ政権では、パートナーシップパワー自体を敵視していた部分があるので、そこをきっちりモビライズしていこうということです。

例えば、ジョージ・ケナンが「X論文」を書いたとき、世界にはウラル、アメリカ、イギリス、ドイツ、日本という五つのパワーセンターがありました。この五つのうち四つの国をアメリカは持っていたので、四対一だからこちらが崩れなければ勝つであろう、という戦略だったわけです。しかし、当時の産業革命の産物としての五つのパワーセンターというのは、今はすでに変わっています。IT革命後のパワーセンターを考えてみると、もうロシアはないし、イギリスもたぶん入ってないし、ドイツも微妙な位置にある。実際にパワーセンターは、日本を含む東アジア、中国、アメリカという構成に変わっているのが現状です。その中でも、中国自体が非常に巨大なパワーセンターになっているので、ここに勝たなければなりませんが、これは当然経済安全保障と重なってくる政策の問題となってくるわけです。こういう観点から見ても、手段としての同盟国の重要性は非常に高まっていると思います。私たちはそのことを忘れてはいけないと思っています。

### 3　ヨーロッパとの同盟関係をどう考えるか

**鈴木**　おっしゃっていることはとてもよくわかりますが、ただそのわりには、例えばNATO諸国との関係については、トランプがパートナーシップパワーを敵視しすぎた感があったあので、それを修復しているだけなのか、それともやはり「genuine」なパワーとしてヨーロッパを見ているのか、どちらなのでしょうか。

つまり、わざわざ敵を作る必要はないので、同盟国を仲間に入れておこうという、いわばおまけみたいな感じでヨーロッパはあるのか、それとも、やはりロシアというのはアメリカの脅威であり続けるので、そちらも捨て置けない存在として見ているのか。例えば最近では、ロシア発のランサムウェアの攻撃のようなものもありますし、そういうものも含めてロシアも無視できない存在であり、そのためにヨーロッパと組んでおかなければならないという発想なのか。このあたりを高橋さんはどう考えますか。

**高橋**　やはり、アメリカの政策エリートの心象風景におけるロシアの存在というのはものすごく大きいと思います。アメリカが世界観を変えたきっかけは、東シナ海や南シナ海ではなく、クリミア併合でしたから。

ただ今面白いのは、先ほど鈴木さんも順番がはっきりしているとおっしゃいましたが、アジアを固めてからヨーロッパに行ったことからもわかるように、今の対露戦略というのは対中戦略に従属している部分もある。他方ヨーロッパ諸国から見ると、そうは見えてないと思います。したがってロシア戦略の中では、手段としてのヨーロッパ諸国との同盟関係は重要なのです。とりわけ中国によりリ多くのソースを割くためには、ヨーロッパ諸国がもっとまじめにやってくれないと困るわけです。ウクライナで危機になっていてもアメリカの抱える問題はそれだけではないからです。

ただ、バイデン政権は、対中戦略上の判断ではなく、リベラルな価値を重視するという観点からヨーロッパが重要だと考えているのではないか、という疑念もアメリカの中にはあります。例えばエルブリッジ・コルビーなどは、それを「マスキュラーリベラリズム（筋肉ムキムキのリベラリズム）」と言って批判するわけです。そこは綱引きになります。

鈴木さんの質問に答えれば、フェンスメンディング（関係修復）よりは重いと思いますね。対露バランシングという観点から、ヨーロッパとの関係は強化しなければならない。ただ、関係強化が、アメリカのリソースをよりヨーロッパに割く形になるとすると、そこは議論があるというのが現状ではないかと思います。

**鈴木**　植木さんはこのあたりをどう考えますか。例えばハードパワーの話ではなくて、環境問題のようなソフトパワーの話で言えば、やはりアメリカのナチュラルな同盟国としてヨーロッパがあると思います。またハードパワーに関しても、今高橋さんがおっしゃったように、対ロシアのカウンターバランスとしてのヨーロッパの位置づけもあると思います。バイデン政権にとってみれば、そのあたりの重さについて、どのようにお考えですか。

**植木**　中国や世界を、どのような時間軸で見ているかによっても変わってくると思います。現段階の中国については、ハードパワーの部分で言えば、インド太平洋の地域に限られるというか、そこを集中的に考えなければいけないと思います。ただ将来においては、もっと広い地域についても、考えられるべき問題に備える必要があると思っています。

繰り返しになりますが、バイデン政権は、中国との競争というのは、民主主義と非民主主義の戦いだと考えています。そうした場合、当然、民主主義的な価値で成功している国々との連携が必要になってくると思います。

ルールに基づいた秩序を維持するという目標も掲げています。この目標達成のための重要なパートナーはどの国か。中国との競争において地理的には日本は大事ですけれども、気候変動の問題とかあるいは人権などの価値観の問題で、日本がどのくらい強力なパートナーだと思っているかについてはちょっと疑問符が残る。高橋さんも言ったように多くの安全保障専門家たち、あるいは、軍事専門家、また軍の人もそうですけれども、ヨーロッパについて詳しい人の方が多い。あるいは実際にヨーロッパで勤務した人が多く、主要なポストに就いている。

もっとアジアの専門家を作るべきだというのはペンタゴンの一部でもずっと言われてきましたが、それでも地理心理学と言うんでしょうか、認知地図と言うのでしょうか、アメリカの外交安全保障専門家はアジアよりもヨーロッパをよくわかっている人の方が多いというところもあってヨーロッパ寄りです。心情も含めてヨーロッパ重視で、中東、ヨーロッパを世界の中で大きく描く。いろいろな文書で、ロシア、中国が競争相手として挙げられている。ロシアは少し付け足しのような感じがありますが、依然残っている。将来の競争相手としては中国だけれど、実際に今まで行動を起こしてきているのはロシアであるということでロシアもチェックしていかなくてはいけないと考えていると思います。

ソフトパワーという点では、ヨーロッパの国々はとても大事なパートナーだと思っているでしょうし、世界的に民主主義対非民主主義の戦いになったときはとても重要な同盟国である。ここの部分では取りあえず、民主主義の仲間たちとの関係を強化、修復していくことが重要だと考えている。すでにバイデン政権は、「Build Back Better World（より良い世界の再建）」というスローガンを打ち出して、そのことに着手しています。

そこでやろうとしているのは、以前、麻生さんが総理大臣のときに言った自由と繁栄を確保する外交戦略と似ています。トランジショニングデモクラシー（過渡的な民主主義国家）にどうやって関与していくかということです。

おそらくこれから先、中国と競争しなければいけないのは、確立された民主主義国家においてではなくて、過渡的な民主主義国家をどちら側の陣営に引き入れるかという競争だと見ていると思われます。その意味においても、ヨーロッパとの連携を重視すると思います。

ただそれは時間軸で見た場合、今の話ではなく将来に備えた問題です。また地理的には、中国周辺ではなく世界を競争の場にしたものだと言えるでしょう。

## 4　バイデン政権における対中戦略の行方

**鈴木**　今の点ですが、私は少し引っ掛かりがあるところがあります。中国が一帯一路のような形で経済的な勢力圏を広げているのに対して、この「Build Back Better World」のような話を出してくる解釈というのはあると思います。ただ、民主主義と専制主義のどちらの側につくかわからない途上国を、民主主義の側に引き入れるというある種の帝国主義的な構想が、今のバイデン政権にはあるのかという点については、私は疑問があるのですが。その点、高橋さんはどうお考えになりますか。

**高橋**　四年ごとにアメリカの国家情報会議が発表している将来分析「グローバル・トレンド」の中で、継続して懸念されているのが、マーケットエコノミーや自由主義によらない経済成長モデルを中国やロシアが提供することです。このような、国家主導の経済成長というものが、自由と民主主義に対するオルタナティブモデルになることに対する警戒感の強さを考えると、意識としては体制競争みたいな部分はあるとは思います。ただそれが冷戦期のように、刈り取り場というか、それを取り合うという形になっているのかどうかについてはわかりません。

ただ、今の大国間競争は、おそらく二つの領域で展開しています。一つはデジタル革命、そしてもう一つが勢力均衡です。勢力均衡は取りあえずいいとして、デジタル革命の方向性というところで言うと、プライバシーや民主的価値を重視したデータ資本主義という形にいくのか、あるいは社会の安定を重視したデジタル権威主義という形に行くのかという意味において、体制間の競争はあります。デジタル権威主義が広がっていく場合、それはおそらく民主主義国家にとっては生きにくい世界になると思われます。したがって、これも経済安全保障と関わってきますが、きっちりマーケットで戦って、デジタル権威主義に立ち向かえるようなデータシステムを西側が提供しなければいけないという意識は、私はあると思いますね。それはもしかしたら、体制の取り合いということにつながるかもしれません。

一帯一路に対する警戒感についても、一つは一帯一路を通じてデジタル権威主義のシステムが広がっていくかもしれないという懸念があったので、技術を加味した体制競争というのは私はあるような気はします。

**鈴木**　そのあたりをもう少し深掘りしていくと、例えばトルコなどは大きな実験場だと思っています。一応NATOの加盟国でアメリカの同盟国なのに、大統領のエルドアンは極端に権威主義的な人で、かつ国内的には言論抑圧的で、Google や Facebook は使えますが、いろいろな形で抑圧的な政策を取ろうとしている傾向があります。これに対してバイデン政権は、表立ってそれを非難したり、あるいは何かアクションを起こそうとする姿勢は見受けられない。エルドアン自身をどう扱うかというのは、これはまた難しい問題だと思いますが。

このような状況は、先ほど植木さんがおっしゃった民主主義ではない国を民主主義化するという話とは反している感じがします。

バイデンは、かつての冷戦のときのように、本気でそういう民主主義対専制主義の図式を押し出しているようには見えないのですが、植木さんはどう考えられますか。

**植木**　バイデンは、世界観も含めて民主主義が主流である世界を守りたいと思っており、中国との競争にも勝ちたいと思っています。そして一帯一路を通して中国主導のプロジェクトが進んだり、それによって中国の影響力が増したり、借金を返済できない国が増えるなど、中国が盛んにやるのは嫌だよねと考えている。そのような中国の動きに対抗していかなければいけないという認識は、はっきりしています。なぜなら、民主主義的なルールに基づかない国や、先ほど高橋さんがおっしゃったようなマーケットエコノミーの透明性が確保されないような、いわゆるグッドプラクティスが担保されていない形で経済成長をすることをよしとする国が増えることはよくないと思っています。

そこで、「Build Back Better World」のような、さまざまなアイデアが出てきてはいるのですが、ではそれがどこまで本気なのかは見えてきていません。多くの同盟国も、これは問題だと言っていますが、ではアメリカがどこまで要求しているのかというところもはっきりは見えてこない。

先ほど鈴木さんがおっしゃったように、実際にトルコやミャンマーのように、個別の話になってくると、本当にそれだけのコストを掛けてまでやる気があるのかどうかというところはまだはっきりは見えていないのが現状です。

**鈴木**　その点で面白いと思うのは、台湾に関しては結構本気で、汗をかいて取り組むつもりであることは、少なくとも表向きには言っています。

グローバルな話で言えば、例えば中国がホンジュラスとかパラグアイに対して、「台湾と断交したらワクチンを提供する」というワクチン外交を行ったときに、アメリカは頑張ってインドからワクチンを持ってきて、「中国からもらわないでいい。私たちが提供する」というふうに、結構汗をかいてやっていたと思うんですね。

ただ、オースティン国防長官やブリンケン国務長官の東南アジア外交を見ていますと、押っ取り刀というか、どこまで本気なのかよくわからない感じがしています。コミットはするけれども、台湾のときのような明示的な感じがしない。日米だろうが米韓だろうが、NATOですら声明で台湾海峡の平和と安定に言及するような、ああいう気合いの入れ方をほかのところでは感じないんですよね。そういう意味で、やはりバイデン外交の中心には中国があって、中国の問題はこと香港やウイグル、台湾に凝縮されており、それ以外の問題はやや二次的で、フルコミットメントはしない感じを私は受けています。

さて、これまでの議論を整理してみますと、アメリカはリーダーシップは執るけれども、しかし普通の国として振る舞う。言ってしまえば、かつてのようなマニフェスト・デスティニー（明白な運命）的な例外主義みたいなものはないけれども、リーダーシップは再構築する。そして同盟国とともに行動はするが、その行き着く先は中国に相当限定されているように見えています。もちろんロシアなどに目配りをしていないわけではないのですが、結局のところ、一番真剣にコミットしているのが中国なんじゃないかなという気がしています。やはりそうなのでしょうか、高橋さん。

**高橋**　そうでしょうね。アメリカの立場を根本的に覆す可能性があるのは中国なので。特にアメリカの対外政策というのは、子供のサッカーじゃないですから中国だけ見ていればいいわけではないのですが、今ボールを持っているのは中国なのでそこに注目しているというところではあるんだと思います。それはブッシュ政権も中国を中心にしていたはずなんですよ。ただそれが変わったのは9・11でした。アメリカは広い盤面で対外政策をしていますから、9・11のようなショックイベントで優先順位が変わる可能性というのはある。その前提の下に、しかし今ボールを持っている中国をちゃんとチェックして、そこからボールを奪おうと。そのために周りのプレーヤーも動かそうとしていることははっきりしています。ただし、もしかしたらウクライナが、優先順位を変えてしまうようなショックイベントになってしまうかもしれない。この点についてはいまアメリカ国内でも議論されています。

**鈴木**　私もサッカーを見るので、今のサッカーの例は、ニュアンスがとてもよくわかります。中国を相手にするときに問題になっているのは、高橋さんが何度か言及していますが、「経済安全保障」というキーワードです。もちろん中国と軍事的な対峙関係については、核戦力も含めてアメリカの優位性がある程度あるので、米ソ冷戦時代のいわゆる相互確証破壊に基づくような状況ではないにせよ、一定の緊張のある均衡状態にあります。やはり今、一番均衡が取れてないのは経済面だと思っています。経済安全保障がどういう将来をもたらすのか。

一つは、デカップリングが今後どうなっていくのかということです。少なくともトランプ政権は関税を掛けまくって、中国からの輸入そのものをとにかく減らそうとしてきました。経済的には、最終的に中国と異なる経済圏を作るぐらいの勢いでデカップリングを行ってきました。少なくとも今は、そこを目指しているとは言えないまでも、中国と関税交渉をするようなそぶりはまったく見せていません。とにかく中国とは没交渉の状態で、半導体に関してはトランプ政権時代に行ってきた、ある種制裁というか中国いじめをやり続けてサプライチェーンを区切ろうとしています。

ただ他方で、テスラは中国での需要を伸ばしていますし、アップルも中国でiPhoneを生産しています。とにかく経済界は、それでも中国との関係を非常に根深く持っていると思います。こうした状況をバイデン大統領はどちらに向けようとしているのか、どういう将来像を描こうとしているのかについては、まだ見えにくいのが現状です。しかし少なくとも経済安全保障については、サプライチェーンの見直しなど、トランプ政権時代から継続している部分は結構あるような気がしています。バイデン政権の肝はどこにあるとお考えか、まず植木さんからご意見を聞かせてもらえますか。

**植木**　いろいろ見ていると、先端的な技術革新の力を維持しなければいけないというのは、意識の中で強いのかなと思っています。国防予算を見ても、研究開発費を今回非常に多く付けているところもそういうことの表れです。

またそれ以外の技術についても、とにかく競争に勝てるだけの投資をして、今の地位を維持したいという思いもあると思います。

今までのアメリカのビジネススタイルとしては、中国の消費マーケットがまだ完全に育っていなくても、長い間投資し続け、そこが消費市場になったときに回収するようなモデルでコミットしてきました。そして今、ちょうどそうした状況になってきおり、そこをディカップルするのは、企業にとって非常にやりにくい部分ではあると思います。

ビジネスが問題にしているのは、先ほども出てきましたが、技術的なことが盗まれることと、ビジネス上のアンフェアなルールがいくつか設けられていることです。そこに米中間の齟齬があるわけであり、何も中国とビジネスしなくなることを望んでいるわけではないと思います。

あとアメリカが一国でディカップルをしても、ほかの国が全部そうしなければ、アメリカだけが損をしてしまうこともわかっているので、完全にディカップルすることはあまり求めてはいません。ただ、トランプ政権の下で行われた制裁は依然続いていますし、それに加えて、香港の絡みでさらに制裁が加わっている状況があるので、これをどこで解除しようとしているのか不明です。Ｑｕａｄでも中国に依存しないサプライチェーン強靭化を打ち出していて、Ｑｕａｄが安全保障、民主主義の面の連携だけでなく、技術的な競争力を重視していることがわかります。

　あと、高橋さんに質問したいのですが、ヨーロッパにはもうＩＴの競争力はないんですか。

**高橋**　どこで見るかにもよりますけれど、半導体の製造能力はないですよね。

**植木**　ヨーロッパは、いくつかの国で連合を組んでやっていかなければならないという議論が起こっており、そういうプログラムを走らせたりしているようですが。

**高橋**　追い付こう、あるいは遅れないように頑張っているのは確かです。実際５Ｇの基地局の技術は日本と組んでやっているので、侮ることはできません。ただ少なくとも、半導体の生産能力はすでに、中国、台湾、韓国、日本、アメリカにしかないのが現状です。

**植木**　なるほど。そういうことなのですね。ヨーロッパへ行くと、例えば、「このところで連携してヨーロッパの力を強くしていく」という話をよく聞くのですが。

**高橋**　ヨーロッパで侮れないのは、ＥＵを中心とした標準化を決める力です。例えばスマートシティとかのデータ利用の標準化については、結構ＥＵの作っているスタンダードが大きな影響力を持っているので、そのあたりを含めたヨーロッパの役割というのはあります。

**鈴木**　まさに今高橋さんがおっしゃったとおり、ヨーロッパは技術的にはたぶん恐ろしくビハインドな状態なのですが、日本とすごく似ているところがあります。例えば半導体の製造装置では、オランダのＡＳＭＬはやたらめったら強いんですよね。

**高橋**　ニコンが負けた相手ですよね。

**鈴木**　はい。ＥＵＶリソグラフィーという極端紫外線の露光器があるのですが、これはＡＳＭＬのグローバルシェアが一〇〇％です。あと、素材ですよね。ドイツのボッシュとかああいうところが持っているケミカルの力というのは強い。あとロボティクスも強い。だから、産業構造的に強いところが日本と似ているんですね。したがって、いま一生懸命に自分たちで、半導体を生産できる投資の計画を立てていますが、おそらく無理でしょう。

　高橋さんはどうお考えでしょうか。

**高橋**　このサプライチェーンの問題については、実は経済界はワンボイスではないというのが、見落とされがちな論点です。デカップリングでは、勝ち組になるセクターもいれば負け組になるセクターもいます。したがって負け組になるセクターは大反対をするし、場合によっては政府を無視して中国とビジネスをします。勝ち組になりそうなところは、それに乗ってうまく補助金や規制などを勝ち取って、戦っていこうとするわけです。

　とりわけ典型的なのが、テレコミュニケーションの分野です。具体的な企業名は出しませんが、例えば東南アジアやインドなどでスマートシティのパイロットプロジェクトに参加しているような企業は、このデカップリングをまさにビジネスチャンスと見ています。そこで、昔の電電ファミリーとアメリカのつながりと同じようなものを作り直して、それで戦おうという人たちがいるわけです。そこについては進んでいくんだと思うんですよね。

ただ、例えばテスラのように、でき上がった製品で商売をする人たちは、製品は安いければ安いほうがいいので、結局コストを高めるデカップリングには乗りたくはありません。したがって、何とか規制をかいくぐってアプローチしていくことになります。このように、経済界は二重構造になっていくのではないかと私は思っています。

ただこの点で西側、とりわけアメリカが抱いている大きな危機感の源は、5Gの技術で中国に負けたという事実です。それも「技術で中国に負けた」というだけでなく、マーケットにおいても選んでもらえないという状況があった。

マーケットで負けたのにはいろいろな理由があります。その中には、データの窃取のようなフェアな競争環境ではなかったという問題もあるので、フェアな競争環境を作るという話にもなってはいるわけですが、次の勝負で勝つためにフェアな競争環境を作るというのが重要な政策目標です。でもそこに全部の経済セクターが乗ってくるわけではないというところなんじゃないかなと。

**鈴木**　その説明はとても腑に落ちます。たぶんポイントとしては、米中の対立がこれだけ取りざたされ、そこで経済安全保障というテーマが話題になるのは、一つにはアメリカが本来取りたいセクターで勝てなくなっているという事実があると思います。つまり経済的な覇権の凋落です。これは、一九八〇年代の日米貿易摩擦のときに、アメリカが日本に負けて極めて神経を高ぶらせていた状態に近いかもしれません。そういうリアクションが一側面としてあると思うんですよね。

しかし他方で、仮にファーウェイを排除したところでアメリカの企業はほとんどもうかりません。なぜなら、アメリカは5Gをやっていませんから。結局ノキアやエリクソンがもうかるだけなのです。ここはものすごく大きな問題だと思っています。

結局アメリカは、グローバルサプライチェーンの中に中国をがっつりと組み込んでいるわけです。要するに、中国からの輸入なしには生きていけないほど中国に依存している状態です。

しかし半導体のように、安全保障の問題に接続しそうなものについては、中国に依存したままでは問題があると強く自覚したのが、この5Gのケースだったのではないかと思います。

したがって、どこかに可変的なボーダーラインがあり、「ここまでは安全保障」「ここから先は安全保障ではない」というラインが引かれているような感じがします。先ほどのサッカーのアナロジーで言えば、オフサイドラインの内側だったら何をやってもいいが、オフサイドラインの外側にいたらだめという、そういうラインが引かれているわけです。

例えばおもちゃとや乾電池などのレベ

ルのものは、アメリカで生産したら、莫大なコストになってしまいますので、中国で作った方がよいということで中国で生産して輸入します。これはまったくオフサイドラインの内側なので、誰も文句は言いません。しかし、いったんそれがAIや量子コンピューティングなど、オフサイドラインに引っ掛かりそうなものになると即座に笛が吹かれてしまいます。

**高橋**　でもVAR（ビデオ・アシスタント・レフェリー）がいませんよね。

**鈴木**　それで、主審や副審が見落としたりして、下手をすると後でけんかになるようですね。

しかし、ここで誰が審判役をやるのかが大切な問題です。本来ならばWTOがある種の審判役のようなものを期待されていたと思います。ところがトランプ時代に、審判がいなくなってしまったので、反則が取れないというのが現在の状況です。実際に、中国にとってもアメリカにとっても違反し放題、オフサイドし放題のような状態で、そのたびごとに喧嘩になる。それでだんだん試合がつまらなくなってしまう。そんなサッカーの試合になりつつあるように思えます。

最後にバイデン政権の中で日本がどうあるべきかについて議論したいと思います。日本は当然同盟国としてバイデン政権と付き合っていかなければなりませんが、なにぶんトランプ政権の時代は、安倍首相との個人的な関係も含めて極めて特殊な関係でした。つまり、非常に増強された首脳間の個人的関係に強く依存する同盟関係のようなものになっていました。しかし、バイデン政権には同じことは期待できないと思います。

冒頭で高橋さんが、バイデン政権のことを「職業外交官的な政権」とおっしゃっており、私も同感なのですが、そうしたバイデン政権とどうやって付き合っていくのが一番望ましいやり方なのでしょうか。

トランプ時代のように、首脳間の個人的関係に依存できないとすれば、伝統的な日米安全保障条約に基づく制度的な関係をしっかり作っていくというのが、その一つの答えだと思います。その際に引っ掛かってくるのが、台湾有事の問題です。一応日本には安全保障法制があり、ある程度のことはできることになっていますが、しかし台湾有事の際に、アメリカの期待に応えられるかどうかは定かではありません。その点も含めて、日本とバイデン政権における同盟関係は、どのようになっていくとお考えでしょうか。まず植木さんからお聞きしたいと思います。

## 5　台湾有事と日本の立ち位置

**植木**　台湾有事に関する問題をお話する前に、まずリーダー同士が、トランプと安倍さんのような関係にはならないだろうということについてお話したいと思います。その理由の一つに、バイデン大統領が重要視している多様性やSDGsなどの価値観と、日本の現状に齟齬があることが挙げられます。そこのところで、おそらくバイデン政権と日本はコネクトはしていない。もし日本にコネクトするようなリーダーがいれば、トップ同士の連携や協力は生まれてくるのですが、日本にはそういう状況はありません。特に今の日本の政権の中には、そうしたことを大事に思っている人は多いとは言えないので、この分野では本当の意味でのパートナーになるのは難しいと思います。

台湾有事のことですけれども。台湾についてはいろいろな文書の中に入りました。けれども、文言自体は今まで言ってきていることとそんなに変わっていないので、それをどう読むかというのをもう少し考えないといけないと思います。

台湾有事の可能性というのは実際は高くはないでしょう。太平洋抑止イニシアティブ（Pacific Deterrence Initiative：PDI）がディフェンスではなくて抑止と言っているところにも表れています。ただ「簡単には武力行使をやらせないよ」というのはずっと中国に対して言わなくてはいけないと思っているところです。しかし、そんなに短期に起こることとしては認識されていない。

日本として重要なのは、中国の大陸側が台湾に対して武力行使したときに、それが日本にとってどういう意味を持つかを考えておくことです。どういう状況で武力行使があった場合にそれを認めないと判断するかです。従来のアメリカは、台湾側が何もしていないのに大陸側が一方的に攻撃した場合は、アメリカは台湾を守るという基準を設けていました。しかし、今、具体的にどうなのかはあいまいです。

まずは、大陸側が台湾にどのような状況で攻撃を行ったときに、日本が自衛隊を使ってでもそれを止めるべきなのかを国内で議論し、確認する必要があると思います。

最悪のシナリオの場合、大陸側が一方的に武力統一を図る形で起こった有事であれば、おそらく日本もそれに対して自国の問題として対応すると思われます。台湾の東側の海は日本の領海でもあるので、重要影響事態だと認定しなくてもそこでの作戦はある程度可能です。

大陸側の侵攻が、日本にとって存立危機になると日本政府が認定すれば、今の法制でも十分対応できると思います。どのような状況で紛争が起きるとしても、非常に重要なことは、沖縄の米軍基地が機能している状態にあることだと思います。そこはきちんと押さえておく必要があると思います。

少し話がずれますが、太平洋抑止イニシアティブ（PDI）では、グアムにおけるミサイル防衛の強化と、前方展開の基地の残存性強化を打ち出していますが、その一方で、基地が敵の攻撃に対して脆弱で安全ではないのではないかという議論が、十数年前からずっとなされてきています。議会でも、前方展開については議論があるようです。

日本がなぜ戦略的に重要かと言うと、やはり在日米軍基地の存在だと思います。その基地が安全でないということになると、それだけ在日米軍基地の戦略的な価値が下がるわけです。そこをどのように補完していくかが大きな課題です。前方展開には政治的な意味合いもあるので、そこを残すということはアメリカにとって重要なことです。また、たとえ軍事的な合理性が減ってきたとしても、日本の安全保障を考えれば、在日米軍基地

米海軍・イギリス海軍・オランダ海軍・カナダ海軍及びニュージーランド海軍と自衛隊の共同訓練（2021年10月2日、3日）［写真提供：海上自衛隊ホームページ（https://www.mod.go.jp/msdf/release/202110/20211004.pdf）］

は当然重要な存在なので、自ら基地を守ることで中国のミサイル攻撃に対処することが必要です。

私がよくわからないのは、前方展開の維持ということでシンガポール、ベトナム、フィリピンに出ていくという計画があることです。在日米軍基地を念頭に片方では引かないと危ないという意識がアメリカの中にあるのに、一方でもっとさらに前方に展開しようとしています。武器の事前集積みたいなことをヨーロッパでもできたからアジアでもできるんじゃないかという議論もあります。事前集積基地のような脆弱なものをもっと前方に置くという話と後方に引くという話の両方があります。高橋さんの話も聞きたいと思いますが、この矛盾はどうなのか。

日本は法制的にできることはたくさんあるし、本当に台湾有事が重要だと考えるのであれば、政治判断によってもできることはたくさんあると思います。ただ、台湾有事が日本にとってどういう意味を持つのかについての議論がありません。いったいどういう形で、どのような状況で中国が台湾に対して武力行使したときに、日本として対抗しなくてはいけないのか。何でもかんでも対抗すべきなのか。大陸の台湾侵攻は一つのリトマス試験紙であって、ここで対抗しないとアジア全体に及ぶという判断すべきなのか。それとも台湾は特別ケースなのか。外交的には日本は「一つの中国」の原則を維持したままです。七〇年代の条約も全てその原則に根ざしています。そこをそのままにしながらいったいどれだけ軍事的にコミットするのかというのは、私はアメリカに言われてどう協力するかという話よりも先に日本自身で決めないといけないのかなと思います。

**鈴木**　とてもたくさんの論点をご提示していただきました。一つは、今の法制度でもできることは数多くあるが政治的に決まってないこと。そしてもう一つは、アメリカにとって日米同盟の価値は在日米軍基地であるが、アメリカの国内でも前方展開することに対する脆弱性の懸念と、一方で前方展開することの政治的な意味とが分かれており、統一したメッセージが出てきてないという論点だったと思います。

今の点も含めて、高橋さんにバイデン政権における日米同盟の在り方についてお聞きしたいと思います。制度に基づく日米同盟ということにはなると思いますが、台湾有事を一つの事例として考えると、日本はそれにどこまでコミットして、バイデン政権はそれをどこまで求めていくのか。そのことについてご意見をお聞かせください。

**高橋**　まず全体的な話で言うと、植木さんの話の中で、最初に安倍‐トランプ時代の首脳関係に関する問題提起がありましたが、安倍‐トランプ時代というのは、実は同盟関係上の重大な問題はトランプ大統領からもたらされることが多かった。それをまさに管理したのが首脳同士の関係だったと思います。今回の政権は、バイデン自身から同盟関係上の危機はもたらされることはないので、その意味では首脳同士の関係の重要性自体が違うという気はします。

台湾の問題ですが、論点を整理しましょう。まず、何があろうと自衛隊は台湾海峡に行かないでしょうし、自衛隊は台湾島には上陸しません。万一の例外があり得るとすれば在外邦人輸送ですが、要するに戦闘で行くことはありません。

日本が期待される最大の役割は、自衛隊の協力ではなく基地の提供です。要するに、台湾の攻防そのものに関して言うと、自衛隊の役割はアメリカからすれば当てにすべきものでもない。実際の有事を考えるときに、自衛隊が行くというシナリオがまずあり得ない以上、それを「存立危機事態か、武力攻撃事態か」と論じるのは、はっきり言って何の意味もないと思っています。しかし抑止力の点から言えば、中国に対しては、台湾に侵攻したら日・米・台で対処すると思ってもらい続ける必要がある。その意味では、日本はいろいろな形で関与するというメッセージを発する必要があります。

また、中国側のミリタリープランナーがまともな軍事教育を受けていれば、第一撃で日本の港湾や飛行場を攻撃するはずです。そういう発想を持たないプランナーだったら、むしろ我々は中国軍を恐れる必要はありません。中国軍は非常に高い確率で、特にこの地域に存在する米軍に対して第一撃を仕掛けようとするはずです。場合によっては、文字通り真珠湾でさえ攻撃されるかもしれない。

日本が攻撃されることになれば、それはもう武力攻撃事態なので、存立危機事態とは関係がない。日本は、米軍基地を防衛すること、あるいは中国軍が日本の島嶼に上陸してレーダー圏を広げることを阻止することが最大の役割です。まさに、冷戦期において三海峡封鎖が自衛隊の最大の役割だったと同じように、今まさに南西・先島諸島を守ることが自衛隊の最大の役割です。それをしていれば、台湾有事における日本の役割は十分果たしたことになると、私は思っています。

「アメリカが来なかったらどうなるのか」という問題もあるかもしれませんが、アメリカが来なかったら、日本も行かないわけです。それで台湾が負けたら戦後の状況は深刻な問題だと思いますが、いわゆる憲法上あるいは事態対処法上の問題として、それは最初から論点にはならないと思います。

**鈴木**　逆に言うと、アメリカが来ないというシナリオの中で、何らかの形でアメリカに来るようにし向けることで、日本にとって望ましい状況が生まれるような気もします。では、日本はアメリカに対して何らかのレバレッジを持っているのでしょうか。

台湾有事の例は極端ですが、アメリカと交渉するときに、日本が持っている最大のレバレッジというのは、軍事的にアメリカが中国と対峙するときに、日本が米軍基地を提供していることです。また、経済的に考えた場合は、アメリカにとって最も戦略的に意味のあるパートナーであるというポジションを採り続けることが重要です。

言い方を変えると、やはり台湾有事の際にアメリカがコミットすることは、日本にとって利益になるだろうし、逆にアメリカがコミットしない場合、結局中国が台湾に侵攻してそこで止まってくれればそれでいいのかという問題も出てきます。私は、台湾を犠牲にして日本を守るというような考え方にはならないような気がします。そうすると、アメリカが台湾の防衛にコミットするように、日本は何らかの形で協力していかざるを得ないということになる。

もちろん今の法制上、自衛隊が台湾島に上陸する、ないしは何らかの戦闘作戦に関与することはないですが、先ほど高橋さんがおっしゃったように、日本も台湾問題には強い関心を持って「何かあれば日本も何かしますよ」というイメージを作っておくことが重要なのではないかと思います。それは同時に、アメリカのコミットメントもそこに同時発生していることがメッセージとして伝わるので、宣言政策として重要になってくると思います。

あと、もう一つ重要になってくるのが、経済安全保障的な問題です。中国との経済的な関係で言うと、中国が日本に強く依存しているものについて、日本と事を構えると中国にとっては不利になることをメッセージとして伝えることが、抑止力になり得るのではないかと思っています。

そういう意味で、日本が世界の中で果たし得る役割はそれなりにあると、バイデン政権は思っているはずです。

では最後に、バイデン外交の世界観の中で、日本が果たすべき役割について、ご提案や問題提起についてお話しいただければと思います。では、まず植木さんからお願いします。

## 6　日本が果たすべき役割とは何か

**植木**　一つには、民主主義的価値が十分に根付いていない国に対する働きかけです。民主主義的価値に根差した社会、経済、政治のあり方が、必ずしも世界のどの地域でも受け入れられているわけではありません。アメリカが考えるほど、「中国は問題だよね」という状況ではないということです。むしろ、中国的なものに親和性を感じている国もあるので、民主主義的価値をあまり強く押し出すことは、ヨーロッパとの関係修復には役立ちますが、必ずしもアメリカの影響力の維持、強化にはつながりません。日本は、その点についてはわかっているはずなので、そこをサポートする役割があると思います。

あと、日本は経済的に中国への関与を続けてきています。それは、トランプ時代でも変わりません。アメリカでは対中関与政策がもはや支持されていません。それに比べ日本の対中戦略は関与政策を棄てていません。また日本のビジネス界も、アメリカに比べれば、まだまだ中国とのビジネスに対して利益を生み出しているところがあり、ここにも差があります。

そうすると、日米はどこまで一緒にやっていくのがよいのか。必ずしも日米が一緒にやっていくことが、日本の利益の最大化を実現するわけではないので、そこは難しいところだと思っています。

**鈴木**　では高橋さん、お願いします。

**高橋**　本題に入る前に、少し先ほどの論点について補足をしたいと思います。アメリカが台湾有事の際に来ない可能性についてですが、アメリカがリーダーシップを持とうとする国であるかぎり、台湾を見殺しにすることはないと思っています。それは、台湾で負ける、あるいは台湾で中国の勝利を許すということは、アメリカが「普通の国」になるということだからです。アメリカが「普通の国」ではないかぎり、それは許さないでしょう。

問題なのは、アメリカは歴史上、その種の大きな有事の抑止に失敗するケースが割と多いことです。その失敗の原因は、秩序に挑戦する側が「アメリカは来ないんじゃないか？」と思ってしまうことによるわけです。広い意味では第二次世界大戦の日本とドイツもそうですし、一九五〇年の北朝鮮も、一九九〇年のイラクもそうでした。抑止できる機会を逃してもう手遅れになってからぐわーっと来るのが、アメリカの伝統的なパターンなのです。私はこれを「too late too much 問題」と呼んでいます。こうした事態は、どうしても避けてもらわなければなりません。ちなみに現在のアメリカのウクライナに関する対応は、「too late」になるのを避けようとする意図を感じます（二〇二二年三月二三日追記：結果的にはアメリカはロシアのウクライナ侵攻を止められなかった）。

それで、先ほどの鈴木さんのご質問ですが、これはバイデンであろうと誰であろうと変わらないと思いますが、中国との競争が、デジタル革命の方向性とデジタル革命後の社会モデル、それと勢力均衡の問題の二つの面で展開しているとすれば、日本はいずれもアメリカと目標を共有しています。デジタル革命については民主的価値、あるいはプライバシーが重視されるライフスタイルが目標であるし、勢力均衡については現状維持が目標です。このように目標は一致しているので、アメリカの言うことを聞いてどうこうするのではなくて、デジタル革命と勢力均衡について自分たちが必要なことを考えてやるということです。

もう一つ、リソースの投入に関する問題が非常に大きな課題です。イギリスの国際戦略研究所が毎年出版している『ミリタリーバランス』のデータから、日本、中国、韓国、台湾という東アジア四カ国の防衛支出比率を見てみましょう。ちなみに北朝鮮はデータがありません。二〇〇〇年の防衛支出のシェアは日本は三八%、中国は三六%です。それが二〇二〇年になると日本が一七%、中国が六〇%ぐらいになります。日本はずっと五兆円前後の防衛費を維持していますが、二〇年の間にシェアが半分に落ちているわけです。一方でアメリカはシェアをそんなに変えていません。ちなみに台湾は三分の一に落ちています。日本は中国との関係でフロントライン国家であるにもかかわらず、自らの防衛支出が相対的に低下し続けているという事実がある。それに対して、アメリカの戦略家たちが不満を言うのは当然であると思います。

だから、例えば前のエスパー国防長官が「日本はGDP比二%を出すべきだ」と言ったのは、ゆえなきことではないんです。今のシェアが一七%だとすれば、倍の防衛費を出せば三割に近づきます。そうなれば、二〇〇〇年のときのシェアに近づきます。

当然、「日本は財政状況が厳しいんだ」という議論が出てきますが、コロナ前の二〇一九年度の国家予算である一〇二兆円の中で防衛費は五兆円です。その一〇二兆円の予算を一〇四兆円に伸ばして、防衛費を七兆円にしたからといって財政破綻のリスクが際立って高まるとは考えられません。もちろんこれを際限なく増やしていくことはできませんが、とにかく中国との競争の最前線にいる自覚の中で、我々自身がリソースを増やしていくことはもう避けられません。

**鈴木** 確かにそこは難しい問題です。どのレベルがいいのか、それは金額ベースだけで測れるものなのかなどの問題もあります。冷戦期のフロントライン国家と言えば西ドイツが代表例ですが、その西ドイツを一つのベンチマークとしてみると、GDP比で一・五~二%未満ほどでした。それこそ細かい話をすれば切りがありませんが、ただ日本がフロントラインステートであるという自覚は、日本国内の防衛論議だけではなく、それ以外のさまざまな問題も顕在化させます。つまり、フロントライン国家だという自覚自体が高まることで、例えば与野党の政治的な対立軸の問題など、憲法体制の中で作られてきた戦後日本のコンセンサスみたいなものがある程度変わってくるかもしれません。それはバイデン政権であるかどうかにかかわらず、中国が日本の隣にあるという現実は未来永劫変わらないわけですから。

そういう前提で考えると、いずれ何らかの形で日本自身の世界観が変わっていくことで、バイデン政権の対中戦略という意味での世界観とある程度シンクロしていく必要があると思います。日本は、アメリカの前方展開のために基地を提供するだけではなく、日本自身がフロントライン国家であるという自覚に基づいて日本自身の選択を考えなければならない状況に今はあるというのは、高橋さんのおっしゃるとおりだと思います。植木さん、最後に何かありますでしょうか。

**植木** 先ほど私は、この地域はバイデン政権の世界観を必ずしも共有していないところがあるので、もう少しニュアンスを持って進めていくべきだという話をしました。

私自身は、自由民主主義的な価値は大切なものだと思っており、この自由民主主義が、個人の自己実現を可能にする体制だとも思っています。そしてそのような価値がこの地域に広まっていくことによって、力と力のぶつかり合いで問題を解決するのではなく、ルールに基づいた競争を実現することが、個人的にも重要だと思うし、日本にとっても重要だと思っています。

今の日本の社会の中で、特に現政権の中で、個人の多様性やジェンダーの問題がどれだけバイデン政権と共有されているのかについては疑問符がつきますが、私はこれらの課題は重要だと思っているので、ジェンダーを含め多様性のある、差別のない社会の実現に向けて日本が取り組んでいくことは、望ましいことだと思っています。

対中戦略の中で日本は、自由と民主主義を打ち出しましたが、それが本当に大事だからというだけではなく、対中戦略で使えるカードとして使われてきた側面もあります。しかし、自由と民主主義は本当に重要なものなので、そろそろ本気になって取り組んでいくことが必要だと私は思っています。

先ほど高橋さんが、日本、中国、韓国、台湾の四つの国を挙げていらっしゃいましたが、バイデン政権の進めようとしている地域社会の実現のためには、日本と韓国の協力体制の確立が非常に重要です。もちろん韓国のいろいろな事情に関して日本側が努力していることはわかってはいますが、それでも日韓関係の弱さが、全体としての戦略の弱さにつながっていると思います。

アメリカは、それぞれの地域において、どこかの国がリーダーになってその地域を治めてもらいたいということを、以前から考えていました。そして東アジアの地域については、日本にそういう役回りを期待しています。日韓関係が歴史的な問題で進展しないことは理解していると思いますが、しかしそれでも期待しているところなのです。日本は、ここのところを頑張って進めることが戦略的にも重要だと思っています。

先ほど言い忘れましたが、台湾有事の際に、アメリカがコミットしてくれる状況を作り出すという話を鈴木さんがされていましたが、これは非常に複雑な問題です。沖縄の基地が脆弱で中国が狙いやすい状態であればアメリカは基地を守るためにも関与せざるを得ないわけです。結果的に台湾有事の際のアメリカのコミットメントを担保できることになる。しかし、実際に戦うとなると私が先ほど言ったように沖縄の米軍基地が機能し続けることは非常に重要です。狙いやすい状況を作ると攻撃の原因になり、結局日本が攻撃されてしまいます。それを防ぐためには基地防衛能力、ミサイル防衛能力を維持する必要がある。

抑止することが主眼で、当面、台湾有事の可能性は低いと考える状況の抑止の方法と、アメリカが台湾有事に関与しない恐れがあるから引き込みたいという時の戦略は違う。実際の有事に際して、日米の損失を小さくして勝利するという戦略も、また違う。今は、抑止していくのが目的ですから、中国が武力行使すれば大きな代償があるということを中国に伝え続けることが重要でしょう。

防衛費を七兆円にすることが必要だというお話もありましたが、軍事力の強化を議論するだけでなく、日本はフロントライン国家として、韓国との協調や、台湾との戦略的な情報共有を進めていくことも重要だと考えています。加えて、中国に対する関与も続けて武力行使すれば経済的な代償も大きいと明示する必要があると思います。

**鈴木**　ありがとうございました。まだまだ両先生には、お聞きしたいことがたくさんありますが、このあたりで終わりにしたいと思います。

二人の話を聞いてみて、まず軍事的戦略的な意味でバイデン政権との世界観の共有が重要だということ、加えて、民主主義や人権といった価値に基づく世界観の共有も重要なことが確認できました。そうした状況の中で、今、日本は、その世界観が問われているという段階にきているのだと思います。

日本がフロントライン国家であるとすれば、防衛費を七兆円にするのか、日韓関係をどうかするのかなど、いろいろ課題はあると思いますが、その際に、今後台頭する中国に対してさまざまなオプションを考えていかなければいけないし、その中の優先度を戦略的に決めていく必要があると思います。

しかし残念ながら、そうした議論の成熟度はまだ十分ではないと思います。政権の中で議論されているにしても、それが国民との間で共有されていたり、あるいはその世界観が共有されている状況にはないからです。今後、戦略的に成熟したフロントラインステートに向けて議論が進むことを期待したいと思います。

またアメリカでは新たに、バイデン政権というトランプ政権とは違う政権が出てきました。日本は、このバイデン政権と向き合うためにも、自分たちの立ち位置や世界観をきちんと持つ必要があるという自覚を高めていかなければならないと考えています。

---

（うえき　ちかこ）
早稲田大学大学院アジア太平洋研究科教授
専門は国際関係論・国際安全保障
著書に『アクセス安全保障論』（日本経済評論社、共著）『変容するアジアと日米関係』（東洋経済新報社、共著）、『北東アジアの「永い平和」』（勁草書房、共編著）、『平和のための戦争論』（筑摩書房）などがある。

（たかはし　すぎお）
防衛研究所政策研究部防衛政策研究室長
専門は国際安全保障論、現代軍事戦略論、日米関係論
著書に『「核の忘却」の終わり』（勁草書房、共編著）、『新たなミサイル軍拡競争と日本の防衛』（並木書房、共編著）などがある。

（すずき　かずと）
東京大学公共政策大学院教授
専門は国際政治経済学・科学技術と安全保障・宇宙政策
著書に『宇宙開発と国際政治』（岩波書店）、『EUの規制力——グローバル・スタンダードを左右する隠れた超大国』（日本経済評論社、共編著）などがある。

（※この鼎談は二〇二一年八月に収録された。）

# バイデンの非・世界観外交

中山俊宏

（なかやま　としひろ）
慶應義塾大学総合政策学部教授。専門はアメリカ政治・外交。著書に『アメリカン・イデオロギー――保守主義運動と政治的分断』、『介入するアメリカ――理念国家の世界観』、『アメリカ政治の地殻変動――分極化の行方』（東京大学出版会、共編著）。

## 1　新政権の対外政策

バイデン・ホワイトハウスが政権として打ち出している外交の基本的な方向性を描写することは、さして難しいことではない。むしろ、非常に明快だ。それはトランプ外交の否定だ。政権党が変わった時は、前政権の否定が基本的な指針となる場合が多い。その理由は、アメリカ外交自体が非常に党派性を帯びたものになってしまったからだ[1]。かつて、外交については「党派性は水際で終了する」（ヴァンデンバーグ上院議員）と評された。それは、国内問題については、激しく対立しても、アメリカが世界と向き合う時は結束しなければならないという問題意識が作用していたからだ。その合意は、第二次世界大戦、そして冷戦という大状況の産物でもあった。

しかし、そうした超党派性は、ベトナム戦争の評価をめぐってはっきりと揺らぎ始めた。そして、アメリカの国際社会における役割を長らく規定してきた冷戦が終焉すると、国内案件と同様の党派性がアメリカ外交をめぐる議論を浸食していった。いまや、共和党と民主党はかなり異なった世界観に依拠して、国際政治におけるアメリカの役割を定義している。無論、非連続性ばかりに気を取られていると、重要な連続性を見落としてしまうこともある。党派的な対立も、それを俯瞰すれば、アメリカ外交をめぐる党派を超えた大きな方向性についての議論の中で発生していることが分かる。そのため、アメリカ外交を見極めるためには、この大きな方向性を把握することと、その中で繰り広げられている党派的な対立とを分けて考える必要性がある。

さらにいえば、アメリカ外交は、新しい政権が自在に「設定」できるわけではない。それは、アメリカが向き合っている地政学的な現実が、政権交代に合わせて変化するわけではないからだ。そのため、政権交代があっても、アメリカの外交・安全保障政策はある程度の継続性を伴うものになる。それゆえ、バイデン政権がいかにトランプ外交からのリセットを図っても、あらゆる連続性を絶てるわけではない。しかし、地政学的現実に大きな変化がなくても、個々の政権がその現実をどのように解釈し、どのような姿勢で向き合うかによって、アメリカの外交安全保障政策は大きく変わりうる。そして、その変化が翻って地政学的現実を少しずつずらしていく。それは、地政学的な現実が、目の前に「モノ」のように存在するわけではなく、われわれに解釈されることを待っている意味の体系だからだ。

## 2　大統領の世界観

アメリカは、国際情勢に反応しつつ、その行動によって自ら状況を形成していく国家である。そういう国はごく限られた数しかない。今世紀に入ってからのアメリカ外交はかなり揺れ動いた。その影響も受けて、地政学的現実（そして、われわれがその現実をどう解釈するか）も大きく揺れ動いた。

二〇〇一年に発足したジョージ・W・ブッシュ政権は、クリントン政権時代に「NGO化」したとも評された米軍の役割を抑制し、アメリカに対する明白な脅威に限定して対処すべきだとの立場を打ち出した。それは、冷戦後に頻発した地域紛争や破綻国家の問題に米軍が引きずり込まれ、ミッションが際限なく拡大してしまったという問題意識に根ざしたものだった。その意味で、ブッシュ政権が志向したのは、国益に根ざした現実主義への回帰だったといっていい[2]。

しかし、政権発足一年目に発生した9・11テロ攻撃によって、ブッシュ政権はかつてアメリカが引き受けたことがないほどの介入主義の方向に舵を切った。その介入は抑制がきかなくなり、世界規模の対テロ戦争（Global War on Terrorism：GWOT）と国家建設を引き受けることになってしまった。自ら設定しようとした指針が、直面した状況によって覆されてしまった典型例だ。ブッシュ政権は、「恐怖（＝terror）」と戦うという際限のない戦いに自らを引き入れると同時に、「フリーダム」を世界に広めるというミッションを自らに課してしまった。それがおよそ二〇年続くことになる「永続戦争（forever war）」のトリガーを引くかたちになってしまった。

ブッシュ政権に続いて発足したオバマ政権は、ブッシュ時代の過剰な介入主義をリセットすることそのものを目的にした[3]。オバマ外交はその意味で、いくつかのリセットから構成される「リセット外交」だったと評してもいいくらいだ。最初のリセットは、対外政策のフォーカスを「対テロ」から、グローバルな争点の方向にずらしていったことだ。気候変動、不拡散、そして何よりも国際政治における対話を模索したのがオバマ外交だった。より一般的には、ハードパワー偏重からソフトパワー重視への移行といえる。オバマ大統領が、就任して程なく、プラハで核廃絶を訴え、カイロでイスラム世界との対話を呼びかけたことが、そのことを象徴していた。二番目のリセットは地域的なリセットだ。ブッシュ政権は対テロ戦争フォーカスの帰結として、当然、「大中東圏（Greater Middle East）」に釘づけになった。しかし、オバマ政権は、アジアへの旋回（ピボット）／再均衡（リバランス）を試みた。これは、現在のアメリカのインド太平洋シフトとも繋がっている。そして、三番目のリセットは、政策の重心を、対外政策から国内政策に移行させたことだった。しかし、いずれのリセットも、うまくいったとはいえない。

一点目については、オバマは彼方にある目標（あるべき世界）を定めはしたものの、そこに至る具体的な道筋を示しえたとは言いがたい。「演説は素晴らしかったが……」と言われてしまう所以だ。二点目は、確かにアジア太平洋重視は、昨今のインド太平洋シフトと繋がってはいるものの、決定的に異なるのは、オバマ政権は中国を対話可能な相手として捉えようとし続けたことだ。その意味で、アジア重視政策のフォーカスがブレたままだった。中国と協調するのか、それとも対抗するのか、誰が味方で、誰が競争相手なのか、経済なのか、それとも安全保障なのか、これらの点が曖昧であり続けたという見方が、ピボット／リバランスの受け手であったアジアにおける一般的な評価だ。そして、三番目のリセットについては、オバマケア（医療保険制度改革）など、大胆な改革に取り組むも、それが二極分化を加速させ、政権の手足を縛っていくことになってしまった。この二極分化から発生したティーパーティー運動は、オバマ政権の意図せざるレガシーである「トランプ現象」を生み出す土壌を準備した。

次のトランプ政権は例外的だ。いわば振り子のように党派的にブレるアメリカ外交が、最低限、コースからはみ出ないように設けられているガードレールそのものを撤廃しようとしたのがトランプ外交だった。(4) トランプ外交は、その意味で、オバマ外交の否定ではなく、アメリカ外交が拠って立つ基盤そのものを崩そうとした。二〇一六年の大統領選挙の時、トランプ候補は、並みいる共和党の主要候補の中で、単にイラク戦争を躊躇なく間違いだったと言い放った。それは、単にイラク戦争が過ちだったという主張であった以上に、アメリカの対外政策がグローバルな感覚に毒された政策エリートに牛耳られていて、それを「普通の人々」の手に取り返さなければならないという「アメリカ・ファースト」の核心的なメッセージであったとさえいえる。アメリカ・ファーストは、アメリカはもはや「使命的な感覚」に基づいて国際的な責任を引き受けることは放棄し、他の国と同様、剝き出しのナショナリズムに依拠した国益を追求させてもらうという居直りでもあった。それはアメリカが従来引き受けてきた役割を放棄するということでもあり、国際社会に大きな衝撃が走ったのは記憶に新しい。

ユニラテラリズム（単独行動主義）は何もトランプ外交に固有のものではない。圧倒的な力を持つアメリカが、国際協調や多国間主義に苛立った時に、単独的に行動することはアメリカの「お家芸」とさえいえる。トランプにあって固有なのは、トランプがアメリカに固有の「世界史的な使命」を明示的に退け、その行動をアメリカの「主権」の名において正当化したことだ。トランプが言う「主権」とは、損得勘定に基づいてはじきだされた狭義のナショナリズムと言い換えてもよい。そうであるがゆえに、グローバルな領域に属する問題群に対する関心は極端に低下し、国際秩序や同盟といった概念は、アメリカ・ファーストに完全に従属する概念となった。当然、リベラルな国際秩序を志向するアメリカの旧来の「仲間たち」との協調よりかは、自国の権益を何よりも優先する権威主義体制との親和性がトランプ外交の目立った特徴となった。アメリカ自身が戦後一貫して支えてきた「リベラルな国際秩序（liberal international order）」からアメリカを救い出すというメッセージは転倒したものではあったが、アメリカ社会に漂う閉塞感と共鳴し、アメリカ・ファーストの中心的な訴えのひとつとなっていった。

## 3　世界観に依拠しないバイデン外交

こう見ると、二一世紀に入ってからのアメリカ外交は、それぞれかなりはっきりと世界観に依拠したものであったと理解することができる。ブッシュとオバマは、それぞれまったく異なるかたちでアメリカの使命を再定義しようとしたが、それはアメリカはかくあるべしという世界観に依拠したものであった。それは、異なった「アメリカの使命」の解釈であったが、その使命を受け入れているという点においては、世界観的だった。トランプの場合は、従来の世界観を退けたという点においては、「反・世界観的」と形容することができるかもしれないが、それでも世界観を明示的に退けたという限りにおいては、世界観的な大統領だった。それは体系的なものではなかったかもしれないが、アメリカ・ファーストは疑いなく、従来の世界観を否定する世界観だった。

ではバイデン外交はどうか。おぼろげながら明らかになりつつあるバイデン外交は、どうも世界観には依拠していないという点において、「非・世界観的」といえそうだ。それは、こういう世界を導きたいという意志に貫かれたものではなく、問題を処理していくという発想に基づく外交だ。プラグマティズムといってもいいが、それは「主義（イズム）」にまで昇華されていない多分に政治的嗅覚に基づいたものである。バイデン外交については、まだ外交、安全保障関連の主要戦略文書が策定されていないので確定的なことはいえない(5)。ただし、戦略文書が出たからといって、その文書が大統領の世界観と合致するとは限らない。それはトランプ時代にいやというほど思い知らされたところだ。

オバマ政権の副大統領であったバイデン大統領を、オバマ外交の延長線上に定置しようとする向きがあるが、「あるべき世界」を設定した上で、個別の対応を演繹的に模索していったオバマ大統領と、目の前にある外交問題をひとつずつ処理していくバイデン大統領とでは、対外政策に対するアプローチがかなり異なる。これは、バイデン外交にある種の体系性を求めていくと見誤ってしまう可能性を示唆している。

バイデンが二〇二〇年の大統領選挙における民主党の筆頭候補になったあたりから、バイデン・ドクトリンの輪郭を定めようと、多くの識者が論考を発表している。[6] しかし、それらの論考は、そもそもバイデン・ドクトリンは存在しないと指摘するものから、それを抑制的な現実主義の延長線上に定置しようと試みるもの、もしくは中国との戦略的競争を中心的課題として位置づけようとする試みと見なすもの、そしてデモクラシーの立て直しを企図したものと見なすなど、その解釈は多様だ。アフガニスタンからの撤収後は、さらに議論が拡散している。ここまで、解釈が分かれたケースも珍しいのではないだろうか。

もともと、バイデン外交チームがバイデン外交の統合原則として打ち出した「中産階級（ミドルクラス）のための外交」が「バイデン版のアメリカ・ファースト」に過ぎないとの批判はあったが、アフガニスタンからの単独主義的な撤退ぶりに、トランプ主義そのものと同じ「単独性」を見出す批判も噴出した。[7] トランプ外交からのリセットを掲げたバイデン外交に対するヨーロッパ諸国の不安が一気に噴出したかたちだ。なお、「ミドルクラス外交」とは、アメリカのミドルクラスの生活を守ることにアメリカの外交エスタブリッシュメントはより自覚的でなければならないという主張だ。言うまでもなく、「トランプ以降」の発想である。[8]

バイデン政権が発足して1年以上が経過しているが、当初のイメージよりも、バイデン外交は掴みにくい（もしくは一貫性がない）という認識が広がっているといえる。「アメリカは国際社会に戻ってきた！（America is back!）」という掛け声は絶えず聞こえてくるものの、世界は依然として不安を持ってバイデン外交を眺めている。

## 4　バイデンは外交通か？

バイデン大統領は、一般に「外交通」として知られている。それは、一九七二年に連邦上院議員に当選して以来、外交を自らの政治的キャリアの軸のひとつとして設定し、一九九七年に上院外交委員会のランキング・メンバー（少数党のトップ）に上り詰め、民主党が多数党になった際には同委員会委員長を二回つとめているからだ。特に二〇〇七−〇九年期は、イラク戦争に対する不信感が高まった時期でもあり、バイデン委員長は、議会の監査機能をフルに動員してブッシュ政権に対する攻勢の中心にいた。さらにオバマ政権の副大統領に就任してからも、外交・安全保障案件に関して、積極的に発言、政策形成に携わり、前任のチェイニー副大統領ほどではないにせよ、政権の政策に強い影響力を持った。ただし、チェイニーは、ブッシュ政権の政策に、時に大統領と並ぶほどの影響を及ぼしたものの、バイデンについては、意見のインプットがあったことは分かっているが、それがどれほど直接政策に影響があったのかは必ずしも明らかではない。

ただ、間違いないのは、バイデンが、アイゼンハワー以後のアメリカの大統領の中では、トップクラスの外交経験を携えてホワイトハウス入りしたことだ。おそらくバイデンの外交経験と比肩するのはジョージ・H・W・ブッシュ大統領くらいだろう。アイゼンハワー政権において八年間副大統領をつとめたニクソン大統領も外交に強い関心を持ったが、経験値ということでいうとバイデンにはとても及ばない。ブッシュ大統領は、大統領に就任する前、国交樹立以前の事実上の中国大使、国連常駐代表、中央情報局（CIA）長官、そして副大統領を経験していた。ジェームズ・ベイカー国務長官、ブレント・スコウクロフト安全保障担当大統領補佐官等を擁したブッシュ外交安保チームは、今でも「オールスター・チーム」との評判が高い。他の大統領は、カーター以降を見てみると、外交経験はほぼゼロの人物が大統領になっている。かろうじてオバマが、上院外交委員会委員を大統領選挙に出馬する前の数年間経験した程度だ。そのため、バイデンといえば、外交通だとのイメージが定着している。

　他方で、経験を積んでいることが、深い見識には帰結していないとの見方が常にある。しばしば言及されるのが、ロバート・ゲーツ国防長官の二〇一四年のメモワールの中のバイデンに関する一節だ。ゲーツはこう言っている、「過去四〇年にわたって、彼［バイデン］は、ほぼすべての主要な外交政策と安全保障の問題に関して間違った判断を下してきた」と。[9] それこそ、ゲーツといえば、CIAの生え抜きとして初めてCIA長官に就任し、その後ジョージ・W・ブッシュ政権とオバマ政権のもとで国防長官をつとめた究極のインサイダーだ。この評価を聞いた時に納得した人も少なくなかったはずだ。というのも、バイデンといえば、「信念の人」というよりは、「時流」を察知するのに長けた政治家で、とにかくマイクの前では淀みなく話すが、その多くがスタンドプレーに過ぎないというイメージがあったからだ。[10] 上院にはこういうタイプの政治家が少なからず存在する。これがバイデンの公平な評価だとは言わないが、そうしたイメージは確実にあった。

　大統領に就任する前に政治家としてのバイデンが、主要な外交上の争点についてどのような態度をとってきたかを振り返ってみると、あらゆる争点に関し、あらゆる立場をとってきた姿が浮かびあがってくる。一九七三年以来、政治家をやっていたのだからやむをえないとの見方もあるだろう。ベトナム反戦運動が民主党の中で地歩を固めた頃に政治家になり、その後、レーガンによる対ソ攻勢の時代、湾岸戦争、冷戦後のアメリカ一極時代、そして9・11戦争とまったく特徴の異なる時代に外交や安全保障に関して多くの票を議会で投じ、判断を下してきた。そこに一貫性を見出せないのは無理がないという見方もできる。

　主要な事例を見てみよう。ベトナム戦争ついては、反戦運動に身を投じたわけではなかったが、当然、民主党の議員として反戦の立場をとった。一九九一年の湾岸戦争については反対票を投じている。湾岸戦争は、ジョージ・H・W・ブッシュ大統領の「電話外交」とベイカー国務長官の入念な根回しによって、湾岸諸国さえも賛成し、国連安全保障理事会によって武力行使を認可された「正しい戦争」であった。この「正しい戦争」には反対しつつ、一二年後には、介入の根拠が曖昧だったイラク戦争には賛成の一票を投じている。バイデンは、のちにこの双方につき判断が誤っていたと表明している。イラク戦争については、二〇〇六年の中間選挙を期に、戦争への不信感がはっきりと高まりだすと、反対の方向に躊躇なく舵を切った。公平を期せば、イラク戦争については、二〇〇四年の民主党の大統領候補であったジョン・ケリー上院議員（当時）も、二〇一六年の民主党大統領候補であったヒラリー・クリントン上院議員（当時）も賛成票を投じている。ケリーもクリントンも、民主党の中の外交通とされ（二人とものちに国務長官に就任している）、この二人も賛成票を投じていたことは、これがバイデンに固有の問題ではなく、民主党が武力行使に関し直面していた問題と見なした方が的確かもしれない。

バイデンは、九〇年代のボスニア紛争については介入派で、躊躇するクリントン政権を「臆病」だと批判した。コソボ危機の際には、NATO軍の人道的介入に賛成している。アフガニスタンについては、当初は完全な介入派であったが、副大統領になると撤退派に転じた。この反転については、副大統領になって、アフガニスタンの指導者たちと直接やりとりをするようになって、その腐敗ぶりに我慢ならなくなったことと、キャンペーンで全米をまわり、アメリカ人の多くがもう戦争に疲弊しきっていたことをじかに感じ取ったためともいわれる。二〇〇九年、のちに脳腫瘍で命を落とす長男のボー・バイデンがイラクに派遣されたことが作用したという見方もある。米情報当局が、ウサーマ・ビン・ラーディンがパキスタンのアッボターバードに潜伏している可能性が高いとの情報を得ると、特殊部隊によるネプチューン・スピア作戦が計画されたが、その決行に渋ったのもバイデンだった。バイデンは、副大統領として、リビアへの介入も、シリアへの介入も躊躇した。ある時期から、条件反射的に軍事的な介入に躊躇するようになったバイデンに対し、国防総省は苛立ちを感じることがしばしばあったとも伝えられている。それゆえ、バイデン政権が発足してからも、バイデン大統領は国務省よりだと見なされている[11]。外交通というイメージが一人歩きしているが、こうした揺れ動くバイデンを評して、実は直感（gut instinct）に基づいて衝動的に判断する傾向が強いという評価もある[12]。

## 5　政治家としての嗅覚

バイデン大統領は、アフガニスタンからの米軍の撤収の際に演説を行い、「アフガニスタンに関する決定はアフガニスタンにとどまるものではない。それは他国を作り替えるための軍事的な介入の時代を終わらせるということだ」とはっきりと述べている[13]。これは過去二〇年間、アメリカがやってきたことの事実上の否定だった。この二〇年のうち、バイデン大統領は八年間を上院議員として、そして八年を権力の中枢にあって副大統領として過ごした。バイデンは時に、現行の政策に反対の意見を表明したものの、外交安全保障エスタブリッシュメントのメンバーとして、過去二〇年間のアメリカ外交の「共犯者」でもあった。この演説はそのバイデンが、過去二〇年を一括して退け、ブッシュ外交とオバマ外交も併せて否定してしまったかのような発言だった。バイデンは、「揺るぎない国家安全保障上の利益」によってのみ導かれる対外政策を追求するとし、目的が拡散していくことに対して徹底した不信感を表明した。

アメリカ外交が基本的には国益によって導かれてきたことは、他の国と同様、変わらない。しかし、アメリカ外交は、限定的に定義された国益のみによってでは説明できない「余剰部分」によって突き動かされてきた部分がある。アメリカに固有のインターナショナリズムがあるとしたら、まさにその部分だろう。それは、理念国家が否応なしに引き受ける使命的な世界観である。しかし、バイデンは、八月三一日の演説をもって、それを明示的に退けた。それは、ブッシュ外交、オバマ外交の否定にとどまらず、もっと大きな否定であったかもしれない。現時点では、この「否定」は、アフガニスタンからの撤退という固有の政策を正当化する目的のために発せられた可能性もあり、あまり拡張的に解釈することは危険だろう。しかし、この撤退演説は、バイデンがただひたすら距離を置き、アメリカにとっての実存的脅威として退けようとしたトランプ大統領の永続戦争批判と同じ響きを有していた。イラク戦争への道筋を描いた一人であるネオコンのウィリアム・クリストルは、これを評して「トランプ＝バイデン・ドクトリン」と言いたくなる誘惑に駆られてしまうと述べているほどだ[14]。

しかし、バイデンはそこまで自覚的な方向転換を企図しているのだろうか。アフガニスタンからは退却する一方で、バイデン大統領の中国との戦略的競争に臨む姿勢は予想を遥かに超えてタフだ。同様の文脈で、権威主義体制の攻勢に対し、デモクラシーの強靭性を高めていかなければならないことを繰り返し訴えている。気候変動では、国際協調を通じたリーダーシップの有りようを示し、二〇二一年四月にアメリカの呼びかけで開催されたオンラインの気候変動サミットには多くの国が集まり、コンビーナーとしての底力を見せた。

すでに論じたように、仮にバイデン外交が「非・世界観的」なものだとすると、われわれがバイデン外交の含意について過剰な意味を持たせてしまっている可能性がある。バイデンの外交に関する揺れ、つまり反戦派から、介入派、そして抑制派への変遷は、揺れというよりも、時の民主党の主流派の感覚と合致している立場であり、バイデン流の政治的適応の結果である。七〇年代は、民主党の政治家である以上、ベトナム反戦はデフォルトだった。九〇年代は人道的な目的のためにアメリカの力を行使すべしという「人道的介入」が盛んに論じられた。クリントン政権は、介入について揺れ動いたが、バイデンは比較的一貫していた。しかし、9・11テロ攻撃後、一瞬、タカ派に転じるものの、イラク戦争への不信感が民主党の中で高まっていくと、介入に対する懐疑的な姿勢をはっきりと打ち出すようになっていく。

ここには、バイデンが長年ワシントンで政治家として過ごしてきたことからくる一貫性、つまり、民主党の主流派の対外政策に関する感覚を察知し、それに基づいて「外交通」としての影響力を発揮してきたというある種の「一貫性」を見出すことができる。ポピュリストとして、国民の気分を鋭敏に感じ取ったトランプ大統領の「アメリカ・ファースト」と完全な相似形ではないものの、どこか似通ったところがあるのもそのためだろう。このバイデンの政治家としての気質に根ざしたスタイルは、大統領になってもあまり変わらず、ただ「トップ・ディプロマット」であり、「コマンダー・イン・チーム」になったので、上院外交委員会委員長の時よりも、副大統領の時よりも、はるかに大きな影響力を持ってしまったということだ。

　そう考えると、アフガニスタンからは撤退しつつ、中国とのハードな競争を受け入れ、同盟国との関係は尊重しつつ、気候変動などのグローバルなイシューに取り組むというのは民主党の大統領としては、ごく自然なことだ。さらに、全体としては対外介入を抑制し、国内により重点を置くのもごく当たり前の展開だといえる。われわれが大統領を見る時、つい何らかのドクトリンがあると想定してしまいがちだ。しかし、バイデンの場合、そのドクトリンは、むしろわれわれが勝手に思い描いているミラージュであって、実際にはそういうものがないと考えた方が良さそうだ。

（1）　Charles Kupchan and Peter L. Trubowitz, "Dead Center: The Demise of Liberal Internationalism in the United States," *International Security*, Vol. 32, No. 2 (Fall 2007).

（2）　Condoleezza Rice, "Promoting the National Interest," *Foreign Affairs*, Vol. 79, No. 1 (January/February 2000).

（3）　Jeffrey Goldberg, "The Obama Doctrine," *Atlantic* (April 2016).

（4）　中山俊宏「アメリカン・ナショナリズムの反撃――トランプ時代のウィルソン主義」『アスティオン』88号（二〇一八年）。

（5）　唯一、まとまったかたちで公表されているのが「暫定的国家安全保障戦略指針」（二〇二一年三月）である。政権発足後わずか二ヶ月程度で公表された同指針は、二〇二一年初頭には公表されるであろう「国家安全保障戦略（National Security Strategy）」の雛形のようなものと見なすことができるであろう。*Cf.*, White House, *Interim National Security Guidance* (March 2021), 〈https://www.whitehouse.gov/wp-content/uploads/2021/03/NSC-1v2.pdf〉. ［二〇二二年二月に勃発したウクライナへのロシアの侵略によって、戦略文書の発出はさらに遅れる見通しである。］

（6）　例えば以下のようなものがある。Gregg Jaffe, "The war in Afghanistan shattered Joe Biden's faith in America military power," *Washington Post*, February 18, 2020; Joshua Shifrinson and Stephen Wertheim, "Biden the Realist," *Foreign Affairs*, September 9, 2021 〈https://www.foreignaffairs.com/articles/united-states/2021-09-09/biden-realist〉; Hal Brands, "The Emerging Biden Doctrine," *Foreign Affairs*, June 29, 2021 〈https://www.foreignaffairs.com/articles/united-states/2021-06-29/emerging-biden-doctrine〉; William Kristol, "The Birth of the Biden Doctrine," *The Bulwark*, September 1, 2021 〈https://www.thebulwark.com/the-birth-of-the-biden-doctrine/〉; Dominic Tierney, "In Search of Biden Doctrine," FPRI website, November 9, 2020 〈https://www.fpri.org/article/2020/11/in-search-of-the-biden-doctrine/〉.

（7）　Edward Alden, "Bidenomics is 'America First' with a Brain," *Foreign Policy*, June 18, 2021 〈https://foreignpolicy.com/2021/06/18/biden-bidenomics-economy-america-first-trump-trade-supply-chains-industrial-policy-china-reshoring-protectionism/〉.

（8）　〝ミドルクラス外交〟については、Salman Ahmed, et. al. *Making U. S. Foreign Policy Work Better for the Middle Class* (Washington DC: Carnegie Endowment for International Peace, 2020）. この報告書の共著者の多くがバイデン政権入りしている。中でも、バイデン外交にあって、中核的な役割を担う、ジェイク・サリヴァン安全保障担当大統領補佐官の存在が目立つ。中山俊宏「米国の中東政策とミドルクラス外交」ＳＰＦアメリカ現状モニター（オンライン）二〇二一年五月二七日〈https://www.spf.org/jpus-j/spf-america-monitor/spf-america-monitor-document-detail_93.html〉も参照。

（9）Robert Gates, *Duty: Memoirs of a Secretary at War*（New York: Vintage 2014）.

（10）二〇二〇年の大統領選挙に出馬して以降のバイデンは、年齢のためか、言葉がつっかえたり、文章を的確に終わらせることができないというような場面をよく見かけるが、数年前までは、バイデンといえばどこまでも淀みなく話し続ける人というイメージが定着していた。彼が若い時分、吃音症に悩み、それを自分の努力で克服したことが、大統領選挙を通じて、彼のパーソナル・ストーリーとして語られ、初めて多くの人に知られることとなる。

　ちなみに、彼の饒舌ぶりを示す有名な笑い話がある。ある時同世代の共和党の上院院内総務のミッチ・マコーネルがバイデンに時間を尋ねたところ、バイデンは時計のつくり方から話し始めて、しまいにマコーネルは時間のことなどどうでも良くなってしまったという。バイデンといえば、「多弁」「失言」というのが、ワシントン政界ではもはや常識になっている。

（11）Alex Thompson and Tina Sfondeles, "Biden v. the Pentagon," *Politico, West Wing Playbook*, August 30, 2021〈https://www.politico.com/newsletters/west-wing-playbook/2021/08/30/biden-v-the-pentagon-494176〉. 現に、外交人脈のアンソニー・ブリンケン国務長官、元国務省政策企画室長だったサリバン大統領補佐官との関係と、中央軍の最高司令官だったロイド・オースティン国防長官との距離を考えると、前二者との関係の方が圧倒的に深い。

（12）Jaffe, *op. cit.*

（13）Remarks by President Biden on the End of the War in Afghanistan, White House, August 31, 2021.

（14）Kristol, *op. cit.*

# 内政と連動する外交
## ――「中間層外交」を中心に

渡辺将人

（わたなべ・まさひと）
北海道大学大学院メディア・コミュニケーション研究院准教授。博士（政治学）。専門はアメリカ政治・外交。著書に『現代アメリカ選挙の変貌』（名古屋大学出版会、大平正芳記念賞）、『アメリカ政治の壁』（岩波書店）、『大統領の条件』（集英社）ほか多数。

### 1　「ミドルクラス」とは何か

バイデン政権が掲げる「ミドルクラスのための外交（U.S. Foreign Policy for the Middle Class）」とは何だろうか。本稿では便宜上「中間層」と訳して紹介するが、アメリカ政治用語としての「ミドルクラス」の定義を確認しておきたい。この種の選挙スローガン的なアメリカの政治用語は、特定の有権者層への訴求効果を意図した「レトリック」としての性質と無縁ではない。

　大統領選挙で「ミドルクラス」のための政治を大々的に謳ったのは一九九二年のビル・クリントン陣営であった。一九九〇年代の「ミドルクラス」とは、「貧困ではない層」に含意があった。超富裕層ではないが、インナーシティのゲットーに住む層でもない、複数の乗用車と郊外の大きな家を所有する層のことである。一九八〇年代の民主党は、共和党政権下でモンデール、デュカキスと大統領選で二連敗の辛酸をなめた。

　そしてその原因は少数派を代弁する左傾化だという自己診断が民主党内に徐々に頭をもたげた。一九九二年大統領選挙の前年にエドソールらが刊行した『争うアメリカ（*Chain Reaction*）』には、少数派と特殊利益団体により急進化した民主党が描かれている。民主党は生き残りを懸けて中道化に舵を切り、ベビーブーマー世代の大統領が誕生した。クリントン政権は社会保障の削減を福祉改革として断行し、Liberal（リベラル）は「Lワード」として嫌われる侮蔑語となった。一九九〇年代以降、民主党穏健派はイラク戦争支持で失速する二〇〇〇年代前半まで大きな権勢を誇った。すなわち現代アメリカ政治の「ミドルクラス」とは、ニューディール期以降の戦後民主党の弱者保護や再分配などを修正する、選挙を意識した穏健派用語だった。

しかし、『フォーリン・ポリシー』誌のジェームズ・トラウブが指摘するように二〇二〇年代のバイデン政権下では「ミドルクラス」の政治的定義が「富裕ではない層」へと変化している。グローバル化の被害を受ける労働者を含む苦境に喘ぐすべての一般市民とでも解釈しておいた方が、政権が意図している意味に近い。背後には民主党を取り巻く事情が関係している。グローバル化以前、かつて民主党の基礎票であった白人労働者は、経済的に今ほど疲弊していなかった。ある程度富裕だが文化的には進歩的で反トランプという「文化リベラル」から、文化的に保守的な労働者層までを幅広く取り込むには、洗練された「進歩的な保護主義」が求められた。そこには介入を嫌う「孤立主義」的な匂いも漂う。

さらにバイデン政権の違いは、かつてクリントン政権期には内政用語だった「ミドルクラス」を外交に持ち込んだことにある。無論、伝統的な外交ドクトリンと異色の内政や選挙を意識した概念である。トランプ支持に傾いた労働者層と文化的リベラル層を囲い込むには、オバマ政権、トランプ政権という二つの政権との差別化は必須だった。その均衡点としての「中間層のための外交」を内政的な文脈から確認してみたい。

## 2　外交の内政化の前提――共和党の保護主義化

「中間層のための外交」の着想上の源流は、二〇一六年大統領選挙におけるヒラリー・クリントンの敗北とドナルド・トランプの勝利にある。二〇一六年予備選からトランプとバーニー・サンダースに追い風となった反ＴＰＰ（環太平洋パートナーシップ協定）旋風は、民主党エスタブリッシュメントに深いトラウマを残した。この衝撃が、国内の雇用優先、自由貿易協定への警戒、民主党内での左派重視の礎を築いた。これを政策提言として定式化したのが、バイデン政権のサルマン・アフマド国務省政策企画室長とジェイク・サリバン安全保障担当補佐官である。アフマドが率いるカーネギー平和財団の調査班は二〇一八年からコロナ禍にかけて二年越しにオハイオ州、コロラド州、ネブラスカ州で有権者への聞き取り調査を実施し、グローバル化で増した経済格差の解決とアメリカの国際競争力の維持こそが、中間層の利益になるとの考えに至った。報告書では「タカ派もハト派も孤立主義者もネオコンも一様にアメリカの力の決定的な柱が中間層にあることでは合意している」と述べている。

根底にあるのはトランプ以前のアメリカに戻ることはないという覚悟である。それは二〇一六年夏の党大会で「ＴＰＰ反対」でクリントン降ろしに熱を入れた左派活動家層が民主党内で無視できない勢力になった現象（後述の民主党「第4軸」）、そして共和党の「トランプ党」化（後述の共和党の保護主義化）、という二つの現実への適応であった。そこで大筋ではトランプ政権の保護主義を継承し、「同盟重視」で差異を演出する二段構えの構造が編み出された。「洗練されたアメリカ・ファースト」と揶揄される所以であるが、貫かれているのは徹底した経済ポピュリズムである。そもそも、有権者への聞き取り調査という従来の外交政策の立案とは縁遠い手法にも、ワシントンの政策エリートと草の根のアメリカの乖離に対するアフマドやサリバンの憂慮が滲んでいた。

ピュー・リサーチセンター調査(二〇二一年二月)によれば、アメリカ人が「長期的な外交政策の最優先課題」として選んだのは、雇用(七五%)、テロ(七一%)、感染症(七一%)、大量破壊兵器(六四%)、同盟強化(五五%)、軍事的優位性(四八%)、中国の力と影響の制限(四八%)、気候変動(四四%)の順であった。「雇用」の党派別では、共和党層の八五%、民主党層の六七%で、共和党が意外にも上回り、超党派アジェンダであることが分かる。他方、気候変動は民主党層の七〇%、共和党層の一四%で、民主党に偏っている。

これらのアメリカ国内世論の地殻変動を理解するには、二〇一七年に民主主義基金有権者調査グループ(Democracy Fund Voters Survey Group)がまとめた報告書「二〇一六年における政治的分断とその後」が手がかりになる。コロンビア大学のマーク・リラによれば、同報告には重要な論点が三点ある。第一に共和党の支持層が経済問題で左に動いたこと、第二に民主党支持層が社会的アイデンティティ問題で一層左に動いたこと、第三に相当部分(三〇%近く)の有権者が、今では経済的にはリベラルだが社会的アイデンティティについては保守的な考えを持っていることである。結果として、有権者間の意見の相違が、経済問題よりも社会アイデンティティの方で強く現れていると分析されている。


自由貿易の政党だった共和党が、かつてに比べて保護主義化していることは事実である。トランプはTPP離脱とNAFTA(北米自由貿易協定)見直しを訴えて二〇一六年に大統領選に勝利し、それらを実行に移した。大型のインフラ投資案も共和党の財政保守とは相容れない政策だった。経済ではリベラルだが社会問題では保守という約三割は、岩盤のトランプ支持者の割合と概ね符合する。トランプ現象はラストベルトの製造業疲弊による保護主義だけではなく、社会的アイデンティティの保守性との結合で成立していた。政治学者の飯田健が指摘するように、アメリカの実証研究も白人の間に渦巻いていた人種マイノリティへの反感を明らかにしている。

オバマ政権下では、同性婚が推進され、中南米系の不法移民問題の解決が停滞し、ミズーリ州ファーガソンにおける黒人射殺事件後の抗議デモが一部暴徒化した。グローバル化と経済格差問題は国際的に遍在する課題だが、人種隔離政策以来の根深い人種対立、大規模な不法移民、原理的キリスト教信仰は、アメリカに特徴的な政治要因である。トランプは持ち前のポピュリスト気質で、それらをウェッジイシュー化することで支持者の信頼を固めた。無党派層の社会保守派、製造業の疲弊で保護主義化した共和党層、元労組の民主党からの転向組——いずれも経済政策では伝統的な保守に該当しない。

他方、前述の民主主義基金報告に補足可能な論点もある。第一に、共和党の経済におけるリベラル化とアイデンティティでの保守化は二〇一六年前後に突如起きた現象ではない根深さを伴うことだ。二〇一〇年代初頭には既に顕在化していた。ティーパーティ運動の分裂経緯を振り返るとそれが分かる。ティーパーティ運動は当初、二〇〇八年の金融危機に公的資金を投入したブッシュ（子）政権を批判する共和党内の財政保守運動で、リバタリアンのロン・ポールの支持者が中心だった。しかし、徐々にキリスト教右派的な社会保守が増加し、二〇一二年以降においては、ポール派のリバタリアン系と、サラ・ペイリンやミシェル・バックマンを支持する社会保守派に分断した。オバマ政権の移民制度改革法案にジョン・マケインら共和党穏健派が協力したことへの不満も作用した。

リバタリアン派はティーパーティを名乗らなくり、残存した社会保守派がティーパーティを受け継いだ。ティーパーティ運動の性質が時期により異なるのはそのためだ。社会保守系に変質して以降のティーパーティは、保護主義化してTPP反対運動を牽引した。ティーパーティー・ネーション（Tea Party Nation）は、主権、憲法、州権、海外企業優遇、インターネットおよび宗教の自由、透明性、中国問題などを反対理由に掲げ、テッド・クルーズら五名の共和党連邦上院議員からTPA（貿易促進権限）反対投票を引き出した。

右派的な孤立主義と保護主義は決してアメリカ史上では新しいものではないが、社会保守性と保護主義を強めた後期ティーパーティ運動がトランプ躍進の草の根の基礎となったことは興味深い。社会の固定化を望む層の拡大だが、彼らの期待に応えられればロス・ペローやパット・ブキャナンのような人物でも好まれただろう。すなわちトランプ的現象自体は、今後も起こり得る土壌を有している。

第二に、共和党の経済でのリベラル化と言ったときに、その「リベラル化」がどの範囲までかの問題である。共和党支持層内での保護主義的な性質や財政支出への寛容度は増しているが、減税路線の棄却を伴うものではない。トランプは法人税の大幅な減税を断行した。共和党内では「社会主義」という言葉へのアレルギーも根強い。とりわけ「社会主義」への抵抗が薄い若年層左派との温度差は顕著だ。経済的にはリベラル化しながら「社会主義」概念を否定するには、社会アイデンティティ問題に有権者を引き込む分断戦術しかない。その責はトランプだけにはなく、民主党側にも大いにある。二〇二〇年選挙がバイデン政権誕生と引き換えに分断固定化に与えた影響は看過できない。

### 3　民主党の「四つの軸」——新世代左派の台頭

前掲報告書で示された「民主党支持層が社会的アイデンティティ問題で一層左に動いた」変容は加速している。二〇二〇年連邦下院選では「スクワッド」と俗称される若手女性下院議員のアレクサンドリア・オカシオ＝コルテス、イルハン・オウマール、ラシダ・タリーブらに代表される「新世代左派」が揃って再選された一方、穏健派議員に多数の落選者が出た。党外のアドボカシー集団にすぎなかった急進左派は、第三政党化せずに民主党内での改革に狙いを移している。

現在の民主党を暫定的に分類すると、穏健派は第一軸のニューデモクラット（ビル・クリントン派）と第二軸の人権や環境に比重のある穏健派内左派（ヒラリー派）に割れているが（内実はリベラル派とも一部重複）、第三軸を伝統的リベラル派と仮定すると、第四軸に新世代左派（プログレッシブ）がいる。第三軸は労組、人種マイノリティなど各種の利益団体に分派しているが、党派的な忠誠心が強く、民主党に自動的に投票するマシーンだった。黒人議員や黒人有権者も不満を抱えながら最終的には民主党政治家を支持してきた。だが、二〇一〇年代以降に躍進している第四軸の「党外」グループの左派は民主党という看板だけには反応しない。英語ではProgressiveという呼称が浸透しているが、第三軸の伝統的リベラルが自らをProgressiveと名乗るのは、Liberalという呼称を保守側に「負の記号」とされたことへの「言い換え」にすぎなかった。しかし、第四軸は骨の髄までProgressiveであり、意識が違う。彼らを「ウォーク・レフト（woke left）」と呼ぶこともある。従来から社会正義や人種正義を訴える活動家を指す呼称として浸透していたものだ。

民主党リベラル派は対立を覆い隠し、新たな左派を旧リベラル内に包摂することに努めているが、サンダース派はペローシ議長や黒人議連の旧世代議員に事あるごとに反発する。サンダースは人種を区別せず、黒人を特別扱いしない。だが、それは黒人軽視ではなく経済的窮境にある黒人をむしろ具体的に救う姿勢なのだと黒人若年層が理解を示した。その動きを体現するのがＢＬＭ（ブラック・ライブズ・マター）運動で、民主党第三軸の旧リベラル「黒人運動」とは異質だ。顕著なのは黒人の社会争点における左傾化である。信仰心が強い黒人層は文化的に保守的で同性婚にも拒絶感があったが、ＢＬＭ創設者の三名の黒人のうち二名がクィアを公言している。また、政治運動の系譜としては「ウォール街占拠運動」の影響も色濃い。二〇一二年大統領選挙をピークに表舞台から消えた「占拠運動」の活動家は、水面下ではＢＬＭ立ち上げを支援し、サンダースとウォーレンの大統領選出馬を手掛けていた。ＬＧＢＴＱ権利運動と社会主義的な反格差運動が反人種差別運動に合流したのである。

だが、運動の草の根の足腰になっている一九九〇年代中盤以降生まれの「ジェネレーションＺ」は、政治的にアクティブであるが政党への忠誠心が薄い。彼らは民主党政治家を無条件に支持する旧世代黒人への反発を抱いて育った。民主党エスタブリッシュメントへの攻撃は手加減がなく、二〇一六年選挙ではヒラリー・クリントン攻撃に邁進し、結果としてトランプを利した。そこで二〇二〇年選挙でバイデン陣営と民主党全国委員会は、プログレッシブ・アウトリーチの組織化を重点強化した。社会主義的な第四軸の活動家がバイデンや民主党に反抗的な分裂行動を起こすことを封じ込める、すなわち民主党内でトラブルメーカーにならないように手懐ける作業が必要だったからだ。徹底活用されたのが「反トランプ」であり、反人種差別など典型的な社会アイデンティティ争点を押し出した。

他方で左派は戦略的「迂回策」を講じた。第一に、穏健派大統領の甘受である。左派大統領に拘泥して民主党内を分裂させれば、二〇一六年のように共和党を利する。選挙過程で次期大統領に貸しを作ることができれば、大統領本人が左派である必要はないと考えた。第二に女性「副」大統領の実現である。一九八四年のモンデール敗北以降、民主党内で避けられてきた女性候補への気運が「#Me Too」運動と反トランプで息を吹き返した。女性で人種マイノリティのハリスを副大統領候補に選ばせ、政権にも多数の女性を指名させたのも、連邦最高裁のルース・ベイダー・ギンズバーグ判事の急逝のショックの中で、次期政権を「ハリス政権準備政権」と信じる心の支えを民主党女性有権者が共有したからだ。バイデンがケネディ以来のカトリック大統領をアピールしないのは、人工妊娠中絶の権利を認める「プロ・チョイス・カトリック」を公言してしまった矛盾が関係している。信仰よりも「女性票」を優先したバイデンを攻撃するカトリック教会も少なくない。

バイデン陣営にとって左派乱立は、中道票独占上は好都合だった。また、サンダースの快進撃は、「社会主義」に民主党を乗っ取られる恐怖感を与え、バイデン一本化を後押しした。ところが、接戦に持ち込んだサンダースは本選でのバイデン支援と引き換えに、格差対策、気候変動などで左派的な政策案を綱領化させた。無論、バイデン周辺の穏健派は、経済、福祉争点では過度な左傾化に抵抗した。低所得者への公的医療の拡充ではメディケア・フォ・オールを退け、保育・公立大学無償化案も年収制限を設けた。他方、その代わりに気候変動では左派を満足させる必要が生じた。「二〇三五年までに温室効果ガス排出ゼロ（電力部門）」という目標は野心的で、パリ協定復帰、キーストーン・パイプライン建設中止と並ぶ「逆トランプ路線」として左派に高く評価された。これらの選挙での勝ち方はその政権と外交をしがらみとして縛り続ける。

### 4　気候変動をめぐる政治過程と外交への含意

民主党の支持基盤には、動員力とメディアへのメッセージ伝播などロビー力全般において無視できない三つの主要基盤がある。労働組合、環境保護団体、そして消費者団体である。TPP反対運動では、三者が足並みを揃えて反対したが、アメリカ・メキシコ・カナダ協定（USMCA）では主要な全国労働組合と消費者団体が賛成する一方、気候変動を最優先課題に掲げる環境保護団体は頑迷に反対した。環境保護団体「シエラクラブ」は、投資家対国家間の紛争解決条項であるISDS条項（多国籍企業の利益優先との批判）、天然ガス輸出増に伴うフラッキングの環境負荷（世界経済の四〇%が突如として天然ガスに容易にアクセス可能となった際のダメージ）などを理由にTPPに反対した。USMCAでは、汚染のアウトソーシング、環境関係の製造業や雇用へのインセンティブ減退、石油やガスへの依存性などを問題視した。USMCA実施法案に反対した一〇人の連邦上院議員は、共和党は自由貿易と減税を原則とするパット・トゥーミーのみで、それ以外はカマラ・ハリスを含む民主党議員で、環境保護団体の意向を反映した。TPP反対では議会での旗振り役だったエリザベス・ウォーレンは曖昧な態度の末に賛成し、環境保護団体の一斉離反で大統領選の民主党予備選で敗退した。

USMCAの実現は必ずしも自由貿易協定の可能性を示唆しない。既存協定の修正法案は、自由貿易派と保護貿易派にそれぞれの思惑からの修正動機を与えるからだ。現にUSMCAではアメリカ労働総同盟産業別組合会議（AFL-CIO）だけでなく、北アメリカで製造される自動車の鉄鋼に七割以上の域内原産品を用いることを条件にアメリカ鉄鋼労働組合（USW）が賛成に回った。消費者団体もバイオ医薬品データが一〇年間保護される条項の削除などを評価して賛成側に付いた。

これら二つの協定の政策過程を吟味したバイデン政権は、新規の自由貿易協定に野心を持たず、気候変動を表の最優先アジェンダにする道を選んでいる。環境保護は労働組合の利益に反することが多いが、カーネギー平和財団の調査では、気候変動関連での雇用創出への期待感が見られた。そこでバイデン政権は気候変動をインフラ投資の中に埋め込むことで、労働者と環境重視派への一挙両得を目指した。二〇二一年八月に上院を通過した一兆ドル規模のインフラ法案はその成果のひとつだった。アメリカの橋の半数近くが建造から五〇年以上が経過している中、道路や橋の他、電力網、鉄道などへの投資を盛り込んだ。

しかし、バイデン政権が掲げたアメリカ雇用計画（American Job Plan）からは大幅に後退した。

労働者と消費者を満足させることは選挙向けに短期戦で重要だが、環境政策は長期戦で口約束に耐え得る部分もある。バイデン政権は共和党の理解を得るために、石油や天然ガス産業に配慮し、早急な電気自動車社会への転換にブレーキをかけた。高速鉄道や既存の高速道路の補修、歩行、自転車などに適した道路には大規模な予算を割り当てたが、電気自動車や再生可能エネルギーを見据えた開発研究費は十分な規模で盛り込まれていない。環境団体は二〇二二年中間選挙で民主党議席を減らすことは得策ではないため、バイデン政権への理解を示し、今後の別の法案に盛り込むことを求めたが、民主党と環境団体の貸し借りは政権を跨いで蓄積の度合いを増している。

バイデン政権の再生可能エネルギーへの踏み込みの甘さは、ガソリン価格という選挙で消費者心理を左右する要因の圧力も受けた。国内では化石燃料供給の抑制を目指しながら、バイデン政権は石油輸出機構（OPEC）には原油増産を求めた。また、党派を超えた農業州と化石燃料州との対立調整も困難だ。トウモロコシ由来のバイオ燃料をガソリンに一定量混ぜることを義務化する再生可能燃料基準（RFS）に対し、トランプ政権は産油州優遇で免除に傾いた。しかし、バイデン政権のバイオ燃料重視も及び腰で、アイオワ、ミネソタなどの農業州からは超党派で不満が噴出している。他方、気候変動で妥協を引き出すために他の重要な対中政策が犠牲になる可能性など中国をめぐる問題も複雑に絡む。

## 5 「中間層のための外交」の諸問題

そもそも「中間層のための外交」は時流に支えられた二つの要因が生成に関係している。

第一に新型コロナウイルスである。二〇二〇年選挙で経済対策に具体性が乏しい弱点を抱えていた民主党は、雇用、医療などでコロナ対策を「暮らしの安全」に結びつける印象戦に持ち込んだ。コロナ禍という「接着剤」がなければ、サンダース派が売り込んだ諸政策は、無党派の目には社会主義的にしか聞こえないリスクもあった。奇しくもコロナ禍が、民主党の社会主義風のレトリックに対する警戒感を相殺したとも言える。

第二に中国の台頭である。ピューリサーチセンター調査（二〇二〇年七月）によれば、アメリカ国民の中国への悪感情は調査開始の二〇〇五年以降最悪（七三％）となっている。ただ、単純な反中世論への収斂ではない。「経済関係を度外視しても厳しくすべきか」と問うと民主党支持者の賛同は僅か三三％にとどまる（共和党は六六％が賛同）。また、世代別の違いも留意点である。ミレニアル世代やZ世代は中国への脅威意識が上の世代と比べて薄く、若年層を重視する民主党はこの傾向を完全に無視できない。ピューリサーチセンター調査（二〇二一年三月）における「中国から連想するもの」で、最多回答は「人権」であったが、割合は僅か二〇％で、具体的対処への賛否ではない。そもそも中国の包括的問題は、ひとつのフロントへの配慮が、別のフロントに玉突きのような連鎖をもたらすジレンマがある。新疆ウイグル自治区で生産されている太陽光パネルの関連製品の輸入の一部制限は好例である。

マイケル・グリーンが指摘するように、バイデン政権は米中協力の可能性を排除していない。米中協力を排除していたトランプ政権との差別化である。その対象はコロナ対策、経済、気候変動に及ぶが、背後には左派への配慮も垣間見える。サンダースは『フォーリン・アフェアーズ』（二〇二一年六月）に「中国に対するワシントンの危険な新コンセンサス――新たな冷戦を始めるな」と題した論文を寄稿している。中国の脅威について「技術の剽窃、労働者の権利と報道の自由の限定、チベットと香港への抑圧、台湾への脅迫的な中国政府の態度、ウイグル人への凶悪的な政策」を列挙し、「権威主義の台頭は民主主義への主な脅威とバイデン政権は正しく認識している」と述べる。「長く無視されてきた労働者家庭の窮状を強調することで人々の政府への信頼を回復し、アメリカの民主主義を再び活性化しなければならない」と記した上で、二〇一六年のトランプ勝利に関して「偽物の分断を招くポピュリズムで有権者が現実に抱える経済的苦境に訴えかけ、貿易政策への抵抗で勝利した」と総括している。概ね「中間層のための外交」と共鳴する認識だ。

ところが、「新冷戦」という表現に見られる中国との対立は望ましい道ではなく協力関係を探るべきだと主張し、防衛予算の増額にも反論するなど、軍事的な覇権主義への脅威認識では政権との食い違いを見せている。サンダース論文は民主党の世論をある程度反映している。本稿冒頭に紹介した、「外交の最優先課題」調査では、軍事的優位性の維持について、共和党層の六八％に対して民主党層は三〇％しか関心を持っていない。中国に関しても経済利益を超えた「力の制限」となると、共和党層の六三％、民主党層の三六％と違いは鮮明だ。同じ調査内でアメリカの世界での役割についての問いでは「アメリカが世界で唯一のリーダーであるべき」と考える層は全体の僅か一一％だった。イラク戦争以後の内向き傾向の中で、二〇一六年にクリントン失速の材料になったベンガジ事件のトラウマを抱える民主党外交エリートは、左派的な孤立主義に正面からは抗いにくく、アフガニスタン撤退を決めた。ヤシャ・モンクが指摘するように「中間層のための外交」の観点からコストのかかる海外展開を否定する上で、戦争の終結劇は格好の演出になった。案の定、左派は二〇二一年八月撤退時の混乱について政権の責任を追及しないことで足並みを揃えた。

しかし、この左派的な孤立主義の先には、本来は左派アジェンダであるはずの人権との齟齬も生じている。「中間層」の関心事である国内の人権（人種的、性的な少数派）と海外の人権をめぐる二重基準である。バイデンはアフガン撤退の声明で人権は「今後も政策の中心」としながらアフガニスタンの人権について一切具体的に触れなかった。これに異を唱えないよう「ムーブ・オン」ら左派団体の声がけで、バイデンの撤退を支持する応答要領が、左派活動家層に瞬時に拡散された。

## 6　内政基盤外交の脆弱性――移民社会、分極化、デジタル

また、内政と外交の連動性において無視できない現象が、二〇一六年のロシアの介入に象徴された海外勢力の影響とシャープパワーを通した世論工作である。アメリカはデジタル操作によるロシア型の遠隔介入以上に、ある意味ではメディアや非政治部門での「交流」を梃子に世論自体に緩やかに影響を与える中国型の介入には脆弱である。移民社会のアメリカでは文化尊重自体は「政治的な正しさ」に関係するからだ。エスニック属性を重視するアメリカでは民族別メディアに干渉しないのが流儀だが、裏返せば隣の民族や宗教への無知も意味する。その間隙を縫って海外勢力は多言語を駆使して侵入する。国内移民向けのエスニックメディアと海外由来のシャープパワー戦略の境目は近年グレーになっている。知識層以外のアメリカ人にとって中国政府系の放送についても「アジアチャンネル」程度の認識で警戒感はない。ましてや個人のインフルエンサーの背景となるとリテラシー醸成の難易度はいっそう高くなる。

前述のサンダース論文も、中国との対立が「テロとの戦い」と類似した泥沼に陥る可能性を示し、国内のアジア系へのヘイト事件の増加を例に、敵意や恐怖心で結束を図るべきではないと警鐘を鳴らしたが、アジアの国への強硬姿勢が国内の反アジア系事件を誘発するとすれば、当該国への外交上の厳しい姿勢を制約しかねない。本来、アメリカ国内の論壇での活発な議論は望ましいことだが、デジタル時代には国内のヘイト言論の拡

張的な対外拡散には歯止めがきかず、海外勢力の広報戦にも巻き込まれる。中国政府系メディアがサンダース論文の「米中冷戦は望ましい道ではない」という部分だけを英文記事で広く伝え、同論文は結果として中国共産党の代弁の役割を部分的に担ってしまった。かつてアメリカ国内で完結していた政治言論は、デジタル時代には海外勢力に都合よく切り取られ、修正を挟み込むまもなくソーシャルメディアで世界に拡散されるものとなった。しかし、分極化の一途を辿るアメリカの国内論壇では党派を問わずその警戒感がいまだに薄い。

マルコ・ルビオがアメリカ議会乱入事件後の声明で、事件を「国家的な恥」と断罪し、これが中国やロシアを喜ばせ、彼らのアメリカ衰退論を幇助すると警鐘を鳴らしたように、アメリカの国内の分極化やヘイトをめぐる状況はロシアや中国からの攻撃の養分になる。中国政府系メディアのオンライン部門では、感染症対策でも人種問題でも、アメリカの政権の失点になる国内問題をタイムリーに映像クリップにして動画共有サイトで拡散することが習慣化しつつある。英語母語話者やアニメーションによるナレーションなので、プロパガンダ色は希薄で効果的な上に、アメリカの活動家がそれを内政の対立に制作者の意図を意識せずに転用する現象まで起きている。

トランプ政権は新型コロナウイルスを「チャイナウイルス」と称して発生地の中国をスケープゴートにする戦術に傾いたが、アメリカ国内のアジア系社会から人種差別的だという批判を招いた。人種マイノリティの大統領の発言と違い、トランプの言動はアジア系移民へのヘイトを煽っただけでなく、対外的にも人種差別の負の歴史を顧みない軽率さを刻印した。アメリカのマイノリティ社会が自主的にトランプを叩くことが中国にとって何よりの「代理反撃」になったのである。アジア系が稀な州には中華系アメリカ人と中国の区別すら曖昧なアメリカ人は少なくなく、選挙区のチャイナタウンの復興を訴えただけで、「親中派」と攻撃される空気がコロナ禍の選挙中にいたずらに肥大化した。保守派の民主党対中強硬派への攻撃も、間接的に中国を利する。選挙区に香港移民や民主派の中華系を多数抱えるナンシー・ペローシ下院議長は天安門事件以来の対中人権強硬派にもかかわらず、「ペローシは親中派」のレッテルを貼る動画がSNSで拡散された。

トランプ政権は安全保障上の脅威として中国発のアプリ「TikTok」禁止措置を打ち出したが、規制が足踏みした背景にも党派的な世論があった。アメリカの若者の過半数に同アプリが浸透し尽くしていたため、禁止は若年層虐めと解釈した民主党若手が規制反対運動を展開したのである。バイデン政権は一転して「TikTok」禁止を取り下げた。デジタル時代にはアカウントの主が実在なのか一般の有権者には判断がつかないし、海外勢力が若年層や特定の層に人気のオンライン上の「インフルエンサー」を間接的に育てることも容易である。オンライン化が進むほど、有権者が知らない間に姿の見えない主体が世論を形成できるし、分断を外部から煽る上で効果的なツールにもなり得る。海外勢力の介入排除は当初ボット（bot）検知に焦点が絞られていたが、二〇二〇年選挙以降本格化しているインフルエンサー利用の倫理面での議論は現段階では未整備である。可視化されにくいデジタル空間にシャープパワー戦は主軸を移しているが、ヘイト感情の抑制や中華系アメリカ人と中国政府の峻別など、アジア移民全体への理解浸透なしには根本対策は難しい。

## 7 結語にかえて

一九九九年、ワシントンで筆者が初めて見たバイデンは上院外交委員会で共和党のジェシー・ヘルムズを論戦でやり込める「外交のバイデン」であった。二〇〇八年一月、アイオワ州でバイデン陣営に同行した際、バイデンは筆者に顔を寄せてイラク三分割案を熱く語った。農家の集会でコソボ紛争調停の武勇伝を演説した。「介入」で民主主義を守ることを信じていたあの人物と「中間層外交」の彼は同じ像として重ならない。それだけアメリカを取り巻く条件が変化したと言えるし、バイデン本人の老い、あるいは息子を失くした心理変化かもしれない。

トランプ政権の対中強硬姿勢は狭義の貿易戦争にとどまらない「自由で開かれたインド太平洋」構想を支える包括性を有していたが、内政をめぐる分断が、外交や安保政策の効果まで相殺する負の連鎖が顕在化した。経済争点と社会アイデンティティの双方で距離があった時代はイシューの違いがアイデンティティ分断を中和する作用もあった。しかし、対立軸がアイデンティティだけに収斂したことで分断が濃度を増している。克服策として、本稿で紹介した民主主義基金報告では選挙人制度の廃止など得票がリアルに反映する選挙制度への改変も提起されているが、憲法改正を伴う。州権主義が強いアメリカでは、各州で優位にある政党が州ごとに反対し、連邦政府で改正推進を束ねるのは相当に難しい。

民主党内に急進的な左派活動家層が増えることは、トランプのような強大な敵が存在している時期、なおかつ本選期間中には、民主党の強い集票の味方になる。だからこそ民主党は本稿で示した第四軸の台頭を許してきた。彼らもトランプ現象の副産物である。しかし、今後は民主党予備選でリベラル派重鎮を含む現職落選運動を拡大しかねない。新世代左派の活動家の包摂には、トランプ的な存在が求められる「必要悪としての分断」の現実を民主党は抱えている。バイデン政権下の議会が前大統領の弾劾から始動したことが、奇しくもそれを物語る。

二〇二〇年一二月に開催された民主主義サミットで、バイデン大統領は一年間で最大四億二四四〇万ドルを民主主義のために用いる方針を発表した。自由で独立したメディアの支援、腐敗との闘い、民主的改革者の支援、民主主義のための技術の促進、自由で公正な選挙・政治プロセスの防衛などに及ぶが、左派を「民主主義」の大義で巻き込んでいく苦肉の策も窺えた。

また、共和党はトランプが掘り起こした労働者層を易々と手放さないだろう。一部共和党は「労働者階級のための外交」を打ち出すなど、「中間層のための外交」に対抗する「メッセージ競争」が起こり始めている。民主党全国委員会顧問のロバート・クレーマーが言うように、「中間層のための外交」は経済ポピュリズムに基づく「レトリック」でしかない。このアイデアが民主党の専売特許だと有権者に感じられなくなったとき、スローガンは突如して陳腐化しかねない。単なる洗練された「アメリカ・ファースト」として新たな保護主義を促進するのか。あるいは有権者におもねった「外交の民主化」の末に、覇権主義の膨張を許し、自由と民主が蝕まれていく「トランプのジレンマ」の再来になるのか。「中間層のための外交」は内政にも配慮した外交に落ち着くのか、内政による外交支配を決定づけるのか、バイデン政権の外交の行方は、アメリカ外交の将来における岐路となるだろう。

オバマ政権でTPPを推進した政策エリートは、中国を牽制する協定の地政学的な含意を表に出さなかった。有権者は理解しないと判断していたからだ。バイデン政権もこの方針を踏襲している。自由なルール作りと覇権主義への牽制という戦略的な含意を丁寧に説明する努力を放棄している。他方、「バイ・アメリカ」推進に見られる保護主義は同盟国に不満を蓄積させていく。バイデン政権には同盟国にトランプ政権以下との烙印を押されることへの恐怖心がある。この心理を逆手にとって日本や同盟国はインプットを続けるべきであり、アメリカ外交がもはや「中間層」利益しか認めないのであれば、そのロジック作りに先回りで参画するしかない。

注意すべきは、外交安保に関しての内向き世論と非介入的外交政策は厳密には同じものではない点だ。世論の内向き化は昨今急に始まったことではなく、九・一一テロとイラク戦争の泥沼化以降に強まっていた。二〇一二年オバマ再選選挙スローガン「GMは生き残り、ビンラディンは死んだ」の含意は海の外の「倒すべき怪物」の消滅だった。トランプ・バイデン時代の決定的変化は、むしろ外交の世論迎合化の流れだ。孤立主義自体はアメリカ史に遍在したが、外交エリートの政策判断とは切り離されてきた。外交的な戦略判断による内向き選択と世論に寄り添う行為は、政策アウトプットは同じでも質的な差は甚大である。後者の世論牽引型のポピュリズム「外交」では、仮に世論が何らかの刺激で激変したら、連動して外向きへの部分修正も理屈上は皆無ではない意味で流動性が残存する。外交と内政の地続き化の中、世論迎合と戦略的な政策根拠の配分を見極める上で、外交分析における内政知見も横断的に必要とされていくだろう。

＊本稿は、渡辺将人（二〇二一）「民主主義をめぐる「トランプのジレンマ」」『アスティオン』九四号を基礎に論考を発展させたものである。

参考文献

マーク・リラ（二〇二〇）「液状化社会」『アスティオン』九三号、七八―八九
飯田健（二〇二〇）「二〇一六年大統領選挙に関する実証研究の知見と二〇二〇年大統領選挙」日本国際問題研究所、一〇月二九日
久保文明編著（二〇一二）『ティーパーティ運動の研究――アメリカ保守主義の変容』NTT出版
中山俊宏（二〇一三）『介入するアメリカ――理念国家の世界観』勁草書房
吉野孝・前嶋和弘編（二〇二〇）『危機のアメリカ「選挙デモクラシー」――

社会経済変化からトランプ現象へ』東信堂

Ahmed, Salman, Wendy Culter, Rozlyn Engel, David Gordon, Jennifer Harris, Douglas Lute, Daniel M. Price, Christopher Smart, Jake Sullivan, Ashley J. Tellis, and Tom Wyler (2020) "Making U. S. Foreign Policy Work Better for the Middle Class", Carnegie Endowment For International Peace, September 23.

Drutman, Lee (2017) Political Divisions in 2016 and Beyond: Tensions Between and Within the Two Parties, Democracy Fund Voters Survey Group.

Edsall, Thomas Byrne and Mary D. Edsall (1991) *Chain Reaction: the Impact of Race, Rights, and Taxes on American Politics*, New York: W. W. Norton, (トマス・バーン・エドソール、メアリー・D・エドソール（一九九五）『争うアメリカ――人種・権利・税金』飛田茂雄訳、みすず書房)

Huanxin, Zhao (2021) "Senator: Starting new cold war with China 'dangerous'", *China Daily*, June 18.

Mounk, Yascha (2021) "So Much for a 'Foreign Policy for the Middle Class' Biden's answer to Trump's approach lasted only as long as its first major test", *The Atlantic*, August 17.

Sanders, Bernie (2021) "Washington's Dangerous New Consensus on China Don't Start Another Cold War", *Foreign Affairs*, June 17.

Silver, Laura, Kat Devlin and Christine Huang (2021) "Most Americans Support Tough Stance Toward China on Human Rights, Economic Issues", Pew Research Center, March 4.

Traub, James (2021) Biden's 'Foreign Policy for the Middle Class' Is a Revolution", *Foreign Policy*, March17.

CSIS (2021) "Public Opinion and the Asia Chessboard: Views from the U. S. and Abroad", January 29.

Pew Research Center (2021) "Majority of Americans Confident in Biden's Handling of Foreign Policy as Term Begins", Feb. 24.

Pew Research Center (2020) "Republicans see China more negatively than Democrats, even as criticism rises in both parties", July 30.

Pew Research Center (2021) "Most Americans Support Tough Stance Toward China on Human Rights, Economic Issues", March 4.

# 民主主義重視が意味することとは？

市原麻衣子

（いちはら　まいこ）
一橋大学大学院法学研究科および国際・公共政策大学院教授
専門は国際関係論、日本外交、人権・民主主義外交
著書に、*Japan's International Democracy Assistance as Soft Power: Neoclassical Realist Analysis* (Routledge, 2018) などがある。

冷戦後の米国外交における民主主義のあり方は、国際パワー構造における米国の位置づけによって大きく規定されてきた。米国を覇権国とする単極構造の下では民主主義を推進する外交政策が強まったが、米国のパワーが相対的に低下すると、民主主義を他国に推進しようとするモーメンタムは弱まった。自国の国境を越えた国々における政治のあり方に関与して自由や人権を護ろうとする行為は、国際公共財を提供する行動であり、自国にとっての直接的かつ短期的な利益を見出しにくいためである。

二〇〇〇年代後半からの米国の相対的なパワー低下は、現在も続く潮流である。それにも関わらず、二〇二一年に発足したバイデン政権は、民主主義を重視する外交政策に舵を切った。米国の国際的パワー低下にも関わらず、何故バイデン政権は民主主義重視に舵を切ったのか。その外交の中身とはどのようなものなのか。そしてそこに内在する問題とは何か。以下において本章は、これらの問題に対する解を探る。

## 1　冷戦後のアメリカ外交における民主主義

米国の外交における民主主義の位置づけは、常に国際構造のあり方と軌を一にしてきた。冷戦終結後最初の一五年間は米国一強の時代となり、民主主義外交の全盛期となった。旧共産主義諸国の民主化によって冷戦が終焉したことも手伝って、民主主義に対する米国の信念は強化され、デモクラティック・ピース論に裏打ちされた民主化支援がクリントン政権の米国外交を彩った。二〇〇〇年頃までに米国の一極優位がさらに明確になると、民主化支援の取り組みはより自信に満ち、単独主義的となり、帝国主義的な色彩さえ帯びた。米国本土が歴史上初めて攻撃された9・11テロ事件を契機に、イラクやアフガニスタン

において対テロ戦争が開始され、民主主義を根付かせるためのものとしてこれらの戦争が正当化されたのである。価値推進のための軍事力使用を辞さない新保守主義（ネオコンサバティズム、通称ネオコン）の思想であるとして、この政策は国際的にも、そして米国内においても批判を浴びた。

しかしその後の一五年間には、米国の国際的地位が低下し、外交政策における民主主義の位置づけは弱まった。一方では長引くイラク・アフガニスタンへの関与によるコスト増大と、二〇〇八年の金融危機により、米国自身が自国の国際的地位を相対的に衰退させた。他方で中国は一九九〇年代から経済力・軍事力を拡大し続け、二〇一〇年にはGDPの点で日本を抜いて世界第二位に浮上し、国際構造の非単極化を印象づけた。ブッシュ政権の政策が「帝国の過剰拡大」であると批判されたことも手伝って、二〇〇八年からのオバマ政権は、国際構造の変化を反映して外交政策における民主主義の位置づけを弱めた。オープン・ガバメント・パートナーシップ（Open Government Partnership: OGP）の設立に象徴的に見られるように、民主主義というよりはグッド・ガバナンスのための支援に舵を切り、単独ではなく多国間での取り組みが目立つようになった。

この間、米国内での経済をはじめとする社会的格差も拡大した。こうした国内状況を受けて誕生したトランプ政権が採用した「アメリカ・ファースト」の政策は、米国が覇権国としての地位を失ったことを色濃く反映したものであった。同政権は民主主義に関する国際的リーダーシップを取らず、議会や米国国際開発庁（US Agency for International Development: USAID）、全米民主主義基金（National Endowment for Democracy: NED）などによる民主化支援予算も攻撃の対象とした。それのみならず、トランプ大統領は専制支配者を称賛する傍ら、米国の同盟国である民主主義諸国に対して安全保障上の負担増を迫り、自由貿易協定交渉のやり直しを求めるなどして、民主主義同盟諸国との関係を悪化させた。米国が二〇一五年から議長国を務めていた民主主義共同体（Community of Democracies）の二〇一七年閣僚級会合は開催が危ぶまれ、米国のOGPに対するコミットメントも曖昧になった。二〇一八年には国連人権理事会からの脱退までをも表明してしまった。トランプはウイグルの人権侵害を理由に中国に制裁を科すことはあったが、それ以前にはウイグル人収容所を称賛するなど、同問題に対するトランプ政権の政策は一貫性を欠いており、ウイグル問題は米中対立の中で政治的に利用されたに過ぎなかった。

リベラルな価値の国際的維持に資する多国間枠組みからの撤退は、民主主義規範を裏書きしてきた米国が、その役割を終えたことを象徴するものだった。そして多国間枠組みから米国が手を引けば引くほど、中国がその空隙を埋めていった。国連人権理事会において二〇二〇年七月に、香港における自由を弾圧する香港国家安全維持法を批判する声明への支持よりも、中国政府を支持する声明により多くの国の支持が集まったことは、リベラルな価値を擁護しようとする多国間枠組みにおける力関係が変化してしまったことを如実に物語っていた。

## 2　バイデン・ドクトリン

トランプ政権は国内においても、司法やメディアの独立性を攻撃し、偽情報を拡散したり人々を扇動して暴力を煽ったりするなど、民主主義の規範と制度を大幅に弱体化させた。二〇二〇年大統領選下の米国社会は、共和党のポピュリスト政党化が進展し、党派対立がまるで宗派対立かのように硬直化していることを印象付ける機会となった。各国の民主主義度を毎年測定しているポリティ（Polity）は、トランプ就任後の米国に関する民主主義度評価を徐々に下げ、二〇二〇年の米国を、民主主義と専制主義の混合体制である「アノクラシー（anocracy）」に分類している（Center for Systemic Peace 2020）。

米国の民主主義を再生させるとして大統領選挙を戦ったバイデンが、米国民主主義の修復を政策アジェンダの中核に位置付けたことは自然な流れであった。大統領就任演説において、過去の大統領に比べて最も多く民主主義の言葉を使ったことからも、バイデンが民主主義を非常に重視していることが伺える（Norris 2021）。

識者の中には、バイデン政権は米国内の民主主義回復に専念すべきと議論する者も少なくない（例えば、Goldgeier and Jentleson 2021）。それだけ米国の民主主義が深刻な危機に直面しているためであり、また、それによって米国が対外的に民主主義を推進するのに必要な正統性を失っていると考えられているためでもある。

しかし、バイデンは外交政策の中にも民主主義のアジェンダを取り入れた。そこには、国際的な民主主義規範の弱体化と民主主義の後退が、国家間で相互に影響を及ぼすとの認識が存在していた。実際、今日における専制政治の背後には、国境を超えた汚職ネットワークを利用して国家財政を窃盗し続けるクレプトクラシーの問題があり、こうして蓄積された財の一部は民主主義国の政策に影響を与える目的で使用されている。また、国境を超えて偽情報を拡散し、サイバー攻撃を仕掛けて他国の選挙に介入したり、民主主義規範の弱体化を図ったりする権威主義者らがいる（Diamond 2019）。こうした問題に取り組み、自国の民主主義を修復するためには、単なる国内政策としての民主主義の回復努力だけでは不十分であり、それに向けた国際協調が必要だったのである。

そのためバイデンは、今世紀が民主主義の時代になるか否かの変曲点に現在があると位置づけ、自らの外交政策の最大テーマを「民主主義と専制の戦い」とした。世界の民主的な指導者らに対して、民主主義の強化を世界的な議題にすることを呼びかけ、それを実現する機会の一つとして民主主義サミットの開催を約束し、権威主義からの防衛、腐敗との闘い、人権尊重の推進をテーマとして掲げた（White House 2021.8.11）。こうして二〇二一年一二月に開催された第一回民主主義サミットは、各国からの誓約を取りつけるにとどまり、インパクトには欠けていた。とはいえサミットにより各国で生まれることになった民主主義分野の支援は、国際的な支援規模を格段に増加させた。

## 3　衰退する米国のパワーと中間層のための外交

しかし、米国の相対的な国力が低下していることに変化はなく、他国の民主主義を一方的に支援することへの国内的支持取り付けのハードルは高いままである。このことを示しているのが、バイデン政権の「中間層のための外交（foreign policy for the middle class）」である。

中間層のための外交は、カーネギー国際平和財団（Carnegie Endowment for International Peace）が行った調査および政策提言に基づいて形成されている。米国社会における経済格差の拡大と分断が固定化し、社会を不安定化させていることを受け、国内の貧困層を中間層にまで引き上げ、分断を解消して安定的な社会運営に資する外交政策を実施するよう求めるものである（Ahmed, et al. 2020）。

中間層に利益になるような形で外交政策を実施するためには、ジェームズ・ショフが論じるように、「国際主義的なアプローチが、いかにしてアメリカの中間層に果実をもたらすのか」が説得的に示されなければならない（ショフ 2021, 97）。しかし、海外の民主主義を擁護・支援するための活動は、米国における一般市民の短期的利益には繋がりにくく、安全保障や経済分野の政策に比してハードルが高い。つまり、中間層のための外交と民主主義外交は、相対立するダイナミズムを持つアプローチであると言える。

大統領選の最中である二〇二〇年九月に発表されたカーネギー国際平和財団からの政策提言にも、そのことが表れている。そもそもこの調査・提言には、カーネギー国際平和財団内の民主主義チームの研究者が執筆者として一人も参画しておらず、民主主義の擁護・推進は主要なテーマとして取り上げられていない。そのため、中間層のための外交に関する提言は、民主主義分野においてはほとんど提示されていない。その代わり、軍事介入による政権交代や他国の変革など、民主主義に関連して実施すべきではない政策には言及がある（Ahmed, et al. 2020）。これは、ブッシュ政権が見せたような、コストの観点からも道義的観点からも問題の多い、帝国主義的かつネオコン的な民主化支援を行わないよう求めているものと言える。バイデン政権はまさにこの路線を採用し、アフガニスタンや中東の米軍を引き上げることを宣言してきた。米国の関与を持続可能なものに縮小しようとする動きである。

軍事介入アプローチ以外でも、中間層のための外交と民主主義外交の間には緊張関係が内包されている。ジェレミー・シャピーロが指摘するように、例えば他国で見られる深刻な民主主義・人権侵害に対して経済制裁を課す場合でも、経済制裁が翻って米国企業や米国経済全般に与える打撃を考慮すれば、経済制裁をも怯む可能性がある（Shapiro 2021）。中間層のための外交という内向きな枠組みが、国際主義的な民主主義外交を制約しているのである。

その結果、バイデン政権による民主主義外交の主眼は、米国のパフォーマンスを向上させることで民主主義的価値の国際的魅力を強化することに置かれている。ブリンケン国務長官が二〇二一年八月九日にメリーランド大学で行った演説の中で、米国の国際競争力強化のために国内再生に向けた投資を行うことが外交にとっての最先事項だと述べたのは、そのためである（Blinken 2021）。

しかしこのアプローチは、フランシス・ブラウンとトーマス・キャロサーズが指摘するように、二つの問題を内包している（Brown and Carothers 2021）。この路線は第一に、民主主義国のパフォーマンスを離れた民主主義自体の正統性を損ないかねない。民主主義的政治体制の下では一般的に、飢饉のような深刻な人道被害が生じず（Sen 1999）、経済的繁栄がもたらされる傾向があると指摘されている（Norris 2012）。しかし、これは長期的なトレンドを国別比較した場合に見られる傾向であり、個別の短期的な事例を見れば、民主主義国だからといって必ずしも権威主義国に比べて常に高い経済成長が期待できるわけではない。そのため、民主主義の価値をそれがもたらすパフォーマンスに還元すれば、民主主義国でひとたび経済不振が訪れただけでも、民主主義の正統性が損なわれる危険性がある。民主主義規範を維持するためには、併せて民主主義自体の価値を唱える言説を拡散する必要がある。

第二に、これと関連して、パフォーマンスの観点から政治体制の是非を論じることは、中国やロシアが設定したアジェンダに乗る行為でもある。国際的に展開する影響力工作の中で、中露は、民主主義がいかにコロナ対策や治安対策などの各種ガバナンスに適さない制度であるかを喧伝している。権威主義国によるこうした喧伝には事実の歪曲が内包されており、問題があることは言うまでもない。しかし、その点の証明は研究者に任せれば良いものであり、米国のような大国がこのアジェンダに乗ることは、かえって同アジェンダに対する注目度を高めることになり、逆効果となる可能性がある。

## 4　ポピュリズムと新冷戦の危険

米国のパワー低下がもたらした民主主義外交への制約の中で、バイデンは大統領就任からの一〇〇日間、概ね民主主義の規範と制度に即した発言と政策形成を行った。そしてバイデンの民主主義外交は、理想主義や新保守主義に走ることのないプラグマティックな外交路線として評価されてきた。しかしバイデン政権下の米国は、国内で拡大するポピュリズムに抗うことができておらず、民主主義アジェンダが政治利用される可能性を完全には拭えない。

真に民主主義を擁護するための外交政策を行うには、民主主義的価値を政治利用してはならず、どのような国や状況においても、民主主義規範自体の価値を認める言説と政策を維持しなければならない。そのためには、特定のアクターに対抗する陣営を築くのではなく、各国の政府や市民社会のリベラル派と横断的に連帯を強め、国際社会全体としてリベラルな規範を推進する包摂的な取り組みが必要となる。既存の民主主義国の間で結束して民主主義の普遍性を唱えるならば、それは一陣営の中でのみ共有される局所的な価値であると示していることになり、逆効果となる。

しかしバイデン政権は、米中対立を民主主義対専制の中核として捉えており、対中政策として民主主義国の団結を訴えることが多い。例えば、大統領選挙戦の最中にフォーリン・アフェアーズ誌に掲載された論文の中で、バイデンは中国による米国企業からの知財窃盗や、中国の国家資本主義が米国企業に与える不公平な影響を問題視し、これに対抗するためとして中国の人権侵害に立ち向かう必要性を唱えている（Biden 2020）。知財窃盗や国家資本主義とは少なくとも直接的な関連性の低い人権問題をここで取り上げているところに、人権問題を政治的な問題として利用する可能性が垣間見え、人権規範への真のコミットメントを阻害する危険性が内包されている。

同様にバイデン政権は、中国などとの経済・イノベーション競争に勝つための方策として、民主主義国間における連携を強化することで、不正な経済活動に対抗し、投資を民主主義国に集めることを提唱している（Biden 2020; Brands 2021）。これはトランプ政権期の米中ディカプリング路線を継続させ、経済のブロック化をさらに推進するものとなり、民主主義的価値を単なる政治的イデオロギーの地位に貶めてしまう危険性を孕んでいる。こうした危うさを感じ取り、欧州諸国はバイデン政権発足直後からホワイトハウスに対してロビー活動を強め、民主主義を反中政策として用いないよう訴えている。

米国の民主主義はトランプ政権の終焉をもって修復されたわけではなく、現在も米国民主主義の深刻な状況は続いている。バイデン大統領就任後の二月に執筆されたフランシス・フクヤマの論文は、二〇二〇年の大統領選挙で重大な不正が行われたと考える共和党支持者が選挙後も七二％おり、共和党支持者の三分の一はＱアノンに好意的であったことを指摘している（Fukuyama 2021）。また、ジョージア州、ミシガン州、ネバダ州などでは、共和党が多数派を占める州議会による州選挙管理委員会への影響力拡大が行われており、州レベルでの選挙関連システムを政治化して中立性を棄損するという深刻な事態が見られている。マイノリティが多い選挙区で本人確認を厳格化し投票へのハードルを上げたり、郵便投票や期日前投票を困難にしたりするような動きも引き続き見られる（Diamond 2021）。

米国の民主主義が弱体化した姿は世界にとって印象的であるのみならず、国際規範に実質的な影響を与えかねない。そのため、米国が既に民主主義のシンボルとしての求心力を失ったという現実を踏まえた政策が必要である。トーマス・キャロサーズとフランシス・ブラウンなどの研究者は、民主主義擁護のためのアプローチは、米国が他国を一方的に支援するというものではなく、米国自体の民主主義に見られる欠陥を公けに認めた上で、他国とパートナーシップを構築し、相互学習するものに切り替えるべきだと論じている（Brown and Carothers 2021; Carothers and Brown 2021）。

しかし、米国が他国からも学ぶという視点を実際の政策に取り入れることは、少なくとも今までのところバイデン政権の外交政策には見られていない。USAIDやNEDが行う民主化支援のあり方についても、バイデン政権の民主主義外交の目玉の一つである民主主義サミットについても同様のことが言える。このことは、バイデン外交において民主主義が普遍的価値としての位置づけを必ずしも確固たるものとしておらず、外交戦略の一手段でしかないという印象を与えている。

## 5 試金石としてのアフガニスタン

自由民主主義が急速に後退する国際社会にあって、国力低下とポピュリズムを色濃く反映しながら民主主義を外交政策の前面に掲げるという矛盾を孕んだバイデン政権の外交は、政権発足から一年も経たないうちに、自由を求めるキューバのサン・イシドロ運動とキューバ政府によるその抑圧、ミャンマーやチュニジアでのクーデター発生など、民主主義や人権への挑戦に数多く直面してきた。

こうした中で、バイデンの民主主義外交の信頼性を大きく左右すると思われるのは、アフガニスタン政策である。バイデン大統領は大統領選の時点から、米軍をアフガニスタンや中東から撤退させ、アルカイダとISISの打倒にターゲットを絞ることを選挙公約に掲げていた（Biden 2020）。しかし、米軍の撤退により露呈したアフガニスタン政府のもろさと、米軍撤退に関する大統領の説明が、バイデン政権の民主主義アジェンダの信頼性を大きく揺るがすこととなった。

アフガニスタン政府が腐敗しており、ガバナンス能力が低いということは、以前から周知の事実であった。しかしバイデン政権による米軍撤退の発表からたった四か月で一気にタリバンが主要都市を次々に制圧していったことで、いかに国際社会がアフガニスタン政府の統治能力を向上させることに失敗したかが浮き彫りになった。アフガニスタン政府に対してガバナンス支援を行ってきたのは米国だけではなかったが、米軍の撤退がトリガーとなってこうした問題への注目度が高まったことで、アフガニスタンは米国による民主化支援の衝撃的な失敗例との印象が強まった。しかも、その失敗を知りながら責任を放棄し突如撤退する無責任な米国によって多大な人道被害が生じた例として意識されるという不幸も重なった。

特に、タリバンからの人権侵害を恐れて国外に脱出しようとするアフガニスタン人が米軍機に群がる姿や、助けを求める女性アナウンサーの涙の訴えは、米国がアフガニスタンでの人権保護や民主主義の推進から背を向けたとのイメージを形成した。これらの人々は、米国をはじめとする国際社会のエンパワーメントにより社会的活動を活発化させ、諸外国や国際機関などと協力して国造りを進めた人たちだった。それにも関わらずバイデン大統領は、二〇二一年八月一六日の会見で、米国はアフガニスタンで国家建設をすることも、民主主義を構築することも想定していなかったと述べたのである（White House 2021.8.16）。バイデン政権の民主主義アジェンダが持つ信頼性は、一気に悪化した（Labott 2021）。

そしてアフガニスタンからの撤退を、同盟国との十分な政策調整なしに米国がほぼ一方的に決定したことは、民主主義のための国家間協調を重視するというバイデン政権の外交政策に対する疑念をも生じさせた。アフガン撤退は前任のトランプ大統領がタリバンとの間で合意したもので、バイデン政権独自のイニシアティブではない。しかし米国とともにアフガニスタンに関与してきたNATO諸国との事前調整なしに米軍の撤退が発表されたことは、欧州の同盟国にとって衝撃であった（鶴岡 二〇二一）。

　このように、アフガニスタンからの撤退は、米国の覇権が衰退し、単なる一大国の地位に凋落したこと、そしてそれにより他国の民主主義や人権を支えるだけのリソースもモチベーションも失いつつあることを示す例となった。中山俊宏は、「アフガニスタンからの撤退はまさに「ミドルクラス外交」の実践だ」と指摘する（中山 二〇二一）。バイデン政権の民主主義外交も内向きであることが顕著に表れた例であった。

## 6　民主主義を護るためには

　トランプ政権下で大きく傷つけられた民主主義規範は、バイデン政権になって回復すると期待されていた。政権が発するメッセージの多くは、実際に民主主義規範を擁護するものであり、ナラティブは変化した。しかし、行動は言動よりも説得的なシグナリングとなる。米国のアフガニスタン撤退が世界に発したメッセージは、同国の覇権の終わりと内向き化を印象づけ、国際的に民主主義を護るためのリーダーシップを米国のみに期待することはもはやできないことを明らかにした。国際パワー構造における米国の位置づけが相対的に弱体化し続ける限り、この路線は今後も変化しないであろう。

　他方で、国際的な民主主義の退潮もまた、今後も継続する傾向であると考えられる。それどころか、一九七〇年代から続いていた民主化の「第三の波」が、二〇〇〇年代半ば以降「第三の揺り戻しの波」に入った可能性があるとの指摘も拡大している（Diamond 2021）。旧ソ連構成国でありロシアの裏庭たるウクライナの民主主義政権を打倒すべく二〇二二年二月にロシアがウクライナに侵攻したことも、権威主義者らがリベラル国際秩序を本格的に切り崩そうとしていることを如実に示している。ポピュリズムの波や、国境を超える偽情報の拡散という現象と併せ、他国での民主主義の切り崩しが自国の自由と人権の弱体化、ひいては自分自身の人権侵害に繋がる可能性が拡大していることを示唆している。

　今後は、民主主義諸国による民主主義擁護のための協調加速と、米国以外の民主主義国による活動活発化がより一層重要になる。ただし、民主主義諸国間の協調は、新冷戦の構図を形成するものであってはならず、反中露の観点で定義されるべきではない。そして国籍に関わらず、民主派の協調と相互支援を行うことのできる、一・五トラックのアプローチが必要である。

　今後特に重要となるのは、国際的なパワーセンターとなったインド太平洋における民主主義の擁護である。この地域で民主主義が後退すれば、中国の影響力拡大もこれに付随する。インド太平洋地域諸国でも、コロナ禍に政府への権力集中や市民社会の抑圧が続き、民主派が大きく弱体化させられた。今後は、政府と市民社会の垣根を超え、国境を越えて、民主派の連携による民主主義規範の強化と、民主的制度の維持が望まれる。国際社会は、米国覇権なき時代のリベラル国際秩序維持に向けて、本格的な活動を加速させるべき時にある。

参考文献

ショフ、ジェームズ。〝「中間層のための外交」とは何か。〟外交六八（七・八 二〇二一）：九六―一〇〇．

中山俊宏。〝アフガン崩壊：「最も長い戦争」を強制リセットしたバイデンの「アメリカ・ファースト」〟。Foresight, 8 2021.

鶴岡路人。〝アフガン崩壊：米撤退でヨーロッパに広がる「憤り」と「無力感」〟。Foresight, 8 2021.

Ahmed, Salman, et al. “Making U. S. Foreign Policy Work Better for the Middle Class.” *Carnegie Endowment for International Peace*. September 23, 2020. https://carnegieendowment.org/2020/09/23/making-u.s.-foreign-policy-work-better-for-middle-class-pub-82728.

Biden, Jr., Joseph R. “Why America Must Lead Again: Rescuing U. S. Foreign Policy After Trump.” *Foreign Affairs*, March/April 2020.

Blinken, Antony J. *Domestic Renewal as a Foreign Policy Priority*. August 9, 2021. https://www.state.gov/domestic-renewal-as-a-foreign-policy-priority/.

Brands, Hal. “The Emerging Biden Doctrine: Democracy, Autocracy, and the Defining Clash of Our Time.” *Foreign Affairs*, June 2021.

Brown, Frances Z; and Thomas Carothers. “Washington's Democracy Dilemma: Crafting a Democracy Strategy in an Age of Great-Power Politics.” *Foreign Affairs*, July 2021.

Carothers, Thomas, and Frances Z. Brown. “The Chastened Power: How a Post-Trump America Can Support Democracy Abroad.” *American Purpose*, March 2021.

Center for Systemic Peace. *Polity5 Annual Time-Series, 1946-2018*. 2020.（accessed 8 30, 2021）.

Diamond, Larry. “A World Without American Democracy?: The Global Consequences of the United States' Democratic Backsliding.” *Foreign Affairs*, July 2021.

——. *Ill Winds: Saving Democracy from Russian Rage, Chinese Ambition, and American Complacency*. New York: Penguin Books, 2019.

Fukuyama, Francis. “Fake News and Conspiracy Theories.” *American Purpose*, February 2021.

Goldgeier, James, and Bruce W. Jentleson. “The United States Needs a Democracy Summit at Home.” *Foreign Affairs*, January 2021.

Labott, Elise. “Biden's Democracy Agenda Just Died an Ugly Death in Kabul.” *Foreign Policy*, August 2021.

Norris, Pippa. *Making Democratic Governance Work: How Regimes Shape Prosperity, Welfare and Peace*. Cambridge: Cambridge University Press, 2012.

Norris, Pippa. “Voters Against Democracy: The Roots of Autocratic Resurgence.” *Foreign Affairs*, May/June 2021.

Sen, Amartya Kumar. “Democracy as a Universal Value.” *Journal of Democracy* 10, no.3 (July 1999): 3-17.

Shapiro, Jeremy. “Biden's Everything Doctrine: The Mantle of Global Leadership Doesn't Fit a Foreign Policy for the Middle Class.” *Foreign Affairs*, April 2021.

White House. *President Biden to Convene Leaders' Summit for Democracy*. August 11, 2021. https://www.whitehouse.gov/briefing-room/statements-releases/2021/08/11/president-biden-to-convene-leaders-summit-for-democracy/.

——. *Remarks by President Biden on Afghanistan*. August 16, 2021. https://www.whitehouse.gov/briefing-room/speeches-remarks/2021/08/16/remarks-by-president-biden-on-afghanistan/.

# ミドルクラスのための経済安全保障

鈴木一人

（すずき　かずと）
東京大学公共政策大学院教授
専門は国際政治経済学・科学技術と安全保障・宇宙政策
著書に『宇宙開発と国際政治』（岩波書店）、『EUの規制力』（日本経済評論社、共編著）などがある。

バイデン大統領が就任した際、世界に向かって放ったメッセージは「アメリカは戻ってきた（America is Back!）」であった。これは多くの人にとって、トランプ政権時代の「アメリカ・ファースト」から脱却し、国際協調を優先し、国際社会においてリーダーシップを発揮するアメリカになることを期待させる言葉であった。確かに、トランプ政権が一方的に進めた世界保健機関（WHO）からの脱退やパリ協定からの離脱を取り消し、ルールに基づく国際秩序へと復帰したかのように見えた。また、トランプ政権時代に悪化した欧州の同盟国との関係を修復し、同盟国間の協調による国際秩序の再構築に向かっていくかのように見えた。

しかし、バイデン政権は同時に、中国を唯一の戦略的競争相手として位置づけ、トランプ政権時代に進めた対中追加関税を維持し、半導体の輸出規制は緩和するどころか、さらに強化する形で中国が最先端のロジック半導体にアクセスすることを妨げようとしている。また、トランプ政権時代に行われた様々な対抗措置によって力を失った世界貿易機関（WTO）の再強化といったことは手つかずのままであり、ルールに基づく国際経済秩序を維持するという点については強い関心を示していない。加えて、トランプ政権が一方的に離脱した環太平洋パートナーシップ（TPP）は、日本のリーダーシップでアメリカ抜きのTPPである環太平洋パートナーシップに関する包括的及び先進的な協定（CPTPP）として維持されたが、バイデン政権はここに復帰するそぶりは見せていない。

このバイデン政権が見せている国際協調の側面と、トランプ政権時代の「アメリカ・ファースト」政策の継続という両側面は、しばしば矛盾し、バイデン政権が目指すもの、バイデン政権の世界観を混乱させているように見える。果たして、この二つは完全に矛盾したものなのだろうか。バイデン政権はこの矛盾に対してどのような整合性をつけようとしているのか。本稿ではこれらを明らかにすることを目的とする。

## 1　ミドルクラスのための外交

この矛盾に整合性をつけているカギとなっているのが「ミドルクラスのための外交（Foreign Policy for the Middle Class）」である。これは二〇二一年二月にバイデン大統領が初めて行った外交政策に関する演説の中核的方針として唱えられた概念であるが、そこでは、グローバル化した世界において外交政策と国内政策は一体化し、国内経済の強さがアメリカの強さであるとしている。アメリカの外交政策は、ミドルクラスへの影響を念頭に置き、ミドルクラスのための外交でなければならないと訴えたのである。

よく知られているように、このミドルクラスのための外交は、バイデン政権の外交チームの中核となったジェイク・サリヴァン大統領補佐官（安全保障担当）や国務省の政策企画室長となったサルマン・アーメッドなどが参加したカーネギー平和財団の「ミドルクラスのためにアメリカ外交政策をよりよくする」と題した研究報告書に基づいている（Ahmed et al. 2020）。この報告書では民主党が強いコロラド州、共和党が強いネブラスカ州、接戦州であるオハイオ州で聞き取りを行い、外交政策に対する一般市民の考え方を丹念に集め、それを分析している。バイデン政権は、こうした「市民の声＝世論」を強く意識した外交政策を展開し、外交政策を一部のエリートの独占物にすることなく、ミドルクラスの人たちの利益と感情に配慮したものにする、ということが、「ミドルクラスのための外交」の中に含まれていることは確かであろう。

この報告書では、トランプ政権の「アメリカ・ファースト」のアプローチは勝者と敗者を生み出し、特定の産業には有利に働いても多くのミドルクラスの市民には負担を強いるものであり、国家安全保障を危険にさらすものであるという認識が示されている。しかしながら、こうした研究を進めた背景には、トランプ前大統領のアプローチが一定の効果を示しており、これまでの外交政策に限らず、経済政策全般において省みられることのなかった人々の感情に強く訴えかけるものであったことがある。つまり、バイデン政権は、トランプ政権の手法や考え方は引き継がないものの、その問題意識は引き継ぐことを意識していると考えられる。つまり、外交政策の手段は「脱トランプ化」しつつも、ミドルクラスを意識し、彼らの利益と感情に訴える外交政策でなければならないという問題意識は共有されているのである。

では具体的に「ミドルクラスのための外交」とはどのようなものなのだろうか。カーネギー平和財団の報告書では五つの点が強調されている。第一に、トランプ政権はミドルクラスを製造業に特化して考えていたが、現代のアメリカでは製造業以外のミドルクラスが多数である。そのため、貿易を管理することだけではミドルクラスを守ることはできず、逆に輸入品の価格が上がるなど、ミドルクラスに不利益になる側面もある。そのため、貿易問題だけを論じるべきではない。第二に、外交政策は分配政策を意識したものでなければならない。他国の不公正な取引や中小企業への圧力になることを是正し、同時に産業政策や福祉政策による公正な分配を進めていかなければならない。第三に、外交政策と国内政策の分断を解消しなければならない。第四に、米中新冷戦だとか、民主主義対専制主義といった外交政策の方針にミドルクラスの人たちが必ずしもついてくるわけではない。同盟関係を活用し、機動的にミドルクラスに利益となる外交政策を展開し、中国の経済的・技術的覇権を阻止し、サプライチェーンを保障しなければならない。第五に、トランプ政権によって分断されたアメリカ社会において、外交政策のコンセンサスを作らなければならない。

ここで書かれたことはあくまでも報告書の上での議論であり、実際に政策に落とし込むとなると、極めて複雑で矛盾したものになりかねない。ゆえに、この報告書をもってバイデン外交の方針と見ることは難しいが、少なくともバイデン政権の外交政策における問題意識と目標設定はここで明らかにされたことが基礎になっているといえる。

## 2　サプライチェーンの見直し

この「ミドルクラスのための外交」が政権発足早々に形として表れたのが、二〇二一年二月二四日に出された、大統領令一四〇一七である。この大統領令は、一〇〇日間でアメリカのサプライチェーンを見直し、その現状と脆弱性を明らかにし、対策を立てることを政府部局に求めるものである。特にクリティカルな製品として、半導体、大規模蓄電池、レアアース、医薬品の四つの部門が取り上げられ、それらに関する詳細な分析と提言が、「強靭なサプライチェーンの構築、アメリカ製造業の再活性化と広範な経済成長の促進」と題する報告書として六月四日に提出された（White House 2021）。大統領就任後、一〇〇日間で何かを行うのは、バイデン大統領が範とするフランクリン・ルーズベルト大統領の一〇〇日立法以来の伝統であり、政権にとってのトップ・プライオリティ政策であることを示している。

この報告書では、サプライチェーンの強靭化が必要とされるのは、それが国家安全保障、経済安全保障、技術優位性に影響するからである、という認識が示されている。国内での生産基盤がなければ他国に付け入られる隙を生み、技術優位性を失えば、軍事的にも経済的にも劣位に立たされると懸念している。これは、想定される戦略的競争相手である中国に対してアメリカが脆弱な立場にあるとの強い危機感を示しているといえよう。ゆえに、報告書では、アメリカのサプライチェーンの強化策として、アメリカの強みであるイノベーションのエコシステム、エスニック、人種、地域的多様性を持つ人材、能力の高い中小企業、価値を共有する同盟国や友好国とのネットワークを活性化させることが目指されている。

この報告書では、四つの部門に共通する問題点として、五つのアメリカの脆弱性を明らかにしている。第一に、アメリカの製造業の能力不足である。低所得国との国際競争に敗れてはいるが、中小企業にはまだ十分な伸びしろがある。しかし、それが活かされていないのはイノベーションが足りないからだ、としている。第二に、インセンティブの不適切な付与と市場の短期的な利益追求である。市場に任せておけば、すぐに利益が上がる方法を選択し、長期的な投資や生産性の向上が犠牲になっている、としている。第三に、EUや台湾、韓国やシンガポールなど、同盟国や友好国が採用し、競争相手である中国も行っている産業政策をアメリカは行っていない。アメリカは産業基盤が失われつつあっても、政府はそれを見過ごしてきた、としている。第四に、グローバル化しているとはいえ、アメリカが依存しているサプライチェーンは特定の国に偏っている。半導体は台湾、蓄電池は中国、医薬品も中国とインドに依存しているが、インドも中国に医薬品成分を依存している。最後に、サプライチェーンの安全保障のために国際的な協調を行ってこなかった、ということが挙げられている。

これらに対して、報告書では、いくつかの提言を行っている。研究開発への投資を高め、イノベーションを促進することや市場環境の整備といった提言に加え、死活的に重要な分野に関しては、政府が顧客となり、また投資家となることが期待されている。さらに、国際的なルール作りを進め、同時に貿易制限的な手段を活用することも目指すべきだと述べられている。さらには同盟国や友好国との連携を強化し、サプライチェーンの安全保障を高めること、そして、新型コロナウイルスによるパンデミックが明けた後の経済再開に備えることが提言されている。

この報告書は、レーガン政権以来の新自由主義的な経済政策では「国家資本主義」といわれる中国の国家主導型経済産業政策に対抗することはできないことを宣言するものである。これまでのアメリカにおける経済成長モデルは、市場原理に任せて、個人の能力や「アニマル・スピリット」を最大限に発揮することでイノベーションを促進し、市場を通じた利益を極大化することを目標とすることがインセンティブとなって経済成長を進めるというものであった。そのため、政府は規制を緩和し、可能な限り経済活動に介入しないことが産業政策のコアにあったといえるだろう。しかし、そうした市場放任型の新自由主義的経済政策は、貧富の格差を生み出し、「ミドルクラス」に強いストレスを加え、彼らのルサンチマンを高めただけでなく、産業基盤の喪失を招く結果となった。ゆえに、アメリカは新自由主義的な政策を転換し、国家が市場に積極的に介入する方向性を示したといえる。

こうした政策転換はさらにトランプ政権時代に議会が進めてきた、半導体製造、組み立てなどの施設を整備するのに最大三〇〇億ドルを支援することを認める、半導体製造インセンティブ法（CHIPS for America Act）で補強されている。この法律に基づいて、台湾のTSMCの半導体製造工場をアリゾナ州に誘致し、韓国の文在寅大統領との米韓首脳会談でもサムスンの半導体工場をアメリカに建設することを支援することで合意している。また、現在、議会で審議されている、アメリカイノベーション・競争力法案は半導体だけでなく、様々な先端技術に二五〇〇億ドルの支援をすることを可能にしようとしている。こうしたサプライチェーンの強化は着々と進められており、バイデン政権は一定の成果を出しているといえよう。

### 3 「グリーン」をめぐる問題

バイデン政権の看板政策の一つは気候変動対策であり、ジョン・ケリー元国務長官を気候変動問題特使に据え、大統領就任早々にパリ協定に復帰するなど、気候変動問題に対する強い意欲が示された。これは前任のトランプ大統領が進めた石炭やシェールガス・オイルの掘削などのエネルギー産業に配慮した環境問題軽視政策への反発であり、前政権との違いを際立たせるポイントとして認識されている。

しかし、サプライチェーンの安全保障を強化するための様々な措置の中に、こうした気候変動を主軸に据えた政策が目立つわけではない。おそらく一番重要となってくるのは大規模蓄電池をめぐる問題であるが、これは気候変動問題が重視されると不安定な再生可能エネルギーで発電した電気を蓄積することや、電気自動車を普及させるために重要となる。しかし、リチウムイオン電池や車載用蓄電池でシェアを握っているのは中国、日本、韓国のメーカーであり、アメリカにはほとんど国際競争力のある産業が存在していない。もし、仮に気候変動対策を進めていくのであれば、中国メーカーはともかく、日本や韓国のメーカーと協調していくことが重要になり、アメリカでの産業基盤の再構築は優先課題にはならないであろう。もちろん、サプライチェーンの見直しに関しては同盟国との関係強化ということが示され、日韓メーカーとの協調を否定しているわけではないが、主眼に置かれているのはアメリカ国内での産業基盤の構築である。もし、ここから産業政策として幼稚産業を育てていくとなると、日韓メーカーの市場への流入も制限せざるを得ないだろう。それは、結果として気候変動対策とは矛盾する可能性がある。

また、気候変動に大きく貢献しているのは化石燃料による発電であり、再生可能エネルギーや原子力発電など、温室効果ガスを出さない発電も増えているとはいえ、いまだにアメリカの主要な電源は化石燃料である。そんな中でデジタル化が進むと、巨大なデータセンターが必要となり、その消費電力はすさまじいものとなっている。また暗号資産（仮想通貨）やデジタル通貨が使われるようになると、さらに多くのサーバーが必要となり、デジタル化のための消費電力は増えていく。ここで問題になるのは電力を大量に消費する半導体の問題であり、また半導体は過熱しすぎると機能を失うため、さらに多くの電力を使って冷却しなければならなくなる。つまり、気候変動対策を進めるためには、デジタル化が加速する中で電力消費の少ない半導体の開発が求められるわけだが、バイデン政権のサプライチェーンの見直し報告書の中では、必ずしもアメリカのイノベーションがグリーン半導体に向かっていくとは書かれていない。

バイデン政権の研究開発戦略や予算教書を見る限り、気候変動に対する意識は強く、政権として気候変動を中心的な課題としていることは間違いない。しかし、サプライチェーンの再構築や、アメリカの産業政策において、気候変動を重視するというよりは、中国への依存を減らし、サプライチェーンのレジリエンスを高めることに重点が置かれているように思える。このように見ると、バイデン政権の世界観としては、中国への依存を減らしていくことが最重要課題であり、環境問題に関しては必ずしも最上位にある政策課題ではないということがいえるかもしれない。

## 4 「人権」をめぐる問題

気候変動と同様、バイデン政権の金看板となっているのが「人権外交」である。トランプ政権では、他国における民主主義や人権、法の支配については基本的に介入せず、「アメリカ・ファースト」の原則に基づいて、専制主義的な政治体制であってもアメリカにとって利益がある限り、人権の問題などを提起することはしなかった。これは、かつてイラク戦争を企て、独裁者であるサダム・フセインを排除すべきと主張したジョン・ボルトンが安全保障担当補佐官になっても変わらなかった（もっともボルトンは武力によって民主主義を強制する、いわゆるネオコンとは異なると見られている）。こうした前政権とは異なり、バイデン政権は民主主義や人権を推進していく立場を明確にし、とりわけ香港における民主派による運動や、新疆ウイグル自治区における民族抑圧など、中国の人権問題には強い関心を持ち、民主主義を抑圧する行為に対して制裁を加えている。

その際、有効な手段として活用されているのが、グローバル市場におけるアメリカ市場の持つ重力（gravity）である。グローバルな相互依存が深まり、世界中の企業が世界最大のGDPを持つアメリカ市場で経済活動を行うことは当然のようになっている。特に金融業界において国際業務を行う銀行や証券会社は、ニューヨークに支店を置かなければ基軸通貨であるドルによる決済が困難となり、国際市場における競争力を失う。そのため、アメリカは、自らの政策に反するような取引を行う企業に対し、アメリカ市場での営業ライセンスや輸入制限をかけることによって、それらの企業がアメリカの政策に沿った行動をとることを強要することができる。その典型が、イランや北朝鮮などにかけている「二次制裁」である。これはイランや北朝鮮と取引した企業はアメリカ市場での活動を禁じられるため、非アメリカ企業であっても、アメリカの制裁に敏感にならざるを得ず、その規制のコンプライアンスを徹底するようになる。実際、数多くの銀行がイランや北朝鮮、スーダン、リビアなどと取引があったとして制裁違反と認定され、アメリカ市場からの追放を免れるために巨額の課徴金を支払っている（表1）。

こうした巨額の課徴金や罰則を科すことができるアメリカだ

表1　イラン制裁の二次制裁により米財務省に課徴金を支払った主要な事案

| 年 | 企　　業 | 課徴金額 |
|---|---|---|
| 2012 | HSBC Bank Financial Services | $1,256,000,000 |
| 2012 | Standard Chartered Bank Financial Services | $667,000,000 |
| 2012 | ING Bank N. V. Financial Services | $619,000,000 |
| 2013 | Bank of Tokyo-Mitsubishi UFJ Financial Services | $259,000,000 |
| 2014 | BNP Paribas S. A. Financial Services | $8,960,000,000 |
| 2015 | Commerzbank AG Financial Services | $258,000,000 |
| 2015 | Crédit Agricole Corporate and Investment Bank | $329,593,585 |
| 2017 | ZTE（中興通訊） | $1,761,000,000 |
| 2018 | Société Générale S. A. | $53,966,916 |
| 2019 | Standard Chartered Bank | $639,023,750 |
| 2019 | UniCredit Group（Germany） | $611,000,000 |
| 2020 | Berkshire Hathaway | $4,144,651 |
| 2021 | SAP（Germany） | $2,132,174 |
| 2021 | Amazon.com | $134,523 |

（出典）　米財務省資料より筆者作成

が、こうした「市場の重力」をテコにして人権問題に関しても厳しい措置を取ることができる。いわゆる「グローバル・マグニツキー法」と呼ばれる、人権侵害や腐敗を行う個人や団体に対して制裁を科す法律がある。この法律に基づき、トランプ政権の最終盤である二〇二一年一月にアメリカ税関・国境警備局（CBP）は新疆ウイグル自治区からの綿製品とトマトの輸入を認めないとの通達（Withhold Release Order：WRO）を発出し、新疆ウイグル自治区において強制労働をウイグル人に対して課し、利益を上げている政府系企業に対して経済的な圧力をかけている。このWROによって日本のアパレルメーカーが新疆綿を使っているとして、アメリカ国内に荷揚げできなかったことは日本でも大きく報じられた。また二〇二一年一二月には「ウイグル強制労働防止法」が成立し、新疆ウイグル自治区で生産された製品の輸入を禁ずることとなった。

また、香港の民主派抑圧に対する制裁として、「香港自治法」が二〇二〇年に制定され、ここでは香港の自治を侵害した人物や、それらの人物と取引のある金融機関を指定し、制裁を科すことができるようになった。制裁指定された人物がもつ在外資産を凍結し、アメリカ国内への入国を禁ずるだけでなく、自治侵害にかかわった金融機関はアメリカ市場から排除されることとなる。

これらからも明らかなように、中国の人権問題に対する法的措置はトランプ政権の末期に用意されたものであり、バイデン政権はそれを活用して中国に圧力をかけることが可能になっている。バイデン政権になってからも、アメリカの輸出管理制度における「エンティティ・リスト（ＥＬ）」に中国企業を追加している。このＥＬに記載された企業などと取引する場合、アメリカ製品を含む非アメリカ製品であっても、アメリカの輸出管理の対象となり、アメリカ商務省の許可を得ずに輸出した場合は、輸出管理強化法違反に問われることになる。バイデン政権はトランプ政権時代の対中人権問題の措置をそのまま引き継いでいるが、それは必ずしも、普遍的概念としての「人権外交」を進める手段ではないと思われる。

というのも、ミャンマーにおけるクーデターが起きた際には、国軍幹部らの資産凍結などを定めた大統領令（Executive Order 14014）を発出したが、それ以上の具体的な圧力をかけることも、ミャンマー問題を積極的に解決する外交も行っていない。二〇二一年七月から八月にかけてオースティン国防長官、シャーマン国務副長官、ハリス副大統領が続けて東南アジアを歴訪したが、この時も具体的にミャンマーの人権問題に対して動きがあったわけではない。さらに、八月末に混乱の中でアフガニスタンから撤退したアメリカだが、女性の人権などを抑圧するタリバンが全土を支配することに対して抵抗することなく、撤退を進め、アフガニスタンの人権問題を見捨てた、といった批判を受けることとなった（Packer 2021）。

バイデン政権は、資産凍結やＥＬ記載といった強力な経済的圧力をかける手段があるにもかかわらず、中国の人権問題以外に関しては、それらの強力な措置を取らず、ソフトな人権外交を行っている。アフガニスタン撤退に際して、タリバンの支配による人権抑圧の問題に関しても、外交的な解決を目指すことを言及するにとどまった。なお、タリバンは対テロ制裁の対象になっている人物が多いため、人権とは別の文脈で制裁の対象であり、タリバンのカブール制圧後にアフガニスタンの中央銀行がアメリカ国内に持つ資産を凍結している。他方、中国の人権侵害に対しては、トランプ政権から引き継いだ経済的な圧力をかけるツールを継続して使い、新疆ウイグル自治区の問題に関しても厳しい姿勢を継続している。これを中国は「ダブルスタンダード」と非難するが（Fearnow 2021）、そういわれても仕方がない側面もあるといえよう。

## 5　新興技術の担い手である巨大ＩＴ企業

バイデン政権のサプライチェーンの安全保障を考える上で重要な役割を果たすのが、ＧＡＦＡＭと呼ばれる巨大ＩＴ企業である。ＧＡＦＡＭ（Google, Apple, Facebook, Amazon, Microsoft）はいわずと知れた、インターネット上で多彩なサービスを提供するプラットフォームを運営する企業（プラットフォーマー）であり、また、クラウドサービスなど、デジタル化する世界における資源であるデータを管理する企業でもある。

これらのプラットフォーマーは、単にネット上でのサービスを提供するだけでなく、世界中の顧客から集めた、様々なデータに基づき、顧客が求める商品やサービスを提供するためのアルゴリズムを構築し、そのアルゴリズムを発展させて人工知能

(Artificial Intelligence: AI) を開発している。以前、プロの棋士を打ち負かした「アルファGO」と呼ばれるAIはGoogleが開発したものであった。AIは単に囲碁などのゲームに使われるだけでなく、アルゴリズム取引と呼ばれる金融取引や、スマートシティなどの効率的な街づくりや交通管制、さらには戦場における作戦行動を支援し、極めて短時間で判断を下すことが可能となるような軍事能力の拡張に資する技術である。また、顔認証技術などのセキュリティ関連の技術としても使われており、今後AIは社会生活を大きく変え、軍事能力を飛躍的に向上させる可能性のある技術である。

こうしたAIの開発をめぐって米中はしのぎを削っており、AI技術で優位に立った方が、国際市場においても、社会インフラの構築においても、また、戦場においても優位に立つものとして考えられており、まさに技術覇権を争う主戦場となっている。しかし、バイデン大統領は、バーニー・サンダースやアレクサンドリア・オカジオ=コルテスらによる民主党左派に対する配慮から、GAFAMなどの巨大IT企業に対して厳しく規制する方針を取っている。特に、反トラスト法の適用を判断する連邦取引委員会(FTC)の委員長に、「アマゾンの反トラスト・パラドクス」という論文を書いたこともあるリナ・カーンを起用した。また、ホワイトハウスの国家経済会議のハイテク・競争問題担当として、コロンビア大学教授で、巨大IT企業による市場独占の弊害を訴えるティム・ウーを採用した。

これらの人事は、民主党左派の要請があったとはいえ、明らかに巨大IT企業の力を分散させ、その独占的な地位を解体することを目指しているといえよう。現時点では、彼らがどのような政策を展開するのか明確ではないが、可能性としてはGAFAMの解体といったことも考えられる。それはすなわち、米中の技術覇権競争において、極めて重要な意味を持つAIや自動運転、クラウドサービスなどでアメリカ企業が持っている優位性を弱める結果になる可能性があるということである。

ここからいえることは、バイデン政権にとって重要なのは、先端技術や新興技術の分野においてアメリカ企業が中国に対して対抗するよりも、民主党内におけるパワーバランスや、「ミドルクラス」の人々が持っている、巨大IT企業の経営者などとの所得格差や、中小企業を廃業に追い込んでいくGAFAMの圧倒的な競争力に対するルサンチマンを優先したということであろう。つまり、バイデン政権は、一部の企業に特権的な立場を与え、アメリカの競争力を強化するというよりは、そうした企業が持つ特権的な立場を解消していくことを優先しているといえよう。

## 6 バイデン政権の経済安全保障戦略

ここまで見てきたように、バイデン政権において経済安全保障の問題は、「ミドルクラスのための外交」と「中国との戦略的競争」という二つの柱を軸に展開している。一方ではサプライチェーンの見直しを通じて、アメリカ内での産業振興を目指した、「反レーガン主義的新自由主義」政策へと進み、他方で、トランプ政権時代に設定された政策方針である、中国が半導体をはじめとする戦略的製品の能力を獲得することを遅らせ、中国へのサプライチェーンの依存を減らし、人権問題で中国に圧力をかける路線を継続している。

対中戦略に関しては、大統領就任以前に想定されていた、中国に対する宥和的な姿勢はほとんど見られず、トランプ政権時代の関税政策や経済的な手段を使った人権問題への圧力、さらには半導体のサプライチェーンのチョークポイントを握るといった戦略を継続している。しかし、バイデン政権はトランプ路線を継続しつつも、それ以上の圧力を加えるという姿勢ははっきりとは見せておらず、エンティティ・リストに国防関連企業を追加するなど、小規模な措置しかとっていない。また、中国がアメリカに対抗するため、「反外国制裁法」などを設定しているが、それに対して目立った反応を示していない。この点から、バイデン政権は対中強硬姿勢を見せつつも、それ以上の摩擦は避けようとしていることが伺える。つまり、米中対立はバイデン政権の経済安全保障戦略の一つの柱ではあるが、何らかの戦略的目標を設定し、米中関係の将来を変えていくというよりは、現状の対立した緊張状態を維持することが目的になっているように見える。

むしろ、バイデン政権の経済安全保障戦略の中心は、サプライチェーンの強靭化であり、アメリカの産業政策を進めることであり、それが結果的にアメリカの雇用を生み出し、「ミドルクラスのための外交」を実現することにある。しかし、この戦略的目標を実現することは容易ではない。半導体にしても、台湾のTSMCや韓国のサムスンの誘致が主要な政策手段となっており、蓄電池に関しては米国企業でアメリカ内での生産ができるようなメーカーは存在していない。医薬品に関しても、研究開発に関してはアメリカは突出した能力を持っており、新型コロナウイルスのワクチンもファイザーやモデルナといった新旧製薬会社がアメリカ内で製造しているが、その原薬や有効成分は中国やインドに依存した状態である。レアアースに関しても、アメリカ国内に賦存しているものは限られており、外国からのサプライに依存する状況は変わらない。

こうした点から考えると、バイデン政権の経済安全保障戦略に同盟国・友好国の協力は不可欠である。中国への依存を減らすためには半導体や蓄電池分野では日本や韓国や台湾、レアアースに関してはオーストラリア、医薬品に関してはインドといったクアッド諸国との協力が不可欠となる。つまり、バイデン政権にとって、「アメリカは戻ってきた!」と宣言し、国際協力を進めることは、とりもなおさず自らの経済安全保障戦略を実現するために不可欠な選択なのである。つまり、バイデン政権はトランプ政権時代の「アメリカ・ファースト」を継承しつつも、米中対立の世界の中で、自国の利益と安全保障を確立するためには、同盟国・友好国との関係が必要であり、アメリカ一国では「アメリカ・ファースト」を成し遂げられないという現実を受け入れた上での戦略を展開しているのである。

参考文献

Ahmed, Salman et al.（2020）*Making U. S. Foreign Policy Work Better for the Middle Class*, Carnegie Endowment for International Peace, 2020.（https://carnegieendowment.org/files/USFP_FinalReport_final1.pdf）

Fearnow, Benjamin（2021）“China Blasts US ‘Human Rights Violations Double Standard’: ‘Robber Acting Like a Cop’”, *Newsweek*, May 10, 2021（https://www.newsweek.com/china-blasts-us-human-rights-violations-double-standard-robber-acting-like-cop-1590144）

Packer, George（2021）“Biden’s Betrayal of Afghans Will Live in Infamy”, *The Atlantic*, August 16, 2021（https://www.theatlantic.com/ideas/archive/2021/08/bidens-betrayal-of-afghans-will-live-in-infamy/619764/）

White House（2021）*Building Resilient Supply Chains, Revitalizing American Manufacturing, and Fostering Broad-based Growth: 100-day Reviews under Executive Order 14017, June 2021*.（https://www.whitehouse.gov/wp-content/uploads/2021/06/100-day-supply-chain-review-report.pdf）

# 多中心的な気候変動ガバナンスにおけるアメリカの国際協調外交


西谷真規子

（にしたに　まきこ）
神戸大学大学院国際協力研究科准教授
専門は国際関係論
著書に『新時代のグローバル・ガバナンス論――制度・過程・行為主体――』（ミネルヴァ書房、共編著）、『国際規範はどう実現されるか――複合化するグローバル・ガバナンスの動態――』（ミネルヴァ書房、編著）、*Asian Countries' Strategies towards the European Union in an Inter-regionalist Context*（共著、Taiwan University Press）など。


## はじめに――バイデン政権の気候外交

多間協調を忌避したトランプ政権との対照性を際立たすかのように、バイデン候補（当時）は「アメリカは戻ってきた（America is Back）」と高らかに宣言し、多国間制度への復帰を約束した。そして大統領就任初日に署名したのがパリ協定復帰の大統領令だったことは、気候変動政策が国際協調外交の象徴であることを示唆している。バイデン政権は気候変動対策を看板に掲げ、対外的にも国内的にもあらゆる政策の基盤に据える姿勢を明確化した。気候変動に関する行政命令を矢継ぎ早に発令し、気候リーダーズ・サミットを主催した。

バイデン政権は国際的な気候リーダーシップをとることに意欲的であるが、アメリカが実際にどれほどリーダーシップをとれるのか、そして、アメリカの復帰がどれほど気候ガバナンスの有効性を高めるかについては、未だ不確定要素が多い。一つには、アメリカ外交の継続性に対する懸念があるからである。気候変動は典型的な党派的争点であり、パリ協定脱退・復帰劇に端的に表れているように、政権交代のたびにその政策が大きく揺らいできた。第二に、中国、新興・途上国、欧州との協調に課題があるからである。とくに、米中対立が昂進する中で中国との協調・協力がどれほど推進できるかは未知数である。第三に、国内での調整に課題があるからである。上下院ともに党派間の勢力が拮抗しているうえ、民主党も一枚岩ではないことから、難しい議会運営を強いられており、気候対策を優先した政策がどれほど実現されるか楽観視できない。第四に、国連気候変動枠組条約（UNFCCC）とパリ協定を中心とした多国間制度自体が変容しており、グローバル気候ガバナンス（GCG）は多国間主義に留まらない多中心的なランドスケープによって特徴づけられるようになっているからである。政府間のフォーマルな外交関係だけでは、アメリカの気候外交を適切に評価することはできない。

本稿では、GCGの多中心的構造の全体像を示したうえで、バイデン政権の気候変動対策と非国家主体の取組をその中に位置づけ、アメリカがGCGにおいてどのようなリーダーシップをとれるのかを考察してみたい。

## 1　多中心的なグローバル気候ガバナンス

### (1) 気候変動ガバナンスの多中心性 (polycentricity)

政府間のフォーマルな制度であるUNFCCCならびに京都議定書およびパリ協定をGCGと考える人も多い。確かにそれらはGCGの中核をなすが、世界で行われている気候ガバナンスの制度や実践を一元的に統制しているわけではない。GCGは、国家や国際機構だけでなく、地方自治体、企業、NGOなどを含む多様なアクターによってマルチレベルで展開される諸制度が、それぞれ自律した権威として相互作用しあう過程で、全体として一貫した秩序が保たれるようなシステムになっている。このようなシステムを、「多中心的ガバナンス」と呼ぶ(Ostrom 2010; Jordan et al. 2018; 西谷、二〇二一年)。

とくにパリ協定は、それ自体は拘束力のある条約だが、途上国を含む全締約国が各々「国が決定する貢献」(NDC)を策定・実施するというボトムアップ・システムをとっており、NDCを達成できなかったとしても罰則はないため、条約の統制力は弱い。各国の約束《プレッジ》であるNDCは五年ごとに目標を引き上げ、進捗状況を定期的に報告しレビューに付し、世界の実施状況を五年ごとのグローバル・ストックテイクで確認することによって、各国の目標を徐々に引き上げていく仕組みである。これにより、平均気温上昇を工業化以前に比して二℃未満(二℃目標)、できれば一・五℃未満(一・五℃目標)に抑えることを目指す。

さらに、パリ協定を締結した締約国会議(COP21)では、非国家主体の自発的取組を「第四の柱」として、UNFCCC体制の基軸とすることが決定された。パリ協定以降のUNFCCC体制は、各国および非国家主体がカーボンニュートラルに向けてどれだけ野心的な約束をし、実際の行動をとれるかが、決定的に重要である。そのため、国際(政府間)、ナショナル(中央政府)、サブナショナル/ローカル(地方政府やコミュニティ)、民間(ビジネスおよび市民社会)の制度が併存し、それらが自律的に機能しつつ複雑に相互作用しあっているのである。

国際レベルでの主たるアクターは、国際機構と各国政府である。主な国際機構には、UNFCCC事務局、気候変動に関する政府間パネル(IPCC)、気候資金メカニズム(地球環境ファシリティ、緑の気候基金など)、国連事務局、国連環境計画(UNEP)、世界銀行などのフォーマルな組織のほか、G7やG20等のインフォーマルな政府間制度もあり、各々が独自の権威を有しつつ相互に調整しあっている。また、生物多様性、貿易、人権など他分野との複合により、生物多様性条約(CB

D）事務局、世界貿易機関（WTO）、国連人権理事会なども積極的に関与している。

条約交渉をはじめとした気候外交においては、リーダーの所在が必ずしも明確ではない。EUは長らく気候ガバナンスの国際的リーダーと自負し、京都議定書レジームの牽引役でもあったが、コペンハーゲン合意およびパリ協定成立過程においては、アメリカと中国の存在感が高まった。しかし、そのアメリカは、トランプ政権下の四年間に不在となり、その間、欧州諸国はグリーン投資や気候関連の規格・基準作りで先行した。他方で、中国も気候対策に積極的な姿勢を示して欧州と連携し、また、新興・途上国からの支持も高い。化石燃料使用率の高い新興・途上国は気候変動への影響が大きいため、G77と中国の連合は、大きな政治力を有する一大勢力である。とはいえ、途上国は一枚岩ではなく、島嶼国グループ、後発開発途上国グループ、ラテンアメリカ・グループ、アフリカ・グループなどに分かれてプレゼンスを競い合っている。気候外交の舞台は多極的な構造になっているのである。

国家による取組は条約の履行を目的とするものの、その遵守度合いや実施内容は国ごとに異なる。とりわけパリ協定はボトムアップ方式のため、国内政治が外交に反映されやすく、議会や行政府、裁判所などの国内アクターの動向がNDCの実施を左右する。

さらに、中央政府（国）レベルの施策とは別個に運用される、都市や州やローカル・コミュニティなどの地方政府によるサブナショナルな取組も盛んである。とくに都市は非常に野心的な排出目標を設定し、国境を越えた都市間ネットワークも活発に活動している。代表的なものは、二五〇〇以上の都市や地域をつなげる「イクレイ－持続可能な都市と地域をめざす自治体協議会」（ICLEI）、九〇以上の大都市をつなぐ「C40都市気候リーダーシップグループ」（C40）、一四〇か国にわたる一万以上の自治体首長の連合である「世界気候エネルギー首長誓約」（GCoM）である。これらの組織は、後述のCOP21およびCOP22において大きなプレゼンスを示した。ローカル・アクターが自律的、自発的にガバナンスに関与するのは、多中心性の一大特徴である。

また、企業、投資家、業界団体、商工会議所などのビジネス・アクターや、NGOなどの市民社会による取組も大きな影響力を持っている。とくに一九九〇年代から、環境分野におけるプライベート・イニシアチブや官民協働、マルチステークホルダー・イニシアチブが急増している（Abbott, Green, Keohane 2016）。GHGプロトコルイニシアチブ、グローバル・レポーティング・イニシアチブ（GRI）、検証済み炭素規格（VCS）、クリントン気候イニシアチブなどがよく知られている。これらの多くは自発的なイニシアチブで、気候関連の基準・規格の設定、グリーン投資の促進、炭素市場の監視・監督、情報交換の促進などに、民間が重要な役割を果たしている。

表1　グローバル気候ガバナンスの多中心性

| | | | | | | |
|---|---|---|---|---|---|---|
| 国際 | 国際機構 | UNFCCC機関（事務局、COP等）、IPCC、国連事務局、気候資金メカニズム（GEF, GCF等）、国際開発金融機関（世銀・IMF等）、UNEP、クラブ（G7、G20、MEF等）、etc. | | | | 気候・クリーンエア連合 etc. |
| | 国家・地域（条約交渉グループ） | EU・英、米・日・豪等、中国・インド・イラン等、小島嶼国、ラ米・カリブ海、アフリカ、etc. | | | 気候野心連合 etc. | |
| 国家 | 行政府、立法府、裁判所、中央銀行、etc. | | | TCFD etc. | | |
| サブナショナル | RGGI, 米国気候同盟、イクレイ、C40、GCoM, Under2連合、etc. | | We Are Still In, Race to Zero, etc. | | | |
| 民間 | GRI、GHGプロトコルイニシアチブ、検証済み炭素規格（VCS）、クリントン気候イニシアチブ、etc. | | | | | |

出典：筆者作成

## （2）多国間主義の変容

非国家主体（サブナショナル、ビジネス、市民社会）によるイニシアチブは、多国間交渉の行き詰まりを受けて促進された面がある。とくに二〇〇九年のCOP15では、ポスト京都議定書の枠組みを交渉したが、主要国間での政治合意（コペンハーゲン合意）に対して締約国間のコンセンサスが得られなかったことで、多国間交渉の手詰まりが露わになった。この後、GCGの重点は、政府間の条約交渉から、各国および非国家主体の実質的行動の促進へと移行したのである（Falkner 2016）。

二〇一四年に潘基文国連事務総長（当時）が主催した気候サミットには、政府代表だけでなく、ビジネスリーダー、市長、NGOなどが招待され、野心的なイニシアチブが披露された。それに続くCOP20では、非国家主体の行動を奨励する「リマ・パリ行動アジェンダ」（LPAA）が立ち上げられた。同時に新設された「ナスカ気候行動ポータル」（NAZCA）は、非国家主体による自発的取組を登録・追跡・モニターするオンライン・ポータルで、現在、二万以上の非国家主体が参加している。

翌年のCOP21（パリ会議）では、パリ協定、各国の約束、気候資金メカニズムに続いて、LPAAが「第四の柱」と位置づけられた。そして、国際交渉過程に非国家主体からの直接的インプットをし、締約国の取組と非国家イニシアチブとを連結するために、二名の「ハイレベル・チャンピオン」が任命された。このような仕組みをさらに制度化するために、翌年のCO

Ｐ22では、政府と非国家主体の協働を促進するための「グローバル気候行動に関するマラケシュ・パートナーシップ」（ＭＰＧＣＡ）が立ち上げられた。ＭＰＧＣＡによる取組は毎回の締約国会議で紹介され、非国家主体のプレゼンスの高まりを印象づけている。二〇一九年のＣＯＰ25で環境活動家のグレタ・トゥンベリをはじめとした若者イニシアチブが世界の注目を集めたことは記憶に新しい。

二〇二〇年には、ハイレベル・チャンピオンによって「レース・トゥ・ゼロ」キャンペーンが立ち上げられた。これは、グリーン・リカバリー（気候対策による経済再生）と気候レジリエンスを促進するためのマルチステークホルダー・イニシアチブであり、二〇二二年一月時点で一〇〇〇以上の都市、七〇近い地方政府、五〇〇〇以上の企業などが参加している。レース・トゥ・ゼロは、これに先立って二〇一九年にＣＯＰ25の議長国だったチリが主導した「気候野心連合」の非国家イニシアチブを梃入れするものとして創設された。当該連合は、二〇五〇年までのカーボンニュートラル達成のためにより野心的な目標にコミットしたグループであり、二〇一九年末段階で一二一か国、一五地域、約四〇〇都市、約八〇〇の企業および投資家がメンバーとなった。現在はレース・トゥ・ゼロが気候野心連合を引き継ぎ、非国家主体の動員を担っている。

このように、パリ協定以降のＵＮＦＣＣＣレジームでは、多様なアクターの取組を促進・管理する局面がますます重視されるようになっている。Betsil et al. 2015 は、排出量削減、低炭素技術関連投資、気候レジリエンスを実質的に増進させる取組を促進するために、政府間制度と非国家制度を有機的に繋ぐことを「触媒的連結」（catalytic linkages）と呼んでいる。この見方からすると、ＵＮＦＣＣＣレジームは多様なイニシアチブの「触媒的」なプラットフォームになっており、その具体的な仕組みが、ＬＰＡＡ、ＭＰＧＣＡ、気候野心連合やレース・トゥ・ゼロなどであると捉えることができる。すなわち、従来の政府間交渉過程と非国家イニシアチブを有機的に連結することで、ＵＮＦＣＣＣレジームは多国間主義の限界を超える方向に変容していると言えるだろう（Hale 2017）。

### （3）多中心的ガバナンスにおけるリーダーシップ

多中心的ガバナンス論は、以上のようなシステムがいくつかの特徴を有すると想定している。ローカル・イニシアチブの自己組織的な発生、制度間の自発的な相互調整、政策実験によるイノベーションや学習の促進、アクター間の信頼の醸成、多様性や協調性を促進する規範の共有などである。

しかし、Jordan et al. 2018 は、ＧＣＧはこれらの特徴が概ね該当するものの、自己組織性、相互調整、政策実験の成功については、当てはまらない例も少なくないと指摘する。また、野心的な目標を設定している非国家イニシアチブでも、実際の成果については疑問符が付くものも多く、また、十分なアカウンタビリティの仕組みを持たないために、活動の質が低下するリスクが高いものも多いとの分析もある。例えば、イクレイのアメリカ支部は多くの都市を会員としていたが、近年は、利益集団からの圧力、新自由主義的なイデオロギー的偏向、会員特典の減少により、相当数の会員が退会する事態となった（Van der Heiden, 2018）。

したがって、多中心的な気候ガバナンスを有効に機能させるためには、これらの課題を解決するようなリーダーシップが求められる。例えば、非国家イニシアチブを奨励しつつその質とアカウンタビリティを高めるための制度を整えること、政府間制度と非国家イニシアチブの戦略的架橋による相乗効果の創出、個別の政策実験をイノベーションに結実させるための共通の評価基準やモニタリング・メカニズムの設定、ＮＤＣレビュープロセスへの非国家主体のインプット強化により目標引上げを促進する制度の創設などが挙げられる（Abbott 2018）。

このように、多国間制度の効果を高める目的で非国家イニシアチブを活性化し、国家の施策と有機的に連結するようなリーダーシップを「触媒的リーダーシップ」と呼びたい。アメリカは政府間でのリーダーシップと同時に、このような触媒的リーダーシップをとれるだろうか。以下、連邦政府と非国家主体による取組を中心に検討してみよう。

## 2　バイデン政権の気候変動対策

### (1) 連邦政府の気候政策の特徴

バイデン大統領は就任直後から気候変動に関する複数の行政命令に署名してきたが、二〇二一年一月二七日に署名した行政命令一四〇〇八「国内および海外の気候危機への取組」で国内および対外的な気候対策の項目を整理しているので、以下に、それらを中心にバイデン政権の気候対策の特徴を整理する。

第一に、気候対策を外交および国家安全保障政策の中核に据える。関係各機関が安全保障に対する気候リスク分析を行い、国家情報会議（ＮＩＣ）による「国家情報評価」（ＮＩＥ）でも気候変動の安全保障への影響を重点評価する。これは、二〇〇〇年代後半から重視されるようになった気候安全保障の考え方に則るものであり、安全保障会議メンバーであるジョン・ケリー（John F. Kerry）を気候変動担当特使に任命したことにもそれが表れている。国防省はこれまで、海氷の減少による北極海航路や基地の拡張による地政学的脅威の増大、資源紛争の激化、異常気象の増大による世界の米軍施設・基地の脆弱化、軍の即応能力低下など、気候変動がもたらす負の影響を一貫して主張してきた。国連人権・人道諸機関が人権・人道問題と捉える気候難民・環境移民（気候変動の被害により国を追われた人々）も、バイデン政権は安全保障問題と捉えている。二〇二一年一〇月に出された環境移民に関する報告書でも、政治不安や紛争などの地政学的リスクの分析が冒頭に置かれた（The White House 2021）。同月には、気候変動に関するＮＩＥ、国防省の気候リスク分析および適応計画、国土安全保障省の気候変動に関する戦略枠組みと、重要文書が相次いで出された。どれにも共通しているのは、気候安全保障が喫緊かつ将来的にも重大な問題であり、広範囲にリスクをもたらし、他の安全保障問題を悪化させるとの認識である。

第二に、政府全体の取組を行う。オバマ政権下で環境保護庁（EPA）長官を務めたジーナ・マッカーシー（Gina McCarthy）が国家気候変動担当補佐官（国家気候顧問）に起用され、気候対策の調整と実施を担う国内気候政策局を率いることとなった。さらに、気候対策を各機関の政策に組み込み、政府全体での取組を推進するために、連邦諸機関のトップで構成される国家気候タスクフォースが設置された。

第三に、クリーンエネルギー関連投資と政府調達を経済回復および雇用創出の要とする（グリーン・リカバリー）。「より良い再建」（Build Back Better）プランに則り、電力のカーボンフリー化、送電設備などのインフラ整備、電気自動車（EV）などの低炭素製品の政府調達および関連投資によって、高収入の雇用を創出する。洋上風力発電を二〇三〇年までに倍増することや、化石燃料関連補助金の廃止、公有地での石油および天然ガスの新たな契約の停止なども盛り込まれた。

第四に、クリーンエネルギー推進によって不利益を被る化石燃料産業や発電所に依存する地域社会を支援する。国家気候顧問と国家経済会議議長とを長とする省庁間作業部会を設置し、地域社会への投資その他の支援策や、現行設備からの温暖化ガス（GHG）排出削減支援策などを取りまとめる。

第五に、環境保全活動へのローカル・アクターの関与を進める。農業・水産業・畜産業従事者、森林所有者、部族、州や準州などから意見聴取をしたり、彼らが参加するマルチステークホルダー・イニシアチブを立ち上げたり、環境保全に携わる次世代育成プログラムを立ち上げたりなど、ローカル・アクターを積極的に関与させる制度を整備する。

第六に、環境正義を推進する。環境正義とは、社会的弱者が、環境問題による健康被害、劣悪な生活環境や労働環境、経済格差などを被りやすい状況を是正しようとするものである。この問題に取り組むために、連邦政府の環境関連投資から得られる総利益の四〇％を、経済的・社会的に不利なコミュニティに還元するというJustice40イニシアチブも立ち上げられた。

以上のように、気候対策を外交・安全保障の基軸とし、経済復興および環境正義と結びつけた形で主流化し、政府全体で取り組む方針が示されたと言える。気候対策を利用して経済成長を促進しつつ環境正義を謳うという姿勢は、ここ二〇年来の民主党の基本姿勢でもあるが（Raymond 2021）、社会の分断が選挙の最大争点となったバイデン政権にとって、中間層・低所得層に利益を還元することは至上命題であり、それが気候対策にも濃厚に反映されていると言えるだろう。

このような基本方針の下、バイデン政権は二〇二一年四月二二日から二三日にかけて気候変動リーダーズ・サミットを主催し、この分野でグローバルなリーダーシップをとっていく意思を明示した。当会議には、三八か国およびEUのほか、企業、環境団体、地方政府、部族コミュニティからも代表が招待された。そこでは、アメリカの排出量削減およびネットゼロ目標の引上げ（二〇三〇年までに二〇〇五年比五〇～五二％削減、二〇五〇年までにネットゼロ達成）が宣言されたうえで、技術革新（クリーンエネルギー革命）、グリーン・リカバリー、および気候資金の動員に主導的な役割を果たしていく方針が明らかにされた。クリーンエネルギー関連予算は今後四年で四倍に増やし、ミッション・イノベーション（クリーンエネルギー革命のためのグローバルな協力を触媒する政府間プラットフォーム）でも主導的役割を果たす。また、オバマ政権が牽引したにも関わらずトランプ政権下で大きく落ち込んだ気候資金（途上国への気候関連の資金的支援）を回復し、二〇二四年までにオバマ政権第二期の二倍にする。そのために国際気候資金計画を策定し、民間資金の動員と官民連携を拡大する。

また、多くの国際協力パートナーシップが打ち出された。その主軸の一つは、途上国の資金的・技術的支援強化を目的としたものであり、例えば、インドの再生可能エネルギー開発を技術的・資金的に支援する「米印クリーンエネルギーアジェンダ二〇三〇パートナーシップ」などがある。もう一つは、先進国・途上国問わず、ネットゼロと気候レジリエンスを促進するためのもので、例えば、政府や公有地のグリーン化を促進する「グリーン化政府イニシアチブ」や、二〇五〇年までのネットゼロ達成のための技術分野での協力を行う「ネットゼロ生産国フォーラム」などがある。

リーダーズ・サミットで公表された計画には、アメリカの競争力を回復させる梃子として気候対策を利用する意図が明確に表れている。たとえば、「気候変動対応型インフラのためのグローバル・パートナーシップ」は、新興国のエネルギーおよび運輸インフラの構築にアメリカの技術やサービスを投入するというプログラムで、アメリカの中産階級の再生をサポートすることが主要目的の一つだと明記されている。中産階級やブルーカラーを軸とした経済再生を強調する姿勢は、「中間層のための外交」というバイデン政権のスローガンに適合しているようである。後でも触れるが、経済政策と気候対策を結びつけることで、気候変動における国際協力が経済競争の力学に阻害される危険性があることに注意が必要であろう。

### （2）アメリカの気候対策をめぐる国内政治

バイデン政権の気候対策は野心的な内容であるが、その実現はそう簡単ではない。気候問題は党派色の強い争点領域であり、気候外交の成否は国内政治にかかっているからである。そのことを理解するために、トランプ政権までのアメリカの気候対策を簡単に概観してみよう（太田、二〇一六年；Bang et al. 2015; Luterbacher et al. 2018）。

環境問題が重要な争点と認識され始めた一九七〇年代には両党の協力で環境政策が前進したが、新自由主義政策を推進するレーガン政権の一九八〇年代には、経済成長を最優先に、環境関連予算の大幅削減がなされた。ブッシュ（父）が大統領に就任した一九九〇年代初めには、国際社会では気候変動や生物多様性問題が主要な国際アジェンダとなっていたため、アメリカの経済成長優先の姿勢は国際的に批判されるようになった。一九九二年の地球サミット時点では、ＵＮＦＣＣＣ交渉を主導するＥＵ諸国と対照的に、ブッシュ政権はＧＨＧ排出削減策に極めて消極的な態度を示し、拘束力ある削減目標の導入に反対した。ここから今日に至るまで、共和党と民主党の大統領が交互に政権について、政権交代のたびに環境政策が一八〇度転換することを繰り返してきた。

民主党のクリントン政権は、一九九六年のＣＯＰ２で拘束力ある削減目標に合意したが、中間選挙後に両院とも共和党優位になった議会は大統領の方針と対立し、経済に打撃を与えるような議定書の批准を拒否する姿勢を示した。そのため、アメリカの国際交渉の立場は消極的にならざるをえなかったが、気候運動のアイコン的存在だった副大統領のアル・ゴアが京都議定書交渉に介入したことで、批准の目途がたたないままに削減目標に合意することとなった。このため、二〇〇一年に共和党のブッシュ（子）政権が成立すると、クリントン外交の成果が覆され、京都議定書から離脱する結果となった。そして、国内の経済成長を阻害しない範囲でＧＨＧを削減しつつ、低炭素技術に頼る独自の気候対策を推進したのである。

二〇〇九年に成立した民主党のオバマ政権（副大統領はバイデン）は、「グリーン・ニューディール」の看板で、二〇五〇年までに一九九〇年比排出量八〇%削減、排出量取引制度の導入、クリーンエネルギーの開発、ハイブリッド車の商業化などを公約に掲げた。また、コペンハーゲンでのＣＯＰ15交渉に積極的に関与するなど、国際協調外交を前面に打ち出した。しかし、リーマンショック後の経済不況、党派対立の先鋭化、医療保険改革論議の優先などを背景として、野心的な政策パッケージは、民主党優位にもかかわらず上院で廃案になってしまった。そして、二期目には上下両院とも共和党優位となり、気候変動に関する新規立法は難しい情勢になった。結局、オバマ政権は、緩和策、適応策、国際協力のすべてにおいて、行政府主導での気候対策を進めていかざるをえなかった。そして、二〇一七年にトランプ政権が成立すると、オバマ政権の行政命令は取り消され、パリ協定からの離脱が宣言されたのである。

以上のように、民主党が気候対策に積極的、共和党が消極的というパターンはバイデン政権下でも概ね当てはまる。バイデン大統領はオバマ政権時と同様に行政命令中心に気候対策を行っているが、政権交代になれば行政命令は簡単に取り消されてしまうため、政策の安定性・持続性を確保するためには立法が不可欠である。しかし、上院は共和党が半数（五〇議席）を握っており、民主党は議事妨害《フィリバスター》を防ぐのに必要な六〇議席を確保していないため、共和党への多くの妥協を余儀なくされる。オバマ政権が医療保険政策を優先しなければならなかったように、バイデン政権もＣＯＶＩＤ後の経済再建を優先しなければならない。難航の末に二〇二一年一一月に成立したインフラ投資法の形成過程でも大幅譲歩がなされ、気候対策に十分な政治資源を充てられるか不安が残る。

下院も二〇二一年七月末時点で民主党二二〇議席、共和党二一二議席と拮抗しており、さらに、民主党内でも、財政拡大を主張する急伸左派と財政膨張を警戒する中道派の対立があり、造反の危険にさらされている。看板政策の一つである気候変動対策強化を含む一・七五兆ドルの歳出・歳入法案も、当初案（三・五兆ドル）の半分の規模に減額されたにもかかわらず、中道派の反対により二〇二一年内に上院を通すことができなかった。しかも、連邦最高裁判事九名のうち六名が保守派であるため、気候変動をめぐる論争的な行政命令や法律が違法と判断される恐れもある。

他方で、共和党の支持母体である産業界は、産業構造とエネルギーミックスの転換によって、二〇年前とは様相を異にしている。すでにアメリカは重厚長大産業からデジタル産業へと主軸を移し、排出量の少ないIT業界の政治力が強まっている。また、シェール革命によって安価な天然ガスが普及したことで、二〇〇八年頃から石炭火力は急速に減少した。エネルギー情報局（EIA）によると、二〇二〇年に再エネが石炭および原子力を抜いて、天然ガスに次ぐ第二の電力源となった（United States Energy Information Administration 2021）。このような背景が、石炭産業に依存する州をトランプ支持に向かわせたが、他方で、ペンシルベニア州のように、主力産業の転換により気候政策を変化させた州もある。化石燃料業界が共和党の強力な支持基盤であることに変わりはなく、再エネへの転換が加速する中での石油・ガス大手企業の動向が、今後のアメリカ政治に大きく影響するだろう。

また、すでにブッシュ（子）政権第二期から気候変動に関する超党派の立法活動が見られていたが、近年は度重なる異常気象の影響などもあり、下院予算委員会や外交委員会でも、気候安全保障についての超党派の合意が見られるようになっている。後述するように、トランプ政権下で強化された産業界や都市・州政府、社会運動などの動きも相俟って、今後、党派的な分断が変化する可能性もあるかもしれない。

## 3　アメリカの気候リーダーシップ

### (1) 政府間協調――新興・途上国との関係

先述のように、共和党政権はUNFCCCレジームに消極的な姿勢をとってきた。しかし、ブッシュ（子）政権は、先進国にのみ排出量削減義務を課す京都議定書から離脱する代わりに、排出量の多い新興国を加えたインフォーマルな少数国クラブを創設して、クリーンエネルギー開発を軸とした国際協力を進めようとした。オーストラリア、中国、インド、日本、韓国と結成した「クリーン開発と気候に関するアジア太平洋パートナーシップ」と、G8諸国に加えて中国、インド、ブラジルが参加する「主要経済国会合」である。

これらは国連の枠組みと競合するとの批判もあったが、その後に成立したオバマ政権は、主要経済国会合を母体とした「エネルギーと気候に関する主要経済国フォーラム」（MEF）を創設し、COP15に向けた協調対話と、クリーンエネルギー開発や気候資金を促進するイニシアチブを主導した。同時に、多国間外交と二国間外交も積極的に推進した。中でも、G2とも称された中国との緊密な協調は要であった。新興・途上国の参加、ボトムアップ方式、拘束力のないプレッジ&レビュー方式というコペンハーゲン合意は、両国の協調の上に成立したものだった。当該合意は全締約国のコンセンサスを得られなかったものの、その基本方針は六年後のパリ協定に結実した。二〇一四年には、両国の削減目標と段階的な目標引上げを明示した米中共同声明を発表し、パリ会議前夜の二〇一五年九月には首脳共同声明を出し、二国間および多国間協力と国内での積極的な気候対策の推進を強調した。このような両国の緊密な協力関係は、パリ会議に弾みをつけた（Parker and Karlsson, 2018）。

バイデン政権もオバマ外交を引き継ぎ、自ら範を示しながらパリ協定の信頼性を高めていく姿勢を明示している。そのために、リーダーズ・サミット、MEF、G7、G20、COP26で積極的なリーダーシップをアピールし、二〇二一年九月に開催されたMEFでは、世界のメタン排出量削減を目的とした「グローバル・メタン・プレッジ」をEUと共同で立ち上げた。

しかし、気候変動をめぐる国家間協調はそれほどスムーズではない。とくにカギになるのは、中国および新興・途上国との関係である。中国を「唯一の競争相手」と位置づけ、経済、軍事、技術、知財、人権など様々な分野で対立を深めるバイデン政権が、オバマ政権のような緊密な協力関係を中国と築けるかは未知数である。とくに、二〇二一年三月の四カ国首脳会談（クアッド・サミット）、日韓訪問、そしてアラスカでの米中外相会談を通して、インド太平洋への積極的関与姿勢と、中国との競争的対立を前面に出すようになったことで、より不確実性が増したといえる。六月のG7で発表された「より良い世界再建」（B3W）構想（気候を含む優先四分野での中低所得国向けインフラ支援を行う）は一帯一路に対抗するものであるし、また、秋に出されたNIEや環境移民に関する報告書などでは、気候安全保障上の脅威として明示的に中国を挙げている。

ケリー特使は、気候問題は安全保障や人権の問題とは切り離して扱うと述べたが、中国側は気候問題を外交カードとして使う姿勢を鮮明にしており、王毅外相は九月初頭にケリー特使と会談した際にも、気候変動での協力を求めるならアメリカ側が関係改善の努力をすべきと伝えた。さらに、中国は、アメリカと欧州の気候対策の違いをアメリカへの外交圧力として利用している節がある。アメリカ不在の四年間に、欧州は野心的な気候対策を推進し、中国と公式・非公式の協力を積み上げてきた。その実績を下地に、中国と公式・非公式の協力を積み上げてきた。ドイツ、フランス等と個別の電話協議を行うなど、欧州諸国との連携を見せつけた。

このような中国側の姿勢は、気候対策が地政学的な戦略的道具と位置付けられていることを示している。中国が二〇六〇年までのカーボンニュートラル宣言をした目的の一つは、コロナ問題の発生、香港での抑圧強化、ウィグル族への人権侵害などを契機として関係の冷え込んだ欧米諸国からの批判を緩和し、外交関係改善の糸口をつかむことだったと言われている。また、バイデン政権が国際協調外交の象徴的分野として気候リーダーシップを志向しているのと同様に、中国もまた、一帯一路やアジアインフラ投資銀行（ＡＩＩＢ）などを通じた国際協力網の強化、世銀グループや国際通貨基金（ＩＭＦ）でのプレゼンス増大、世界保健機関（ＷＨＯ）での影響力強化など、多国間制度を使った国際的なリーダーシップを志向しており、気候外交もその一環と見ることができるとの見方もある（Nordhause and Wang, 2021）。

さらに、両国ともに気候変動を自国の経済成長と技術覇権に直結させているため、低炭素技術競争が協調を阻害する面もあるだろう。すでに中国は太陽光パネル、風車、産業用バッテリーやＥＶ電池、原発などで急速に競争力をつけ世界的シェアを伸ばしており、クリーンエネルギー革命におけるアメリカの優位が脅かされる可能性もある。そもそも、習近平体制は高い経済成長によってその正統性を保ってきた面が大きいため、急成長するクリーンエネルギー市場で優位な立場を獲得することは、体制存続のために死活的に重要である。実際、クリーンエネルギー産業の育成に国家を挙げて注力しており、二〇一九年には、二〇三五年までに新車をすべて新エネルギー車にするとのロードマップを発表した。国土交通省航空局の検討会資料によれば、二〇二〇年度の新エネルギー車への補助金は四五〇〇億円程度だという（国土交通省、二〇二一年）。

他方で、国内の発電の主力は石炭火力であり、また、石炭に依存する国々への石炭火力関連技術の輸出や融資で影響力を拡大してきたこともあり、石炭火力の廃止には容易に賛同できない。

以上のような経済的・政治的利益に鑑みると、技術覇権を含む経済安全保障の側面が前面にでれば、米中間の技術分野での協力や共通の基準作りは困難になる可能性がある。二〇二一年に開催されたＣＯＰ26期間中には米中協力を謳う共同声明が出されたものの、数値目標の引上げには言及されなかったことも、米中協力が容易でないことを示しているだろう。

化石燃料をめぐる欧米と中国の立場の違いは、そのまま欧米と新興・途上国との対立としても理解できる。後発国の発展の権利を気候対策で制限すべきでなく、差異をもって扱われるべきであるというのが、従来からの新興・途上国の主張である。このことは、二〇二一年七月に開催されたＧ20気候・エネルギー大臣会合でも浮き彫りになった。それに先立つＧ７サミットでは、野心的な一・五℃目標と二〇五〇年までのネットゼロ目標が宣言されたが、Ｇ20会合ではネットゼロそのものについて合意されなかった。インド、ロシア、メキシコ、トルコ、サウジアラビアがネットゼロ目標を出していないことが背景にあると見られる。また、石炭火力発電の廃止ならびに石炭火力への国際的な公的支援および化石燃料補助金の廃止についても、合意できなかった。南アフリカ、インド、中国、インドネシアは、電源構成に占める石炭火力の割合が六割以上あることから、合意が困難だったのだろうと推測される（高橋他、二〇二一年）。石炭火力については、一〇月のＧ20サミットでも討議されたが、国際的な公的支援の停止は合意されたものの、国内の石炭火力廃止については合意できなかった。また、COP26でも、石炭火力の段階的「削減」という表現に留まり、「廃止」を明記することはできなかった。他方、一・五℃目標については、「努力を追求」という表現で明記された。

新興・途上国は一貫して、気候変動に対する先進国の責任を主張し、支援増を求めてきた。二〇一九年のCOP25では、過去のGHG排出の責任を負わないというアメリカの主張は退けられ、脆弱な途上国に甚大な損失・被害が発生した場合に先進国が資金援助をすることが要請された。COP26でも、先進国が途上国に排出削減を要求し、途上国が気候資金の拡充を先進国に求める対立構図が先鋭化した。パリ協定は先進国と同様に途上国にもNDCによる貢献を求めるが、途上国の目標を野心的にするためには、技術的・資金的支援が不可欠である。したがって、COP26でも先進国からの気候資金を二〇一九年比で倍増するとの合意がなされた。しかし、財政膨張を警戒する中道派を身内に抱え、「中間層のための外交」を掲げるバイデン政権にとって、気候資金の増額は容易ではあるまい。途上国への多額の支援がアメリカの中産階級や低所得層の利益になることを、議会に説得的に説明する必要があるだろう。

以上のように、排出量削減や低炭素技術のカギを握る中国などの新興国や途上国との協調には、さらなる努力が必要とされる状況である。

(2) 非国家主体による取組

アメリカでは、非国家主体の自発的取組が大きな役割を果たしている。低炭素技術の開発に電力、自動車、化学業界などは大きな役割を果たしてきたし、また、GAFAMやウォルマートなどの大企業は、再エネ事業やEVへの投資、サプライチェーンのグリーン化などを牽引している。例えば、アップルはサプライチェーンの二〇三〇年までの一〇〇%再エネ化を打ち出した。

また、アメリカの投資家と環境保護団体の連合体であるセリーズ(Ceres)は、「気候リスクに関する投資家ネットワーク」(INCR)を率い、気候変動リスクについての情報開示やESG投資の促進に重要な役割を果たしている。サステナビリティ報告書の国際基準を策定する「グローバル・レポーティング・イニシアチブ」(GRI)は、セリーズがUNEPとともに創設したものである。また、経済・金融情報大手のブルームバーグの創業者であり元ニューヨーク市長でもあるマイケル・ブルームバーグ(Michael Bloomberg)は、「気候関連財務情報開示タスクフォース」(TCFD)の議長を務めている。TCFDは、G20の要請で金融安定理事会が設置した民間主導機関で、二〇一七年に発表した気候リスク情報開示の提言は、全世界で官民含め二〇〇〇以上の機関から支持されており、二〇二二年六月めどに策定中の世界共通基準の基盤となるものである。

さらに、グリーン投資とは逆に、化石燃料産業から投資を引き揚げるダイベストメント運動は、二〇一二年頃からアメリカの大学や教会を拠点として急速に世界に広まったものである。このように、急激に増大する世界の気候関連ファイナンスの流れやルール作りに、アメリカの民間セクターが果たす役割は大きい。

　また、州や都市による取組は連邦政府よりも野心的な傾向があり、連邦政治が党派対立で膠着し、全国的な排出量取引を導入できないでいる間にも、州や都市は率先して積極的な気候対策を打ち出してきた。京都議定書の批准を拒否したブッシュ(子)政権下の二〇〇〇年代初めには、連邦の消極姿勢を補うかのように、カリフォルニア州やニューメキシコ州などの州レベルでの気候対策が活発化した。二〇〇七年には、西海岸三州と南西部二州とが「西部気候イニシアチブ」(WCI)を立ち上げ、地域のGHG削減目標を設定し、キャップ・アンド・トレード制度を導入した。同年、「温室効果ガス地域イニシアチブ」(RGGI)を立ち上げた北東・中部大西洋九州も、同様の制度を導入した。二〇一〇年の中間選挙後に主要な州の知事が共和党になったことで反動が起きたものの、RGGIは排出量取引やクリーンエネルギーへの転換によって着実に排出量を削減している。また、先述のように、産業構造とエネルギーミックスの変化が化石燃料州の政策をも変化させており、ラストベルトに位置するペンシルベニア州でさえもカーボンプライシングを導入し、RGGIに加入する決定をした。

　トランプ政権下の四年間には、サブナショナルおよび民間アクターは気候行動と連携を一層強化した。例えば、カリフォルニア州は、EUおよびイギリスと同様に、新車販売の全面EV化を二〇三五年までに達成する方針を打ち出した。連邦政府はバイデン政権になってさえ、自動車産業や労組への配慮から、二〇三〇年までのアメリカ市場におけるEV五割目標を掲げることしかできなかったのと対照的である(二〇二一年八月時点)。カリフォルニア州の二〇二〇年のGDPはドイツに次ぐ第五位で、イギリスのGDPを上回る経済規模を持っており、その環境規制のインパクトは非常に大きい。

　また、二〇一七年のパリ協定脱退宣言の直後に、ワシントン、ニューヨーク、カリフォルニアの三州は「米国気候同盟」を立ち上げ、パリ協定の支持を宣言し、二〇二五年までに二〇〇五年比二六~二八%の排出削減により二〇五〇年までのネットゼロを達成するとの目標を掲げた(二〇二一年八月現在、超党派で二五州・地域が加盟している)。また、ニューヨーク市長(当時)のブルームバーグとカリフォルニア州知事(当時)のジェリー・ブラウン(Jerry Brown)は、「アメリカズ・プレッジ」(America's Pledge Initiative on Climate Change)を立ち上げ、アメリカの非国家主体の取組を包括的に調査し、パリ協定の目標達成に対する非国家主体の貢献の大きさを国際社会にアピールしてきた。さらに、セリーズなどが「我々はパリ協定に留まる」(We Are Still In)イニシアチブを立ち上げ、パリ協定の目標達成におけるアメリカのプレゼンスを維持・強化する意思を宣言した。宣言には、一〇州および三〇〇近い都市・カウンティはじめ、部族コミュニティ、企業、投資家、大学、宗教団体など総勢四〇〇〇近い団体が署名し、締約国会議や気候行動サミットへの参加や、学習とネットワーキングのためのプラットフォームを通じて活動を続けている。

アメリカズ・プレッジの二〇一九年の報告書によれば、これら非国家主体のコミットメントは極めて野心的で、全部合わせるとそれだけで二〇三〇年までに二〇〇五年比三七%削減が実現できるという。また、二〇二〇年の報告書によれば、二〇一七年当時は一〇〇%クリーンエネルギー化へのコミットメントを示していたのはハワイ州と三三都市だけだったのが、二〇二〇年には一三州とプエルトリコ、一六五都市が一〇〇%クリーンエネルギー化の誓約をしている。

そして、アメリカの都市や州政府は、アメリカ国内だけでなく、グローバルなサブナショナル・イニシアチブをも主導している。例えば、先述のC40は、二〇一〇年からの三年間はブルームバーグが、二〇一九年からはロサンゼルス市長のエリック・ガーセッティ（Eric Garcetti）が議長を務めている。さらに、ブルームバーグは、ＧＣｏＭの共同創設者および共同議長でもある。

また、カリフォルニア州は、世界二二〇以上の州・地域のネットワークである「二度未満連合」（Under2 Coalition）の共同創設者である。二度未満連合はレース・トゥ・ゼロの公式パートナーであり、そのメンバーは気候野心連合の参加地域の大半を占めている。さらに、カリフォルニア州は世界の多くの地方政府や中央政府、国際機関と、気候変動に関する協定を結んでいる。そのうち二〇二一年八月時点で最も多いのは中国で、中央・地方合わせて一九本の協定が結ばれており（カリフォルニア州エネルギー委員会ホームページ）、トランプ政権が対中関係を悪化させる間にも、連邦政府とは別個の気候外交を展開して、中国との協力を深めてきたのである。

このように、非国家主体は野心的なイニシアチブを行って連邦政府の消極的な政策を補塡しつつ、国内およびグローバルな連携を進めることで、パリ協定の目標達成を促進する触媒的リーダーシップを発揮しているといえるのである。

## おわりに――アメリカは信頼できる気候リーダーになれるか？

本稿では、アメリカの気候外交をＧＣＧの多中心性と政府間協調の課題に重点を置いて紐解いてみた。バイデン政権のアメリカが、ブッシュ政権期に京都議定書を、トランプ政権期にパリ協定を離脱した同国への懐疑の目を払拭し、新たにリーダーシップを獲得できるかは、未だ不透明である。気候対策をめぐる国内対立が厳しいうえ、新興・途上国との懸隔は未だ大きく、気候関連投資や基準作りで先行する欧州とも国境炭素調整などをめぐって温度差がある。技術覇権をめぐるゼロサム的な競争原理が前面に出れば、国家間協調は難しい。

他方で、政府間交渉の手詰まりはすでに一〇年以上前から明らかになっており、ＵＮＦＣＣＣレジームも触媒的連結を重視するようになってきた。この観点からすれば、アメリカの気候外交を国家間関係からのみ捉えるのは適切ではない。アメリカの外交は連邦政府だけのものではなく、アメリカの非国家主体は、トランプ政権下の失われた四年間にも、パリ協定の長期目標達成のための実質的行動と、触媒的リーダーシップを取ってきたのである。レース・トゥ・ゼロの参加者数もイギリスに次ぐ世界第二位である（二〇二二年一月時点）。その意味では、連邦政府がリーダーシップを取らなくても、彼らがアメリカの気候行動を支えているともいえるだろう。このような特徴は、GCGの多中心性を如実に表している。

しかし、Hale & Hultman (2020) が論じるように、連邦政府が気候外交におけるリーダーシップを取るには、国内の非国家イニシアチブを連邦外交に戦略的に結びつける必要があるだろう。なぜなら、国連を中心とした気候外交の重点は、国家間対立により行き詰まった多国間主義を超えて、多様な主体を動員して実質的な行動を活性化する方向へと移行しているからである。したがって、バイデン政権が国際舞台で協調的リーダーシップへの信頼を得るには、このような多国間主義の変容を踏まえた取組が求められる。国家間協調を進めるだけでなく、非国家主体との協働を気候外交の主軸の一つに据え、多国間交渉の舞台と非国家主体を積極的に結びつける触媒的リーダーシップを取ることが、今後ますます要請されるだろう。

バイデン政権は、非国家主体との協働を当初より謳っている。リーダーズ・サミットでは、ビジネス、NGO、地方政府、部族コミュニティなどが招待され、また、国連気候サミットやCOP26への非国家主体の関与を促進することや、レース・トゥ・ゼロ・キャンペーンを公式に支持する方針も明示された。気候資金についてはこれまでも民間資金を積極的に動員してきたし、バイデン政権でもさらなる民間の動員と官民連携の拡大方針を打ち出している。また、九月一日の日米会談ではサブナショナルな連携の重要性が謳われ、COP26のサイドイベントでは、日本の環境省とアメリカの大統領特使オフィスとが、知識共有と地方政府の活動への支援を目的として「日米グローバル地方ゼロカーボン促進イニシアティブ」の立ち上げを宣言した。

しかし、このイニシアチブは内容に乏しく、具体的な活動計画としては、「脱炭素国際フォーラム」開催が挙げられているのみである。また、二〇二一年一一月に出された米国長期戦略でも、ネットゼロ達成の戦略的支柱としてサブナショナルおよび民間の取組が位置づけられているものの、非国家主体との協働は前面に出ているわけではなく、やはり具体性に乏しい (United States Department of State 2021)。現段階では未だ不透明な部分も多いが、より一層の触媒的な取組が打ち出されるかどうかは、今後注目すべきポイントの一つであろう。

＊草稿の段階で、石垣友明氏（在米日本大使館公使）より貴重なコメントを頂いた。記して感謝したい。

参考文献

石垣友明「気候変動――経済・安全保障を巻き込むグローバルな課題――」西谷真規子・山田高敬（編）『新時代のグローバル・ガバナンス論――制度・過程・行為主体』ミネルヴァ書房、二〇二一年、三〇三―三一四頁。

太田宏『主要国の環境とエネルギーをめぐる比較政治――持続可能社会への選択』東信堂、二〇一六年。

亀山康子「バイデン政権の気候変動対策と日本」『世界』二〇二一年四月号、一八三―一九一頁。

国土交通省航空局「空港分野におけるＣＯ２削減に関する検討会（第１回）資料」https://www.mlit.go.jp/common/001390348.pdf（二〇二一年八月三〇日最終閲覧）

高橋健太郎、津久井あきび、服部友彦、田村堅太郎『二〇二一年Ｇ20エネルギー・気候合同大臣会合の結果～Ｇ７気候・環境大臣会合声明文との比較、及びＧ20首脳級会合・ＣＯＰ26に向けて～』地球環境戦略研究機関（ＩＧＥＳ）、二〇二一年。https://www.iges.or.jp/jp/pub/g20-climate-energy-meeting/ja（二〇二一年八月三〇日最終閲覧）

西谷真規子「ガバナンス・モード」西谷・山田前掲書、二〇二一年、一一八―一三三頁。

Abbott, Kenneth W., "Orchestration: Strategic Ordering in Polycentric Governance," in Jordan et al., *Governing Climate Change: Polycentricity in Action?*, Cambridge: Cambridge University Press, 2018, pp. 188–209.

Abbott, Kenneth W., Jessica F. Green, and Robert O. Keohane, "Organizational Ecology and Institutional Change in Global Governance," *International Organization* 70, Spring 2016, pp. 247–277.

Bang, Guri, Arild Unedrdal, Steiner Andresen, *The Domestic Politics of Global Climate Change: Key Actors in International Climate Cooperation*, Cheltenham: Edward Elger Publishing, 2015.

Betsill, Michele, Navroz K. Dubash, Matthew Paterson, Harro van Asselt, Antto Vihma, and Harald Winkler, "Building Productive Links between the UNFCCC and the Broader Global Climate Governance Landscape," *Global Environmental Politics* 15(2), 2015, pp. 1–10.

Falkner, Richard, "The Paris Agreement and the New Logic of International Climate Politics," *International Affairs* 92(5), 2016, pp. 1107–1125.

Hale, Thomas, "Climate Change: From Gridlock to Catalyst," in Thomas Hale and David Held eds., *Beyond Gridlock*, Cambridge: Polity Press, 2017, pp. 184–204.

Hale, Thomas and Nathan Hultman, "'All in' climate diplomacy: How a Biden-Harris administration can leverage city, state, business, and community climate action," Global Working Paper#147, Washington DC: The Brookings Institution, November 2020.

Jordan, Andrew, Dave Huitema, Harro van Asselt, and Johanna Forster eds., *Governing Climate Change: Polycentricity in Action?*, Cambridge: Cambridge University Press, 2018

Luterbacher and Sprinz eds., *Global Climate Policy: Actors, Concepts, and Enduring Challenges*, The MIT Press, 2018.

National Intelligence Council, *National Intelligence Estimate: Climate Change and International Responses Increasing Challenges to US National Security Through 2040*, 2021. https://www.dni.gov/files/ODNI/documents/assessments/NIE-Climate-Change-and-National-Security.pdf（二〇二二年一月二一日最終閲覧）

Nordhause, Ted and Seaver Wang, "China Breaks Decades of Climate Gridlock" *Foreign Policy*, January 11, 2021. https://foreignpolicy.com/2021/01/11/china-climate-diplomacy-decarbonize-net-zero-separate-and-differentiated/（二〇二一年八月三〇日最終閲覧）

Ostrom, Elinor, "Polycentric Systems for Coping with Collective Action and Global Environmental Change," *Global Environmental Change* 20, 2010, pp. 550–557.

Parker, Charles F. and Christer Karlsson, "The UN climate change negotiations and the role of the United States: assessing American leadership from Copenhagen to Paris," *Environmental Politics*, 27(3), 2018, pp. 519–540.

Raymond, Leigh, "Biden's climate change plan is all about jobs and justice: States have been using this message for the past 20 years," January 27, 2021,

*The Washington Post*. https://www.washingtonpost.com/politics/2021/01/27/bidens-climate-change-plan-is-all-about-jobs-justice/（二〇二一年八月三〇日最終閲覧）

United States Department of State and Executive Office of the President, *The Long-Term Strategy of the United State : Pathways to Net-Zero Greenhouse Gas Emissions by 2050*, 2021. https://www.whitehouse.gov/wp-content/uploads/2021/10/US-Long-Term-Strategy.pdf（二〇二二年一月三一日最終閲覧）

United Stetes Energy Information Administration, "Renewables became the second-most prevalent U.S. electricity source in 2020," 2021. https://www.eia.gov/todayinenergy/detai.php?id=48896（二〇二二年一月三一日最終閲覧）

Van der Heiden, Jeroen, "City and Subnational Governance : High Ambitions, Innovative Instruments and Polycentric Collaborations?" in Jordan et al., *Governing Climate Change : Polycentricity in Action?*, Cambridge University Press, 2018, pp. 81-96.

The White House, *Report on the Impact of Climate Change on Migration*, 2021. https://www.whitehouse.gov/wp-content/uploads/2021/10/Report-on-the-Impact-of-Climate-Change-on-Migration.pdf（二〇二二年一月三一日最終閲覧）

# 介入しないアメリカ？
## ――新しい世界関与の模索

三牧聖子

（みまき　せいこ）
同志社大学大学院グローバル・スタディーズ研究科准教授
専門はアメリカ研究、平和研究、国際関係論
著書に『戦争違法化運動の時代――「危機の20年」のアメリカ国際関係思想』（名古屋大学出版会）、『歴史のなかの国際秩序観――「アメリカの社会科学」を超えて』（晃洋出版、共著）、『冷戦変容と歴史認識』（晃洋出版、共著）、『公論と交際の東アジア近代』（東京大学出版会、共著）などがある。

### 1　クインジー研究所の設立

バラク・オバマ政権で国家安全保障問題担当大統領副補佐官や外交政策のスピーチライターを務めたベン・ローズは、ワシントンDCを拠点に活動し、政府や防衛産業と緊密な関係を取り結びながら、アメリカを終わりのない「対テロ戦争」へと導いてきた外交政策エリートを批判して、「ブロブ（The Blob）」と呼んだ（Samuels 2016）。「ブロブ」は染みや斑点を意味する言葉で、明らかに軽蔑の意図が込められている。ジョー・バイデン政権の発足に際してローズは、その外交の成否は、アメリカの軍事覇権への夢を捨て去れない「ブロブ」たちとどれほど距離を保てるかにあると展望した（Rhodes 2020）。

昨今のアメリカでは「ブロブ」批判がいよいよ高まり、オルタナティブの外交政策の模索が進んでいる。その一つの表れが、二〇一九年一二月、ワシントンDCに創設された「責任ある国政のためのクインジー研究所」（Quincy Institute for Responsible Statecraft）である[1]。名前の由来は、アメリカ大陸とヨーロッパ大陸間の相互不干渉をうたったモンロー宣言（一八二三）の起草者であり、一八二五年から一八二九年にかけて第六代大統領を務めたジョン・クインジー・アダムズ（John Quincy Addams）の「アメリカは怪物を退治しようと海外に出ていくことはない」という警句にある。

同研究所は、過去数十年のアメリカ外交、特に冷戦終結後外交政策は、あまりに軍事力に依存し、世界に不和を生み、アメリカの国力を消耗させてきたという問題意識に基づき、軍事的抑制と交渉の重視、国際協調を掲げる。具体的な政策目標としては、アフガニスタンおよびシリアからの米軍撤退、イラン核合意への復帰、強硬な対露・対中政策からの転換、国防費の大

幅削減などを掲げ、手段としては、ワシントンでの会合や公式のウェブサイトを通じたオピニオン形成、ブルッキングス研究所（Brooking Institute）やヘリテージ財団（Heritage Foundation）など大手シンクタンクが行っているような、政府や議会への人材供給源となることを想定している。

同研究所の設立に際し、まず話題をさらったのは、その活動資金が右派の実業家チャールズ・コーク（Charles Koch）と、リベラル派の投資家ジョージ・ソロス（George Soros）が共同出資であったことだ。チャールズ・コークは、弟のデイヴィッド・コークとともに、共和党や草の根保守運動ティーパーティーに資金を提供してきたリバタリアンとして知られる。他方、ジョージ・ソロスは、民主党への多額の献金に加え、リベラルで国際的な校風がハンガリーのオルバーン・ヴィクトル（Orbán Viktor）政権の標的とされ、二〇一九年に国外移転を余儀なくされた中央ヨーロッパ大学（Central European University）への出資など、リベラル派を国外でも援助してきた篤志家である。保守派とリベラル派の大物篤志家が、政治理念の違いにもかかわらず、「終わりなき戦争を終わらせる」という対外政策の方向性で一致し、二大出資者となっていることは、クインジー・インスティテュートの超党派性を物語る（*New York Times*, Sep. 10, 2019）。

創設メンバーも、左右横断的、あるいは左右に分類しきれない個性的な論客たちである。理事長のアンドリュー・J・ベイセヴィッチ（Andrew J. Becevich）は、ベトナム戦争に従軍した経験もある退役軍人で、現在はボストン大学の名誉教授である。保守派の現実主義者として知られ、アメリカの過度の軍事化と他国への介入政策を批判する著作を数多く上梓してきた。その他の創設メンバーには、若手の外交史家スティーブン・ワーサイム（Stephen Wertheim）、イランと北朝鮮を中心にアメリカ外交を分析してきたカーネギー国際平和財団上級研究員のスザンヌ・ディマジオ（Suzanne DiMaggio）、全米イラン系アメリカ人評議会会長なども務めた経験を持つ作家トリタ・パルシ（Trita Parsi）などがいる。なお、メンバーではないものの、バーニー・サンダース（Bernie Sanders）陣営の外交顧問を務めていたマット・ダス（Matt Duss）も様々な助言を提供してきた。

## 2　民主的な外交政策を求めて

ワシントンDCにはすでに多くのシンクタンクがある。にもかかわらず、なぜ、新たなシンクタンクを設立する必要があったのか。クインジー研究所の創設を促したのは、これまで外交政策に関する議論が、国民とは隔絶されたところで行われ、きわめて非民主的であったことへの批判意識であった。

同研究所は、ランド研究所（Rand Corporation）やブルッキングス研究所、外交問題評議会（Council on Foreign Relations）など、過去に創設されてきた外交・安全保障シンクタンクを、左派も右派も、あくまでアメリカの優越（primacy）を追求し、そのための軍事的な世界関与の必要性を前提に、どのように関与すべきかを論ずる「国家安全シンクタンク（national security thinktank）」となってきたと批判する。同研究所がみるところ、これらの「国家安全シンクタンク」は外交政策に関する独占的な知の供給源として、政府権力や防衛産業と結びつき、「軍事―産業―知識人―議会複合体（military-industrial-intellectual-congressional complex）」と呼ぶべき複合体を形成してきた。この複合体こそが、過去数十年のアメリカが、過剰な介入を重ね、国民を疲弊させてきた根本にあり、そうである以上、これを解体し、政府権力、防衛産業、知識人との間に適切な距離を取り戻していかない限り、覇権によらない対外政策や、アメリカ自体の非軍事化といったアイディアは、政策の場で論じられることすらない。クインジー研究所は、「民主的な対外政策（democratic foreign policy）」、すなわち、これまでの外交政策に関する閉ざされた知の構造を問い直し、外交政策に関する議論の場をより開かれたものとすることを目指して創設された（Bessner and Wertheim 2019）。

### 3　「リベラルな国際秩序」の覇権性

二〇世紀を通じ、アメリカ東海岸を中心に創設されてきた外交安全保障シンクタンクが、アメリカの政策決定者たちにどのようなアイディアを提供し、どのように政策に影響を与えてきたかを研究してきたインデルジート・パーマー（Inderjeet Parmar）は、非介入主義を明確に掲げ、アメリカと世界との関与のあり方を根本的に問い直そうとする二〇一九年のクインジー研究所の創設に歴史的な意義を認めている（Parmar 2020）。パーマーが指摘するように、クインジー研究所を、アメリカに歴史上創設されてきたシンクタンクの中で特別なものとしているのは、ドナルド・トランプ流の「アメリカ第一」外交を批判し、世界への関与や国際協調の重要性を説く一方で、長らくアメリカの世界関与に関する主要な言説となってきた「リベラル国際主義」の問題性を指摘している点にある（Parmar 2018）。

トランプ政権が成立して以来、多くの外交シンクタンクや大学知識人たちが、トランプを、第二次世界大戦後にアメリカを盟主として築き上げられてきた「リベラルな国際秩序」の破壊者とみなし、その擁護を掲げてきた。二〇一八年七月には、ニューヨークタイムズ紙に、ハーバード大学のジョセフ・ナイ（Joseph Samuel Nye Jr.）やスタンフォード大学のスティーブン・クラズナー（Stephen D. Krasner）など、理論的な立場の違いを超えた四三人の国際関係学の教授が連名で「なぜ国際的な制度と秩序を守るべきなのか」と題した公開書簡を寄せた。その内容は、第二次世界大戦後、アメリカのリーダシップのもとに構築されてきた国際秩序において「前例のないレベルの繁栄と、大国間の戦争のない近代史上最長の期間」が実現されたと称賛し、国際秩序のよき盟主たることを否定し、国際秩序に様々なダメージを与えてきたトランプを厳しく批判するものだった（*New York Times*, Jul. 27, 2018）。

しかし、このような「リベラルな国際秩序」を理想視するまなざしを、クインジー研究所は否定する。同研究所の若い論客、スティーブン・ワーサイムは、アメリカの世界への復帰を大々的に掲げたバイデン政権の始動に際し、世界関与において、アメリカの「優越」を目的とすることは正式に放棄すべきだと提言している（Wertheim 2021）。ワーサイムによれば、アメリカを盟主とする「リベラルな国際秩序」という発想の根本には、アメリカを「唯一無二の国（Indispensable Nation）」とみなす独善的な自国像があり、この自国像は、イラク戦争にイデオロギー的な基盤を提供した新保守主義者のような人々のみならず、リベラル国際主義者にも広く共有され、アメリカを度重なる単独行動主義的な介入へと導いてきた（Wertheim 2018）。事実、アフガニスタン戦争でもイラク戦争でも、リベラル国際主義者たちは、戦争が泥沼化する中でようやく戦争への批判を強めていったものの、開戦の時点ではその多くが、性急な軍事行使に反対することよりも、アメリカの「正義の戦争」とみなし、それを正当化する側に回った。[2]

クインジー研究所の成立以前から、リベラル国際主義を批判してきた代表的な左派知識人がサミュエル・モイン（Samuel Moyn）である。モインは現在、同研究所のフェローとなっている。モインの批判は次のようなものである。「リベラルな国際秩序」と美化されてきた第二次世界大戦後の国際秩序の実態は、アメリカが他国に対して直接・間接のパワーを行使する覇権的な秩序であった。にもかかわらず、「リベラル国際主義者」は、こうした実態からは目を背けて、それがアメリカのみならず、すべての国に恩恵をもたらす普遍的な国際秩序であるというイデオロギーを提供し続けてきた。さらにいえば、アメリカ国民も、アメリカの覇権秩序の犠牲者である。アメリカが「リベラルな国際秩序」の盟主という自意識のもと、度重なる軍事介入を行ってきたことで、国民は軍事費の肥大化と終わりのない戦争に苦しむことになった。こうした分析に基づき、モインはこう宣言する。第二次世界大戦後から今に至るまでの国際秩序は、「リベラルでも、国際主義でもなかった」（Moyn 2017, 2019）。

モインの主張が示すように、クインジー研究所のリベラル国際主義批判の要諦は、その唱道者も時に無自覚であった覇権性に対する批判であり、代わって追求されるのは、覇権に依拠しない、非軍事的な国際秩序である。同研究所のウェブサイトの最初の更新でディマジオとベイセヴィッチは、こう述べている。「我々は、アメリカは、暴力や不安定ではなく、平和を促進するような方法でグローバルに関与しなければならないと信ずる。我々は、忍耐強く、持続的で、かつ創造的な外交を提唱する」（DiMaggio and Bacevich 2019）。

## 4　ミレニアル・Z世代との共鳴

昨今のアメリカの世論調査では、より抑制的な対外関与を志向する傾向が顕著となっているが、特に今後ますます社会や政治の中心となっていくミレニアル世代（一九八一～一九九六生まれ）やその下のZ世代（一九九七年生まれ以降）など若い世代ほど、軍事介入や軍事的な覇権の維持に消極的である（Chicago Council on Global Affairs 2018, 2020)。これらの世代は、二〇〇〇年代のアフガニスタン・イラクへの軍事介入とその後の膠着をみて育った世代であり、アメリカの軍事介入のベネフィットより、コストを圧倒的に感じてきた世代である。彼らは世界金融危機、その後の長期的な不況に苦しんできた世代でもあり、戦争関連費用で圧迫されてきた予算を、国内、特に教育や社会保障など、若い世代への投資に使うべきだと考える人々が多い。

確かに今日の若者たちの多くは、アメリカが「世界の警察」を自負し、世界のあちこちで軍事力に物をいわせることには反対する。しかし、軍事介入への消極姿勢を以って、彼らを世界平和に関心がない「アメリカ第一」主義者とみなすことは妥当ではない。むしろそこにみえるのは、新しい国際協調外交の兆しである。ミレニアル世代、さらにその下のZ世代は人種・民族的にアメリカの歴史上で最も多様化した世代であり、彼らにとって多様性はもはや所与の現実である。彼らの多くが、銃規制や気候変動対策などリベラルな価値を支持し、社会運動にも積極的に関与する。行きすぎた資本主義と経済格差に不満を募らせ、より社会主義的な政策を支持する世代でもある。

注目すべきは、彼らの多国間協調への肯定的な眼差しだ。国連財団（UN Foundation）の調査によれば、これらの世代は、多少の妥協を伴ったとしても、アメリカ単独ではなく、国連など多国間協調を介して国際問題を解決すべきだと考える割合が他の世代よりも高く、国連への関与はアメリカの国益にかなうと考える割合は、民主党・共和党支持者ともに過半数を超える（UN Foundation 2018）。

ミレニアル世代やZ世代の対外認識は、アメリカの弱さやアメリカが抱えている問題を率直に認める現実主義ということができる。世論調査で、自国の「偉大さ」に関する質問となると若い世代ほど、自国を偉大であると考えていない（Chicago Council on Global Affairs 2020）。コロナ危機は、アメリカは軍事力においてこそ他国に優越しているが、むしろその軍事力への過度の傾倒ゆえに、社会保障をはじめ国民の福利においては他の先進国に遅れをとっている事実を露わにした。若い世代の自国への冷静な眼差しは、謙虚に他国に学ぼうとする態度の表れでもある。しかも、今日の世界には、気候変動をはじめ、いかに強力な国家であっても、そもそも一国では解決できないグローバルな問題が山積している。グローバル化する世界におけるアメリカ一国の力の限界への冷静な認識から、彼らは、だからこそアメリカは敵をなるべくつくらず、共通の目的のために他国と協調しなければならないと考え、多国間協調を志向する。

## 5　新しい国際主義の時代へ？

外交史家ウォーレン・F・クーエルは、『アメリカ外交百科事典』において「国際主義」という概念に、多様な思想や運動を包含しうる広範な定義を与えている。クーエルによれば、「国際主義」とは最も広い意味では「孤立主義のアンチテーゼ」であり、「介入への志向」と定義される。それは、「アメリカが単独、または他国と共同で『世界の警察官』を務めること」のみならず、「国際条約や国際機関を介しての政治的なコミットメント」、「非政治分野——経済活動、文化活動、学術活動——における公式・非公式の国際的活動全般」、さらには「国家単位ではなく、市民を単位とした市民共同体を志向する者」の活動までをも含む（Kuehl 1978）[3]。しかし、非軍事的でトランスナショナルな志向を持つ活動も広範に含んだ「国際主義」の豊かな含意は、第二次世界大戦の勃発を経て、アメリカがグローバルな冷戦の当事国となる中で失われていった（Wertheim 2020）。こうした歴史的な視点に立つならば、20年にわたる「テロとの戦い」に疲弊した二一世紀のアメリカは、より非軍事的で、水平的な「国際主義」を追求しようとしているともいえる。

クインジー研究所が提示する非介入主義的な外交路線が、実際にアメリカ外交の未来をどれほど形成することになるかは未知数だ。また、それが世界秩序にとって本当に望ましいものであるかも、議論の必要がある。二〇二一年八月に実行に移されたアフガニスタンからの米軍撤退、それがもたらした混乱は、非介入主義に傾倒する国内世論と、アメリカの国際秩序に対する責任をともに満足させることの困難を露呈した。国際秩序の盟主としての役割を放棄しつつあるアメリカの姿は、日本を含む世界に衝撃を与えている。

他方で強調すべきは、それは決してアメリカの「国際主義」の終わりではないということだ。アメリカ外交が転換点にある今、私たちは、そこに生まれている多様な声、多様な模索に耳を傾け、ともにアメリカの役割や世界関与について考えていく必要がある。

## 6　変化する「ブロブ」

さらに、今後のアメリカ外交を考える上では、「ブロブ」と批判されてきた外交・安全保障エリートたちの変化もみていく必要がある。当初、オバマ政権時の外交経験者で固められたバイデン政権の外交チームに対しては、無軌道なトランプ外交に比べての安定性が評価される一方で、旧来型の「ブロブ」が復権し、介入主義的な傾向を示すことへの懸念が左派メディアから寄せられた（Davison and Thurston 2020 ; Scahill 2020）。

さらに、左派より手厳しく「ブロブ」を批判してきたのは、現実主義の国際政治学者たちである。その代表的な論者、スティーブン・ウォルト（Stephen Walt）によれば、「ブロブ」たちが、一貫してアメリカの対外関与の拡大を支持してきたのは、アメリカの国益にかなった合理的な政策であったからではなく、外交安保専門家としての自分たちの登用の機会の増加を狙ってのことにすぎない。それゆえ、たとえアメリカが対外関与を縮小させることが合理的な局面であっても、自分たちの社会的な地位や名声を失うことを危惧する「ブロブ」たちは決してそう主張してこなかったという。アメリカの積極的な対外政策を支えてきた「リベラルな国際主義」とは、「外交政策コミュニティの完全雇用戦略」にすぎなかったというウォルトの批判は手厳しい（Walt 2020）[4]。

こうしたウォルトの「ブロブ」批判に真っ向から反論してきたのが、バイデン政権で国家安全保障問題担当大統領補佐官を務めるジェイク・サリバン（Jake Sullivan）である。イェール大学ロースクールで法学の博士号を取得し、控訴裁判所、最高裁判事のロー・クラーク（裁判所調査官）などを務め、卒業後四年でヒラリー・クリントン大統領候補のアドバイザーに就任した。さらにバラク・オバマのアドバイザーとしても活躍し、オバマ政権では、国務長官次席補佐官や国務省政策企画局長を担当した。サリバンは、大統領選中の二〇二〇年九月、ワシントンDCを拠点とするカーネギー国際平和財団が発表した報告書「中間層にとってよりよき外交政策に向けて」の執筆メンバーであり、バイデン政権が掲げる「中間層のための外交」の形成にも大きく関与したと目される（Carnegie Endowment for International Peace 2020）[5]。大統領補佐官には、四四歳という若さで抜擢された。

サリバンは二〇一九年『フォーリン・アフェアーズ』誌や『フォーリン・ポリシー』誌で、ウォルトらの「ブロブ」批判を、政策決定の現場で働いた経験がない者の根拠のない批判にすぎないと一蹴し、アメリカの対外関与のあり方を決定してきたのは、決してワシントンのインサイダーたる「ブロブ」の利害ではなく、国際平和とアメリカの国益であると主張してきた（Sullivan 2019; Harris and Sullivan 2020）[6]。

バイデンやサリバンは、このたびのアフガニスタンからの米軍撤退を、アメリカの国益に照らして正当化し、さらには、国際平和とも両立しうるものだと主張している。サリバンのような若い「ブロブ」が今後、世界におけるアメリカの役割と、その外交の方向性についてどのような考えを発展させていくのかも、注目したいところである。

（1）クインシー研究所の創設の経緯については、宮田（二〇一九）に詳しい。クインシー研究所に関する叙述は、三牧（二〇二一a）を修正・加筆したものである。

（2）この議論については、Bacevich（2019）も参照。

（3）クーエルはリン・K・ダンとの共著で、このような包括的な「国際主義」の定義を採用し、大戦間期アメリカの多様な国際平和運動に光を当てている。（Kuel and Dunn（1999））.

（4）その他、ケイトー研究所もリバタリアニズムの観点から、「ブロブ」批判を展開してきた（Bandow 2020）。昨今は、「ブロブ」がアメリカの対外政策にどのような影響を与えたのかについての政治学的な研究も進んでいる（Jervis 2020）。

（5）カーネギー研究所の報告書の分析は、三牧（二〇二一b）。

（6）「ブロブ」の擁護論としては、Brands, Feaver and Inboden（2020）およびAshford（2020）も参照。

参考文献

三牧聖子「1930年代に回帰する米国?――クインシー研究所と新しい国際主義の模索」『国際政治』二〇二号（二〇二一a）

三牧聖子「始動したバイデン外交：国際主義の旗に埋め込まれた「中間層の利益」」Nippon.com（2021b）

宮田智之「非介入派を支えるコーク財団――クインシー研究所の誕生」東京財団ホームページ（二〇一九年八月二七日）

Ashford, Emma. "Build a Better Blob-Foreign Policy Is Not a Binary Choice Between Trumpism and Discredited Elites," *Foreign Affairs* (May 29, 2020).

Bacevich, Andrew. "America: 'Indispensable Nation' No More," *American*

*Conservative* (February 22, 2019).

Bandow, Doug. "The Foreign Policy Blob Strikes Back: We're Just Fine, Proclaim Architects of Endless Wars," *Cato Institute* (May 14, 2020).

Bessner, Danier, and Wertheim, Stephen. "Can We Democratize Foreign Policy?" (December 11, 2019), *Quincy Institute Website*.

Brands, Hal, Feaver, Peter, and Inboden, William. "In Defense of the Blob- America's Foreign Policy Establishment Is the Solution, Not the Problem," *Foreign Affairs* (April 29, 2020).

Carnegie Endowment for International Peace, *Making U. S. Foreign Policy Work Better for the Middle Class* (September 23, 2020)

Chicago Council on Global Affairs, "The Clash of Generations? Intergenerational Change and American Foreign Policy Views," (June 2018).

——— "OK, Boomer: Youth Hesitant to Use Force, Shun US Exceptionalism in Foreign Policy," (February 4, 2020).

Davison, Derek, and Alex Thurston. "Expect More Military 'Liberal Interventionism' Under a Joe Biden Presidency," *Jacobin* (June 7, 2020).

DiMaggio, Suzanne, and Bacevich, Andrew. "Welcome to the Quincy Institute," (December 4, 2019), *Quincy Institute Website*.

Harris, Jennifer, and Sullivan, Jake. "America Needs a New Economic Philosophy. Foreign Policy Experts Can Help," *Foreign Policy* (February 7, 2020).

Jervis, Robert. "Liberalism, the Blob, and American Foreign Policy: Evidence and Methodology," *Security Studies*, vol. 29, no. 3 (2020).

Kuehl, Warren F. "Internationalism," in Alexander DeConde ed., *Encyclopedia of American Foreign Policy: Studies of the Principal Movements and Ideas* (New York, NY: Charles Scribner's Sons, 1978), vol. 2, pp. 443-454.

——— and Dunn, Lynne K. *Keeping the Covenant: American Internationalists and the League of Nations, 1920-1939* (Kent, OH: Kent State University Press, 1997).

Moyn, Samuel. "Beyond Liberal Internationalism," *Dissent* (Winter 2017).

——— "Progressive Critiques of Liberal Internationalism," *Lawfare* (February 2019).

Parmar, Inderjeet. "The US-led Liberal Order: Imperialism by Another Name?" *International Affairs* 94: 1 (2018), pp. 151-172.

——— "Washington's Newest Thinktank Is Fomenting A Revolution in US Foreign Affairs - And A Retreat from Interventionism," *Conversation* (February 28, 2020).

Rhodes, Ben. "The Democratic Renewal- What It Will Take to Fix U. S. Foreign Policy," *Foreign Affairs* (September/October 2020).

Samuels, David. "The Aspiring Novelist Who Became Obama's Foreign-Policy Guru," *New York Times Magazine* (May 5, 2016).

Scahill, Jeremy. "State-Sanctioned Killers: As Trump Expedites Executions at Home, Biden Builds Teams For War Abroad," *Intercept* (December 9, 2020).

Sullivan, Jake. "More, Less, or Different? Where U. S. Foreign Policy Should—and Shouldn't —Go From Here," *Foreign Affairs* (January/ February 2019).

UN Foundation, "New Poll- Young Americans Favor an 'America First, But Not Alone' Approach to U. S. Foreign Policy," (September 20, 2018)

Walt, Stephen. "Is the Blob Really Blameless?- How Not to Evaluate American Grand Strategy" *Foreign Policy* (September 22, 2020).

Wertheim, Stephen. "Paeans to the 'Postwar Order's Won't Save Us,'" *War on the Rock* (August 6, 2018).

——— *Tomorrow, the World: The Birth of U. S. Global Supremacy* (Harvard University Press, 2020)

——— "Delusions of Dominance-Biden Can't Restore American Primacy—and Shouldn't Try," *Foreign Affairs* (January 25, 2021).

# 民主党政権の価値重視外交はどこからくるか

岡山　裕

（おかやま　ひろし）
慶應義塾大学法学部教授
専門はアメリカ政治、アメリカ政治史
著書に『アメリカ二大政党制の確立――再建期における戦後体制の形成と共和党』（東京大学出版会）、『アメリカの政党政治――建国から250年の軌跡』（中央公論新社）、『アメリカ政治史講義』（東京大学出版会、共著）。

## はじめに

アメリカ合衆国（以下、アメリカ）のジョー・バイデン大統領は、二〇二一年一月の就任の前から国内の中間層の利害にかなう外交を行うと表明し、アフガニスタンから撤兵を完了するなど、国内経済への配慮や対外的関与の抑制が注目されている。この点がドナルド・トランプ前政権と類似しているとして、「軽めのアメリカ第一主義（America First Lite）」と形容する向きもある（*Washington Post*, Aug. 21, 2021）。

しかしその一方、短期的な利害では説明しにくい動きも目立つ。とくに注目されるのが、人権や環境の保護を重視する姿勢である。前者については、中国でのウイグル人への弾圧やミャンマーでの軍事クーデタといった事態に、経済制裁を含む強い対応をとった。また二〇二一年一二月には、一〇〇以上の国を招待して「民主主義サミット」を開催している。後者の環境保護分野では、就任当日に気候変動に関するパリ協定に復帰するための大統領令を発し、元民主党大統領候補で国務長官も務めたジョン・ケリーを閣僚級の気候変動担当特使に任命した点等から力の入れ方が伝わってくる。

では、こうした価値に関わる領域における対外政策はどう決まるのだろうか。大統領の権限が限定されている内政と異なり、外交はほぼ大統領の専管事項で、本人の意向が重要となる。しかし、現代の大統領は職務に関する判断を全て自分でできるわけではなく、また一期目であれば、次の選挙もにらんで自らの支持連合を維持・拡大する必要性に迫られる。バイデンの人権および環境保護重視の姿勢も、周囲の諸主体からの影響にも基づいていると考えるのが自然であろう。そこで注目されるのが、それぞれの分野の政策を推進すべく活動してきた運動家やその組織である。

アメリカの主要政党は地方組織の連合体の性格が強く、恒常的な党綱領も持たないというように、明確な政策方針はなく、政府内でも規律が弱い。それもあって、政策形成にあたり各種の利益団体や社会運動が大きな影響力を持ちうる。これは、二大政党がイデオロギー的に分極化した今日でも変わらない。そもそもこの分極化自体、イデオロギー別に連合を組んだ利益団体から政党政治家への働きかけによるところが大きいと考えられている（岡山 二〇二〇）。人権保護運動や環境保護運動も、保守とリベラルのイデオロギー対立の中で、リベラル側で共闘しつつ主に民主党の政治家に影響力を行使している。

そうはいっても、財界のように大きなリソースを持つわけでもない社会運動が政権の方針を左右しうるのは、なぜなのだろうか。以下本稿では、人権保護運動および環境保護運動を念頭に、二〇世紀以降アメリカでこうした社会運動がどのように存在感を強め、政府への影響を確立していったのかの流れを歴史的に検討する。具体的には、専門知識を活用した政府の政策により政策目標を達成しようとする運動と、人々の公正な扱いを実現しようとする運動という、異なる系譜に属する社会改革運動が共通の関心に基づいて連携するようになり、民主党を取り巻くリベラルな支持連合のネットワークが構築されていった経緯を明らかにする。その際、これらの運動が今日当然視されている利益団体政治に代表される、政治活動の新たなレパートリーを生み出し、それらを活用したことが影響力の拡大につながった点を強調する。

## 1　社会改革運動の伝統

アメリカには一九世紀以来、当事者の私的利益を実現するというよりも、社会全体をよりよく作りかえようとする社会改革運動の伝統がある。一九世紀前半に本格化した奴隷制廃止運動や禁酒運動は、初期の代表例である。奴隷達の過酷な運命を描いたハリエット・ビーチャー・ストウの小説『アンクル・トムの小屋』（一八五二年）は日本でもよく知られるが、これはもともと奴隷制廃止運動組織の発行する新聞の連載小説で、牧師一家のビーチャー家は、奴隷制廃止、禁酒、女性解放といった改革運動の活動家を輩出している。

当時の改革運動は、奴隷の逃亡の支援（「地下鉄道」と呼ばれた）や酒場への廃業の説得等「実力行使」を行うこともあったものの、主たる活動の手段は刊行物の発行や講演等による市民の啓蒙に加え、連邦・州の議会や個々の議員への文書を通じた請願であった。また奴隷制廃止を目指した自由党、酒類の製造・流通禁止を目指した禁酒党など、新たな政党を組織する場合もあった。しかし、有権者の大半が二大政党のいずれかを支持していたうえ、政治の権力闘争に参加することには運動内でも争いが大きかった。人気のある政策的主張を主要政党に横取りされるなどしたこともあり、選挙にはなかなか勝てなかった（Carpenter 2021；岡山 二〇〇五）。

二〇世紀に入る頃、革新派（progressives）と総称される様々な改革運動が登場し、第一次世界大戦期まで絶大な影響力を持つことになる。その目標は、各種の都市問題の解決、一般市民を顧みない政財界のエリートから権力を取り戻すための民主化改革や産業規制等多様であったが、人間の理性と能力を信頼し、関連分野の専門知識を活用しつつ政府を通じて改革を実現しようとする点が共通していた。こうした考え方は革新主義（progressivism）と総称され、二大政党のいずれでも革新派勢力が登場して存在感を持った。共和党のセオドア・ローズヴェルト、民主党のウッドロウ・ウィルソンは、革新主義的な政策を推進した大統領として知られる。

今日アメリカのリベラルは、一九七〇年代以降「リベラル」という呼称のイメージが悪くなったため多くが「革新派」と称しているが、それは二〇世紀初頭の革新派を意識してのことである。実際、各種の課題について政府を通じた解決を図り、一般市民の政治的関与を重んじる姿勢は両者に共通する。また革新派の指導者には、社会主義に傾倒した経験を持つ者が少なく、この点も近年のリベラルに通じる。それに、革新派の社会運動家の多くは自分達の直面する諸課題を世界的に共通のものと捉えていた。彼らは他国の運動組織と協力するといった国際性を発揮し、第一次世界大戦以降は反戦運動や戦争の違法化運動にも乗り出していく（Dawley 2003）。後述のように、この点も今日のリベラルな諸運動に通じる。

しかし、革新派はあらゆる点で今日のリベラルと同じというわけではない。革新派は、当時の支配的な価値観を反映して、白人男性中心の社会秩序を維持しようとする保守性も持っていた。白人の革新派は多くが非白人に差別意識を抱き、主流文化に同化していない移民を一人前の市民と認めなかった。当時は一八九二年にシエラ・クラブ、一九〇二年に全米オーデュボン協会が設立されるなど、環境保護運動も発足していた。とはいえ、その主目標は天然資源の管理や自然環境の保全で、先住民の排除を当然視するというように、白人中心性が顕著であった（Gottlieb 2013）。革新派の多くは、社会を変えるといっても各種の不平等の解消には無頓着だったのである。

## 2　改革派の新たな活動形態としての利益団体

それでも、革新派は専門性と政府の活用によって政治や社会の問題を解決しようとする姿勢を明確に打ち出し、それに対応した新たな政治手法を根付かせて、後にリベラルが政治的に活躍する下地を作ったといえる。その手法こそ、政府に直接政策的な働きかけを行う利益団体政治である。一九世紀を通じて、選挙を戦わずに政府に「裏から手を回す」のは卑怯な手段と考えられており、改革運動の政府向けの活動も、請願でなければ政党化に限定された。それが革新主義時代には、政党化に挫折した社会運動がロビイングを始めるなどして、今日的な利益団体活動を行う組織が増えていった（Clemens 1997）。

利益団体というと、献金等で私的利害を実現しようとする、およそ改革とは縁遠いものと思うかもしれない。たしかに、利益団体政治にカネはつきものである。また初期に活動した団体にしても、多くが業界団体や労働組合といった、経済的利害を代表する組織であった。しかし、カネを積みさえすれば政治家が動くわけではない。多くの場合、物をいうのは有望な政策アイデアやそれを支える専門的知見であることがわかっている（Esterling 2004）。ピーター・オデガードは利益団体研究の古典『圧力政治』（Odegard 1928）で、一九二〇年に全国で禁酒法が成立するまでの反酒場同盟の活動を描いたが、そこでもカネだけでなく説得の重要性が強調されている。

このように、革新派の諸運動は以後の改革派が票の動員やカネだけでなく、政策アイデアを通じて政府に働きかけられるようにするという、決定的な役割を果たした。この時期には他にも、大学の研究者が革新主義的な政策案を政府に提案するようになり、ウィスコンシン州の事例がよく知られる。さらに、新たに登場したシンクタンクが存在感を持つようになっていく。一九〇七年にラッセル・セイジ財団、一九一七年にブルッキングス研究所の前身が設立されたというように、今日まで存続する有力シンクタンクのいくつかが設立され、政策関連の研究に従事するようになった（Zunz 1998）。

また訴訟でも、自然科学や社会科学の知見を基に議論することが増えた。さらに、社会全体の向上を目指し、訴訟など法的な活動に従事する公共利益法律事務所が登場した。今日でも最もよく知られる公共利益法律事務所の一つで、様々な人権の保障を目指すアメリカ市民的自由連盟（ACLU）は、第一次世界大戦時における反体制派の権利保護団体から衣替えして一九二〇年に結成されている。その共同設立者のリチャード・ボールドウィンは、国際的な人権保護運動にも深く関与しており、ここに国外も意識した人権保護運動の萌芽が見てとれる（Walker 1990）。

こうして、革新主義時代には政府の役割を重視する諸運動が登場し、政策的な影響力を行使するための活動のレパートリーを拡げていった。革新派は、社会運動の活動方法と、目標を実現するための政府の活用という「手段」を今日のリベラルに供給したといえる。他方で、革新派には差別意識も伴ったエリート性が顕著であった。後のリベラルに、全ての人の公正な扱いという「目標」を提供する運動が、政治の表舞台に登場するのは第二次世界大戦後のこととなる。

### 3　グローバルな文脈の中の市民的権利運動

一九二九年からの大恐慌に際して、民主党のフランクリン・ローズヴェルト大統領が主導してニューディール政策と呼ばれる一連の対策がとられた。連邦政府が介入して市場の不安定化を防ぎ、国民に最低限の生活を保障するその方針は「リベラル」と呼ばれるようになった。その重要な人的・知的源泉となったのが、前節で見た革新派であった。連邦政府が市場に関与すべきだという発想は、こうして民主党に定着したが、逆にいえば関与の対象は経済にとどまった。例えば、ニューディールでは黒人も経済的に恩恵を受け、以後民主党の支持層として定着するものの、人種差別の克服が政策的に目指されはしなかった。

ローズヴェルトは、第二次世界大戦時に軍内部の人種差別を廃止しようと試みたものの、失敗に終わっている。南北戦争以来、保守性が強く法的な人種隔離の続く南部は実質的に民主党の一党支配下にあった。そのため、人種間関係や人工妊娠中絶といった社会文化的な争点に関しては、経済面ではより保守的な共和党の方が民主党よりも全体的にリベラルだったほどである。こうした状況を変化させ、多くの人々に権利保障に目を向けさせたのが、市民として当然持つべき権利の保障を目指す市民的権利運動（公民権運動）の新たな盛り上がりであった。

黒人を中心とする市民的権利運動は、一九世紀から活動しており、一九〇九年には人種差別的な革新派を批判しつつ、全国有色人種地位向上協会（NAACP）が組織されている。市民的権利運動が全国で注目を集めるようになったのが、一九五〇年代である。一九五四年には、公立学校での人種別学の合憲性が争われたブラウン対教育委員会事件訴訟で合衆国最高裁判所が違憲判決を出した。翌年には南部で乗り合いバスでの人種隔離に抵抗するバス・ボイコット運動が始まるなどして、人種隔離への挑戦が本格化した。その後、六〇年代にかけて大規模な非暴力の抗議運動が発展し、民主党のリンドン・ジョンソン政権の主導で一九六四年の市民的権利法と翌年の投票権法の成立につながった。

この動きが、先にみた政府の活用に加え、全ての人の権利保障を重んじる姿勢をとる今日的なリベラル派の原点といえる。ここで活躍した市民的権利運動は、日系を含む他の民族集団の権利運動や女性解放運動、反戦運動等にも刺激を与えた。それらには、しばしば市民的権利運動の活動家が流れこんで活動のノウハウを提供した。

価値重視の対外政策の国内的基盤を考える本稿の関心からいって重要なのは、この市民的権利をめぐる政治が一国的な枠組みを超えたものと認識されたことである。冷戦下で、自由主義の盟主を自認するアメリカに人種差別があることは、東側陣営とのイデオロギー的競争だけでなく、非白人の多い第三世界を引き込むにも不利になりえた。Dudziak（2011）が明らかにしたように、アメリカは自国内で現代的な人権保護の政治に直面したのである。アメリカ国内でアフリカ諸国の外交官に対する差別的行為も相次ぎ、国際問題化した。対外的な考慮も、差別解消に向けた立法を後押しすることになる。

このような構図は、運動側でも意識されていた。市民的権利運動の代表的な指導者の一人、マーティン・ルーサー・キング・ジュニア牧師は、ガンディーの思想に触れて非暴力の闘争を目指したことからもわかるように、グローバルな視野で自らの運動を捉えていた。市民的権利運動や、後に目指した貧困の撲滅に向けた運動を、世界の人権保護運動の一環と位置づけていたのである（Jackson 2006）。こうした背景を踏まえれば、一九六〇年代から本格的に組織化を始めたアメリカの人権保護運動に、市民的権利運動が強く影響を及ぼしたのは不思議でない。

## 4　人権保護・環境保護運動の盛り上がり

今日最も存在感の大きな人権保護運動組織の一つであるアムネスティ・インターナショナル（ＡＩ）は、思想等を理由に不当に拘束されている「良心の囚人」の権利保護を掲げて一九六一年にロンドンで発足した。そのアメリカ支部は、一九六六年に設立されている。以後一九七〇年代にかけて、アメリカ支部の関係者は多くが市民的権利運動の経験者だったとされる。ただしその活動の手法は、非暴力のデモ等の直接行動が中心の市民的権利運動と違い、対象地域の政府による人権侵害に関する徹底した調査・分析とその公表という、革新派が生み出した専門知識の活用を軸とするものであった（Cmiel 1999）。

ＡＩの創設者であるピーター・ベネンソンは、自身が法曹であったこともあり、市民的権利運動でなく専門知識を活用するＡＣＬＵをモデルとして意識していた。アメリカ支部の設立に際しても、ＡＣＬＵの設立者の一人であったボールドウィンが手を貸している。また一九七八年に、今日ＡＩと並ぶ人権保護運動組織であるヒューマン・ライツ・ウォッチ（ＨＲＷ）が創立されるにあたっても、ＡＣＬＵのアリヤ・ナイヤー元会長が共同設立者に名を連ねていた（Neier 2012）。つまり、アメリカ政治の文脈において、この時期からの人権保護運動は、革新派と市民的権利運動という二つの改革派の流れが合流したものと捉えられる。

今日リベラルとされる社会運動が皆、この時期市民的権利運動と密接に関わったわけではない。一九六〇年代には、公害や大気汚染等への懸念から環境保護運動も盛り上がり、かつてと異なり人々の生活空間の環境をどう保全するかに関心が高まった。そこでは訴訟や科学的な分析も重視され、一九六七年には科学者や法曹等からなる環境防衛基金（ＥＤＦ）も設立されている。また反戦運動が導入した、集会で徹底的な討論を行う「ティーチ・イン」の活用に見られるように、他の社会運動とのつながりもあった。ただし、環境保護運動は依然として白人中心で、市民的権利運動との接点は薄かったといえる（Kraft 2000）。

それでも、環境保護運動が市民的権利運動の存在を無視していたわけではない。ＥＤＦや、一九七〇年に結成された環境保護のための公共利益法律事務所である天然資源防衛協議会（ＮＲＤＣ）は、ＮＡＡＣＰの法務部から出発したＮＡＡＣＰ-ＬＤＦをモデルにしていた。同組織は、先に見たブラウン対教育委員会事件訴訟を含め、長期にわたり戦略的に黒人の市民的権利を向上させるべく戦略的に訴訟を展開したことで知られる。以上からわかるように、アメリカの人権保護運動と環境保護運動は、一九六〇年代以降革新派と市民的権利運動の系譜を受け継ぎつつ、それぞれがトランスナショナルな運動体の一部として発展していった（Keck and Sikkink 1998）。

ただし、この時期の社会運動間の結びつきは個別的なもので、イデオロギー的な連帯まで至っていなかった。またここで注目している人権保護や環境保護は、イデオロギー性を持つ政策領域とは捉えられていなかった。自由や平等といった普遍的理念はイデオロギーを超えて重視され、他国での人権侵害には左右の両勢力から反発が出る。人権保護は今日でもそうした性格が強く、二〇二二年二月にウクライナに侵攻したロシアへバイデン政権が対抗措置をとったことは、共和党からも広く支持されている。また環境保護は、消費者保護などと共に社会的リスクの低減に関わる政治課題と位置づけられ、他の先進諸国と同様にイデオロギーを問わず重要視された。

### 5 人権保護・環境保護運動の「イデオロギー化」

こうした展開からわかるように、両運動はリベラリズムを前面に出して活動してきたわけではない。例えば今日リベラル側に分類されがちなACLUは、近年でも表現の自由等の問題について必要に応じて保守派と協力して訴訟を戦っている。環境保護運動については、すでに見たように、自然を守るという観点から従来はむしろ保守性が目立った。それが変化していくのが、一九八〇年代以降である。

人権保護や環境保護の重要性に関するコンセンサスは、一九七〇年代に両分野でいくつもの重要な政策的成果につながった。一九七〇年に、共和党のリチャード・ニクソン大統領が環境保護庁（EPA）を創設し、同年の大気清浄法など環境保護立法が相次いだ。また人権保護についても、人権状況に問題のある国家への武器売却を禁じる条項を持つ一九七四年の海外援助法をはじめ、人権侵害を防ぐための立法が続いた。一九七七年には、民主党のジミー・カーター政権下で国務省に初の人権担当の政治任用ポストが置かれ、市民的権利運動の出身者が任命されている。ところが一九八〇年代以降、二つの運動はそれぞれ異なる理由でリベラル側に位置づけられるようになっていく。

まず人権保護運動は、以前から市民的権利運動と密接なつながりを持っていたうえに、AIやHRWといった主要な運動組織が自国内の問題に目を向けるようになった。その際、人種・性差別や貧困を問題視するなど、アメリカの文脈では社会文化的にリベラルとされる観点から現状を批判するようになっていったのである。現代アメリカ保守運動の立役者の一人であるウィリアム・バックリー・ジュニアは、AIが死刑制度に反対を打ち出したことに反発して、一九七八年に約一〇年間務めた理事職を辞任している（Neier 2012）。

一方、環境保護運動は環境汚染を低減・防止するために各種の産業規制を主張していくが、これは経済的にリベラルな態度と受け止められるようになった。ただ同運動は、この頃非効率性等の点で批判されるようになっていた「大きな政府」を目指したわけではない。EDF等の運動組織は、政府が財界の既得権益に振り回されていたとして、民主党のリベラルによる従来の規制にも批判的で、科学的知識を活用してもっと効果的に環境の悪化を防ぐべきだと訴えた。そしてそれが、財界にも支援された保守派に敵視されるようになったのである（Sabin 2021）。

両運動のイデオロギー的位置づけの変化が明瞭に表れたのが、一九八一年からのロナルド・レーガン共和党政権下であった。一九六〇年代に民主党が経済・社会文化の両面でリベラルな政策を推し進めたのに対して、それに反発した様々な勢力が共和党に結集していった。そして一九七〇年代から共和党が保守、民主党がリベラルに分かれるイデオロギー的な分極化が本格化することとなる。共和党の保守性をはっきりと体現したレーガン政権は、人権保護との関係では国務省の、環境保護との関係ではEPAの政治任用人事で、それぞれの運動の政策目標に真っ向から反対するような人選を行って話題となるなど、両運動への敵意が明らかであった。

このように、二大政党のイデオロギー的分極化が進む中で、人権保護運動と環境保護運動はリベラル側に位置づけられていった。それだけでなく、この時期には両者に共通の政策的課題が明らかになった。従来、大気汚染等の環境破壊の効果は皆に等しく及ぶと思われていたが、有害物質を出すゴミ処理施設や汚染物質の廃棄場が、先住民を含む非白人や貧困層の居住地域で集中的に設置されるというように、実際は人種や階層によって受ける負の影響が大きく違っていた。一九八〇年には有害物質で汚染された地域の除染を進めるスーパーファンド法が成立しており、その過程でもこの点が注目されるようになった。

## 6　社会運動間のイデオロギー的連携へ

この時期からの人権・環境保護の交錯を象徴するのが、環境正義（environmental justice）の概念である。人種や階層といった属性に関わらず、全ての人が安全な環境で暮らせるべきだという考えが広まっていった（Holifield, Chakraborty, and Walker, eds. 2018）。こうして、環境保護運動がそれまでのエリート性や白人中心主義の反省を迫られ、人種差別や所得格差の問題に目を向けるようになった。他方で、人権保護運動の側も環境保護や貧困の問題に取り組むようになっていった。またアメリカでは一九六〇年代以降、プライバシー権等の新たな権利が主張される「権利革命」が起きていた。そこに環境権が加わり、他の人権と同じく権利の問題として捉えられるようにもなっていく。

そこで重要性を増したのが、大学やシンクタンクである。人権保護と環境保護のいずれの運動組織も、対象分野における調査・分析を武器にしていた。そして二〇世紀後半に、各地の大学で人権保護や環境保護を研究・教育する組織が充実していった。アメリカの大学人の多くはリベラルで、一九六〇年代にはニューレフトと呼ばれる左派も影響を持った。大学の学際的で政策志向の強い研究組織は、しばしば各種の社会運動組織とも連携しながら活動してきている。またリベラル寄りのシンクタンクも、大学組織の一部になっているものも含めて、両分野の調査・研究を進めてきている（宮田 二〇一七）。

現代の政策過程では、政党政治家、官僚、社会運動指導者、関連分野の専門家等、共通の政策的関心を持つ主体が、政府の内外を移動しつつ影響を与えあう「イシュー・ネットワーク」

が大きな存在感をもつとされる（久保 一九九七）。そのため、各分野に関係する利益団体や社会運動は各政党にとって人材や政策案の重要な供給源になっている。ある政策分野の利害関係者が政治任用を通じて政府を出入りすることは、官民の癒着を引き起こすとして「回転ドア」と揶揄される。ただし、政治任用制度は政権に各分野の専門知識を供給し、政策を方向付ける役割も担っている。

人権保護運動と環境保護運動は、革新派と市民的権利運動の系譜を受け継ぐ形で民主党およびリベラル側と結びつきを強め、重要な課題の共有を通じて様々な形で連携するようになった。両者はさらに、貧困問題の解決や企業に対する規制の必要性も意識するようになり、経済的なリベラルともつながっていった。なかでも、大手の労働組合である全米自動車労働組合（UAW）が一九七〇年に実施された初の「アース・デイ」を支援したというように、労働運動の環境保護との関わりは長い（Dewey 1998）。近年、アレクサンドレア・オカシオ＝コルテス下院議員ら民主党の左派が推進して注目を集めている「グリーン・ニューディール」は、環境保護と経済的繁栄の両立を掲げ、その享受を基本的な人権と位置づけている。ここにも、もともとは異なる政策目標を掲げて登場したリベラル諸派のまとまりがよく表れている。

このように、経済や社会文化といった争点領域間の垣根を越えて、多数の運動が人的、政策的に撚りあわさりながら民主党との関係を深めて現状に至っている。ただし、民主党と各種の運動組織や専門機関に、公式の結びつきがあるわけではない。それに、各分野の運動は異なる目標を持つ多数の組織から構成されており、全てが同じように政党と結びついているわけでもない。例えば、同じ宗教的な勢力でも、宗教左派は保守的な宗教右派と異なり、人間は神に与えられた地球を守る必要があるといった見方から環境保護に積極的であるが、環境保護を推進しようとする他の勢力に比べれば民主党とは距離がある。こうした濃淡はあるものの、二大政党のイデオロギー的な分極化が進むにつれて、様々な運動は互いに連携を強めつつ、リベラル化の進んだ民主党の「関係者」になっている。

## おわりに

以上を踏まえると、バイデン政権の対外政策が人権保護運動や環境保護運動の影響を強く受けたとしても不思議はないであろう。主要な人事だけを見ても、EPA長官のマイケル・リーガンは、大学で環境科学を修め、EPAとノースカロライナ州の環境保護省でキャリア公務員として環境保護に関わる一方、政府外ではEDFの副会長も務めていた。また海外援助を取り仕切る国際開発庁（USAID）の長官となったサマンサ・パワーは、ジャーナリスト等として人権運動に深く関与してきており、ハーヴァード大学ケネディ・スクールの人権政策センターの初代センター長を務めた後、オバマ政権で国連大使等を経験している（Power 2019）。

それに、二〇二一年一月二七日の大統領令第一四〇〇八号では、気候変動危機を対外政策と安全保障政策の中心に据えると宣言されている。閣僚を構成員とする全米気候タスクフォースを設置するなど、省庁間で連携しつつ気候変動対策に取り組むこととなった。そこでも環境正義の重要性が強調され、気候変動関連の公共投資のうち最低でも四割を、従来不利な立場に置かれてきたコミュニティに振り向ける「ジャスティス四〇」計画が掲げられて注目されている。

政党が密接なつながりを持つ諸運動に影響されるとしても、政権による違いは残る。様々な争点のどれを重視するのかに加え、各運動内のどの勢力の意見を取り上げるかによっても政権の方針は異なってきうる。しかし、ある政権の方針の取りうる幅は、その政党を通じて政策的影響力を行使しようとする「関係者」、すなわち支持連合を構成する諸集団の考え方に多かれ少なかれ依存すると考えられよう。このことは、人権保護や環境保護だけでなく、多くの政策領域に共通する。

政党と社会運動に関する近年の研究には、共和党を支持する諸勢力が保守イデオロギーを共有しているのに対して、民主党側は黒人や労働者など、異なる利害を代表する利益団体や社会運動に細かく分かれ、それらが互いに競争しているという議論もみられる（Grossman and Hopkins 2016；Tarrow 2021）。しかし、本稿で見たように、民主党寄りの諸集団はかなりの程度関心を共有し、共通の課題について協力している点に注意が必要である。むしろ、共和党に集った保守派こそ、宗教保守からリバタリアンまでを含む多様で異なる政策目的を持つ「反リベラル」の連合体という性格が強く、だからこそインフラ整備を唱えるなどやや保守性の希薄なトランプに切り崩されえたとも考えられる。

特定の政策方針を持たないアメリカの主要政党が、各種の利益団体や社会運動に支えられる構造は、今に始まったことではない。それでも、そうした「政策要求主体」が互いにイデオロギー的な紐帯を持ち、特定の政党と結びついている今日の状況は、歴史的に初めてのものといってよい。それだけに、現状の民主党側のまとまりは過去に比べても強固といえる。最近は党内の左派と穏健派の路線争いが強調されがちであるが、見方を変えれば、リベラリズムという大きな方向性が共有されており、揉めたとしても一方が離反する恐れが小さいからこそ安心して争えるともいえる。それを踏まえれば、バイデン政権のリベラルな諸方針も、大筋ではこの先の民主党政権に受け継がれると考えられよう。

参考文献

岡山裕（二〇〇五）『アメリカ二大政党制の確立――再建期における戦後体制の形成と共和党』東京大学出版会
岡山裕（二〇二〇）『アメリカの政党政治――建国から２５０年の軌跡』中央公論新社
久保文明（一九九七）『現代アメリカ政治と公共利益――環境保護をめぐる政治過程』東京大学出版会
宮田智之（二〇一七）『アメリカ政治とシンクタンク――政治運動としての政策研究機関』東京大学出版会
Carpenter, Daniel P. (2021) *Democracy by Petition: Popular Politics in Transfor-*

*mation, 1790–1870*, Harvard University Press.

Clemens, Elisabeth S.（1997）*People's Lobby: Organizational Innovation and the Rise of Interest Group Politics in the United States, 1890–1925*, University of Chicago Press.

Cmiel, Kenneth（1999）"The Emergence of Human Rights Politics in the United States," *Journal of American History*, 86: 3, 1231–1250.

Dawley, Alan（2003）*Changing the World: American Progressives in War and Revolution*, Princeton University Press.

Dewey, Scott（1998）"Working for the Environment: Organized Labor and the Origins of Environmentalism in the United States, 1948–1970," *Environmental History*, 3: 1, 45–63.

Dudziak, Mary L.（2011）*Cold War Civil Rights: Race and the Image of American Democracy*, Princeton University Press.

Gottlieb, Robert（2013）*Forcing the Spring: The Transformation of the American Environmental Movement*, revised ed., Island Press.

Grossman, Matt, and David A. Hopkins（2016）*Asymmetric Politics: Ideological Republicans and Group Interest Democrats*, Oxford University Press.

Holifield, Ryan, Jayajit Chakraborty, and Gordon Walker, eds.（2018）*The Routledge Handbook of Environmental Justice*, Routledge.

Jackson, Thomas F.（2006）*From Civil Rights to Human Rights: Martin Luther King, Jr., and the Struggle for Economic Justice*, University of Pennsylvania Press.

Keck, Margaret E., and Kathryn Sikkink（1998）*Activists Beyond Borders: Advocacy Networks in International Politics*, Cornell University Press.

Kraft, Michael（2000）"U. S. Environmental Policy and Politics: From the 1960s to the 1990s," *Journal of Policy History*, 12: 1, 17–42.

Neier, Aryeh（2012）*The International Human Rights Movement: A History*, Princeton University Press.

Odegard, Peter H.（1928）*Pressure Politics: The Story of the Anti-Saloon League*, Columbia University Press.

Power, Samantha（2019）*The Education of an Idealist: A Memoir*, Dey Street Books.

Sabin, Paul（2021）*Public Citizens: The Attack on Big Government and the Remaking of American Liberalism*, W. W. Norton.

Tarrow, Sidney（2021）*Movements and Parties: Critical Connections in American Political Development*, Cambridge University Press.

Walker, Samuel（1990）*In Defense of American Liberties: A History of the ACLU*, Oxford University Press.

Zunz, Olivier（1998）*Why the American Century?* University of Chicago Press（邦訳・有賀貞、西崎文子訳『アメリカの世紀――それはいかにして創られたか?』刀水書房、二〇〇五）.

# II　バイデン外交の実像と世界の対応

アフガニスタンからフランス軍の軍用機で避難する人々、2021 年 8 月 23 日。

（写真提供：ABACA／共同通信イメージズ）

# アジアと世界はどう変わっていくのか

白石 隆・江藤名保子・佐橋 亮［司会］

## 1　バイデン政権とアメリカの基層変化、中国の対応

**佐橋**　バイデン政権が二〇二一年一月に発足しました。同政権の優先順位はコロナからの回復、経済の回復に置かれています。同時にトランプ政権時代に重視されなかった国際協調を重視しています。そういった特徴は、徐々に演説や政策、予算に表れてきました。他方で、アメリカ国内の分断は深まっており、バイデン政権は議会対策にかなり苦慮しています。白石先生の目にバイデン政権はどのように映っていますか。またそもそも、今の世界をどのように読み解いていますか。

**白石**　国際政治経済的には二つの意味で一つの時代が終わったと思います。すでに多くの人が指摘していることですが、一九八九年に冷戦が終結し、ブレジンスキーの言う「グローバル化戦略」がクリントン政権の大戦略となりました。しかし、グローバル主義（グローバリズム）は二〇〇八年のリーマンショック（世界金融危機）で大きな打撃を受け、アメリカでは社会的分断が進み、グローバル主義の政治的説得力も失われました。トランプの登場はグローバル主義の黄昏を象徴的に示したと思います。

もう一つは「テロとの戦争」です。この言葉自体は二〇〇一年のアメリカ同時多発テロ事件直後、ブッシュ大統領（四三代）が使い始めたものですが、アル・カイーダのテロはクリントン時代に始まっています。しかし、定義上、テロはいつでもありますから、テロとの戦争に終わりはなく、ブッシュ政権はイラク、アフガニスタンの国家建設についても最初からきわめて楽観的に見ていた。一方、オバマ大統領はすでに二〇一〇年に「イラクの自由」作戦終了を宣言し、バイデン政権になってようやくアフガニスタン

からの撤兵も終わりました。アメリカ政府は、アフガン軍はもう少し持ちこたえるだろうと見ていて、その誤算からかなりの犠牲者が出て、深刻な混乱を生んだことは間違いありません。しかし、この戦争をこれからも続けるという選択肢はなかったと思います。

こういう動きの背景にはいくつかの大きな変化があります。キッシンジャーは、「アメリカ人は外交をチェスのように考える」と言っていますが、私はアメリカの政治それ自体は素人のフットボールかラグビーのようなものだと考えています。プロ・フットボールは緻密な戦略に従ってプレーされますが、素人のフットボールはいろんなプレーヤーがそれぞれの考えで押し合いへし合いやって、何かのきっかけで均衡が崩れると、ずるずるとある方向に行ってしまいます。同じように、アメリカの政治でも、いろんな勢力が押し合いへし合いしているうちに、何かのきっかけで、政治がある方向に大きく流れ、ホワイトハウスもその方向で大きな意思決定をするということがしばしばある。すでにトランプ政権から始まっていましたが、バイデン政権になってもっとはっきりした。

その基礎には、アメリカの社会自体にいくつか非常に深刻な亀裂があり、それがますます深まっていることがあります。対外政策においても、ジョー・バイデンとドナルド・トランプは同盟外交ではマルティラテラリズム（多国間主義）かユニラテラリズム（単独行動主義）かという違いがありますが、その基本にはいずれもアメリカ・ファーストがあり、それが通商政策などにはっきり表れている。これはそれほど変わらない。所得格差、資産格差、人種差別など、いろんな亀裂があって、それを無視した外交などあり得ない。では、どうしてこれほど深刻な社会的対立が生まれてきたのか。歴史的に見れば、一九八〇年代、レーガン政権の頃からのネオ・リベラリズムが行くところまで行って、その結果が今、社会的にこういうかたちで表れているというしかありません。

こういうきわめて深刻な社会的亀裂がバイデン政権と次の政権くらいの期間で解消されるとはとても思えません。政治はすでに状況化していて、新しい均衡が成立するまで、少なくとも一世代、トランプ時代から始まったとして、あと二〜三期はかかるのではないでしょうか。アメリカの政治は社会の変化をストレートに反映します。人口の分布と構成、産業とその地理的配置の変化、世代交代などの進むなか、いずれ新しい政治的均衡が成立し、その移行のプロセスで大戦略の変化も起こる。そういうプロセスが始まっていると思います。当面、アメリカの政治はまだまだ大きく揺れる、外交の振幅も大きい、そういうものだと受け止めておくほかない。

よく知られるとおり、アメリカ政府の外交・安全保障政策決定プロセスは大統領によってずいぶん違います。ブッシュ大統領（四一代）はチームとして、非常にしっかりと冷戦終焉プロセスに対応した。トランプ・ホワイトハウスは時とともにどんどん混乱していった。バイデン政権は今のところ、しっかりチームとして動いていますが、閣僚級には「Europe-anist」、つまり、外交、安全保障を北大西洋中心に考える人が多く、次席レベルにはカート・キャンベルをはじめ、アジアがわかっている人もいるが、それほど多くはない。多様性ということで、インド系、中国系の人も入っているが、どこまでアジアのことがわかっているのか。同盟外交といっても、北大西洋条約機構(NATO)中心で、インド太平洋では日本とオーストラリア中心、東南アジアはわからないから、まずシンガポールに行って話を聞くということになる。その意味で、アジア重視と言っていますが、実のところ、「Japan pivot（日本基軸）」です。しかし、実務レベルはともかく、政治レベルでどこまで信頼関係があるのか。日本の政治システムが政治主導になって、官邸に人を得ないと、気候変動への対応など、この半年の動きを見ただけでも明らかなように、政治レベルで圧力をかければ思うようになる、とワシントンでは見られているのではないか。

**佐橋**　江藤先生にお伺いします。中国はバイデン政権の発足に対し期待と不安をともに持っていたように思います。アラスカでの政策実務者協議（二〇二一年三月）やウェンディ・R・シャーマン国務副長官の訪中（二〇二一年七月）などを受けて、中国政府は今バイデン政権をどのように受け止めているのでしょうか。また受け止め方はどのように変わったのでしょうか。

**江藤**　当初、習近平政権はトランプ政権時代よりも良い関係を作り、バイデン政権との戦略的な対立を先送りすることを試みていたと思います。とりわけ顕著に表れていたのが、トランプ政権との差別化を図る言動です。バイデン政権発足とほぼ同時にマイク・ポンペオ前国務長官をはじめとする二八人に制裁をかけ、トランプ政権の一部のメンバーによる「誤った対中政策の教訓」を活かすようにと、これまでとは異なるアプローチを期待するメッセージを送っていました。実態としては、バイデン政権が大統領選挙を経て混乱した国内の対応に追われることを想定し、対中政策に本腰を入れる前に国際社会における有利な立場を固めようとする思惑があったと思います。「一帯一路」における沿線国との関係強化を推進し、気候変動問題では四月に独仏との首脳会談で協力強化を打ち出した際も、そもそもこの問題はヨーロッパと中国が主導してきたと発信しました。

ところがバイデン政権は、おそらく中国の予想以上に迅速に対中戦略を固めてきました。三月にアラスカで米中外交トップ会談を開催するにあたっては、日米豪印首脳会談、日韓との外務・防衛担当閣僚会合（2プラス2）で認識を共有したうえで臨んでいます。バイデン政権はトランプ政権時代から対中競争的な側面を引き継ぎつつ、より戦略的なアプローチで迫ってきていると、認識を改めていたと思います。そのため、中国側としてはそれに対して押し負けないことをアピールする必要があり、アラスカ会談の冒頭では非常に厳しい応答が続きました。楊潔篪共産党政治局委員の「中国人はその手は食わない」という発言は流行語となりTシャツなども販売されましたね。とりわけ六月のG7コーンウォール・サミットで首脳宣言に「台湾海峡の平和と安定の重要性」を明記し、先進諸国が中国に対する足並みを揃えた際には、国際世論の駆け引きにおいて不利な状況に追い込まれた感がありました。

中国にとってバイデン政権は、トランプ政権に比べて与しにくい相手ですので、現在、「人類運命共同体」をキーワードに「一帯一路」関係国および周辺国との関係再構築に動き出している部分があります。他方で、アメリカとの対立構図が徐々に明確になるのと並行して、中国国内では「中国の制度は西側より優れている」とする言説が増加しています。コロナ・パンデミックを経て、感染を効率的に抑えた成果に対する自信と、いわゆる「西側」に対する対抗意識を助長する世論誘導の結果と考えられます。

**佐橋**　白石先生が指摘されたように、継続するアメリカ社会の変動、例えば格差問題や民主党左派の動きなどが対中政策に影響するという考え方もあると思います。この長期的なアメリカ社会の変化は中国ではまださほど議論されていないのでしょうか。

**江藤**　中国はアメリカの社会や政治の動態について非常によく分析しています。中国のトップレベルの研究者と議論した印象では、その理解の深さは日本のトップレベルおよびアメリカの研究者と遜色がありません。アメリカ社会での分断が続くであろうこと、それが中国問題に影響するであろうことは理解しています。

一方で、中国側は少子高齢化問題がこれまでの想定以上に早く訪れると予想されており、時間が限られている側面があります。中国のGDP（国内総生産）が二〇三〇年頃にはアメリカのそれを追いこすという予測も、アメリカ経済が減速すれば前倒しになり得ますが、同時に中国の経済減速も早まるかもしれないと指摘されています。そのため、時間軸を以前よりも少し短縮して捉えている部分もあるかと思います。

中国は、自身が有利だと予測される二〇二〇年代後半までに、アメリカに対する構造的な優位性を作り上げ、中国の経済的強さにアメリカでも逆らえない段階まで到達できれば、各種の問題においてアメリカからの妥協を引き出すことが可能だと見込んでいると考えられます。二〇二〇年四月には習近平国家主席が、世界の産業チェーンの中国依存を高めて外国による供給停止に対する反撃能力を持つよう指示していました。その実現という目標もあり、長期的な戦略も踏まえたうえで、周辺国を巻き込んだ経済圏構築や国際社会への影響力の強化を目指している状況かと思います。

**白石**　アメリカの大戦略の転換を長期的な観点から見ると、二〇世紀初頭、フォーディズムなどとの関連で語られた「アメリカ化」、これは古矢旬さんの指摘するとおり、自由で豊かな生活を享受できるようになること、その意味で中産階級になることが「アメリカ化」でした。しかし、一九八〇年代、レーガン政権の頃から一九九〇年代のクリントン時代にかけて「グローバル・エリート」が登場し、国境を超えた資本の自由な移動、通商自由化など、グローバル・エリートが生まれてくるような世界的なシステムを作ることがアメリカのヘゲモニーを維持することにもなる。そういう意味で、新しい「アメリカ化」の観念に根ざした「グローバル化戦略」が冷戦終焉後、アメリカの大戦略の基本に据えられたと考えています。

アメリカの対中政策は天安門事件後の紆余曲折を経て、クリントン政権の二期目である一九九六年頃に「関与とヘッジ」で落ち着きますが、中国からアメリカの大学への留学生はこの頃から急増します。ゴールドマン・サックスが中国に入るのもこの頃です。その結果、あとになって振り返ってみると、こういうことだったのかとわかっただけのことで、一九九七―九八年のアジア通貨危機や二〇〇一年の中国のWTO加盟のときにわかっていたとは言いませんが、アメリカのエリートはこの頃、我々の言う「Anglo-Chinese（アングロ・チャイニーズ）」、つまり、中国語と英語のバイリンガルで、アングロ・サクソン的なものの考え方を理解できる人たちがエリートとして中国の政治と経済を支配するようになれば、中国も民主主義と市場経済になる、と考えていたと思います。実際、江沢民から胡錦濤の時代はそうなりそうだった。しかし、習近平はその先には一九九〇年頃に語られたのとは違う意味で「和平演変」があると考えたのかもしれない。中国における所得格差、資産格差はすでにアメリカ並みか、それ以上になっていて、それが党国家のシステムを腐らせている。この三〇年にわたるグローバル化の生み出した矛盾に対応しないと社会がもたない。もちろん党国家体制も危うくなる。そういうところまできているのではないか。こういう大きな歴史の動きを頭のどこかに置いておいた方がよいように思います。（なお、「アングロ・チャイニーズ」については、白石隆、ハウ・カロライン共著『中国は東アジアをどう変えるか――21世紀の新地域システム』二〇一二、中央公論新社参照）

**江藤**　白石先生のご指摘に関連して、欧米社会においても経済活動のあり方に対する認識がここ数年で変化してきたのではないかと感じます。ESG（環境、社会、ガバナンス）や企業の社会的責任（CSR）など、気候変動問題や人権問題に代表される世界的な共通課題に対して善となる倫理を、企業も行動規範として取り入れるべきだという議論が広がってきました。これまでは市場メカニズムに則った効率的な経済活動を目指す競争意識が強かったと思いますが、潮流が変わってきました。

しかしながら中国社会は、こうしたグローバリズムからの変転を簡単には受け入れない部分があるでしょう。表面的には環境問題への対応や国際ルールに従うことを表明しますが、実績主義が強い社会でもあり、実際はとにかく経済競争に勝たなければだめだというメンタリティが非常に強いのではないかと思います。習近平政権は各種の規制を打ち出し「共同富裕」を謳うなど、グローバリズムがもたらした格差社会の改善を称揚していますが、人々の意識がすぐに変わるとは思えません。一方で若者の間では行きすぎた競争を嫌う「寝そべり主義（躺平）」が広がるなど、新たな社会的な課題も生じています。中国当局も頭を悩ませているところでしょう。

**佐橋**　欧米諸国や日本はグローバル化時代の資本主義のあり方を変化させ、グリーンやサスティナビリティ、最近では、ESG投資の考え方などを用いて新しいタイプの資本主義を模索しようとしています。江藤先生の指摘によると、中国は旧来の資本主義にこだわっている、止まっているところがある。さらに言えば、中国では金融を含め、市場経済への政府の介入が目に見えて増えています。もともとはアメリカも中国もグローバリズム、アメリカ化、それに対応した資本主義のあり方を意識している点で共通項も多かったと見られていたわけですが、イメージされる資本主義のあり方が変わり、両者の間に違いが広がっている、と見ても良さそうです。

## 2　バイデンの世界観、習近平の提示するビジョン

**佐橋**　バイデン政権は外交・国内政策などにおいて中国を明らかに意識して政策を展開していると思います。国家安全保障政策指針（暫定版）のなかでも明確に中国が唯一の競争相手であると初めて記載されました。こうしたバイデン政権の対中姿勢や全般的な姿勢をどうお考えですか。そして、それは実現可能なのでしょうか。

**白石**　冷戦が終わり、グローバル化の進行するなか、世界経済は大きな変化を遂げました。経済規模の国際比較で購買力平価を使った場合、人口が大きく効きすぎるので、私は名目・ドル表示のGDPを指標としていますが、それを見てもG7が世界経済に占めるシェアは二〇〇〇年の六五％から現在では四五―四六％まで落ちています。その一方、二〇〇〇年には途上国経済のシェアは二〇％程度でしたが、中国ほかの新興国の台頭で、現在では途上国・新興国のシェアは四三〜四四％に伸びてきます。つまり、世界的にも、アジア・レベルで見ても、富と力の分布は大きく変化しています。

世界政治を考えるとき、この大きな趨勢は非常に重要です。バイデン政権は米中の戦略的競争を「民主主義対権威主義」というかたちで整理しようとしていますが、これはわかりやすいし、アメリカ人に説明するにはそれでいいのでしょうが、正直、誤解を招くと思います。新興国はブラジル、トルコ、南アフリカ、インド、インドネシア、ベトナムなど、どの国を見ても、政治体制も違えば、産業構造も違い、外交・安全保障政策も違う。共通しているのはすべて「自国ファースト」だけです。こういう国のなかには確かに次第に権威主義的になっている国もあります。しかし、だからといって、中国の同盟国になるわけではない。新興国はグローバル化の恩恵を非常に受けてきました。しかし、現在の世界秩序、地域秩序は自分たちが作ったものだとは考えていない。また、ナショナリズムが強く、この二〇〜三〇年、経済が成

長して、所得が伸び、生活水準も向上したために、期待も大いに膨らんでいる。ということは、逆に言えば、より良い生活という国民の期待に応えられないと政治はすぐおかしくなり、そういうときには、そもそも大国主義的な、あるいはすぐお説教したがる国をターゲットに「敵」を求める誘惑も大きくなる。

こういうときにＣＯＶＩＤ-19の感染症危機が起こった。今、多くの国では、政府が大規模な財政出動を行っています。感染症危機が始まったときには、ワクチンが普及して、治療薬が出てくれば、二〇二三年頃には世界経済は成長軌道に戻るだろうと考えられていました。しかし、感染症拡大の波が次々と来て、もう少し時間がかかるかもしれない。また、回復は確実に不均等となる。東南アジア諸国の経済データを見ていると、フォーマル・セクターとインフォーマル・セクターの所得格差は確実に拡大しています。また、家計も企業も蓄えが減って、余力がなくなってきています。一方、アメリカの景気はこれから回復する。来年には金利もおそらく上がり始める。そうなると、新興国から資金が流出し、(対ドルで)通貨が下がって、新興国としても金利を上げざるを得なくなるかもしれない。国によってはマクロ経済運営が危機的になるところも出るかもしれない。そういうときに、ＩＭＦ、さらにはアメリカ、日本、欧州諸国がどう対応するか、中国が何をするか、よく見ておく必要があります。

中国の輸出を見ると、ＡＳＥＡＮ(東南アジア諸国連合)への輸出額はアメリカ、欧州への輸出額よりも大きくなっています。政策的にどこまで体系的にやれているかは別として、先進国はだめでも、途上国・新興国を押さえれば、アメリカとの戦略的競争に勝てる、そう考えているのではないでしょうか。「一帯一路」、特に最近のスマートシティ関連の協力(5G、クラウド、スマート・カー、スマート・グリッドなど)はその一環として技術基盤を押さえようということだろうと見ていますが、これは相当に独りよがりのところがあると思います。

一方、バイデン政権は、地政学的に、南シナ海と台湾を明示的に重視するようになっています。台湾次第で、日本も含め、東アジアの安全保障環境はラディカルに変わりますから、これは当然とはいえ、大いに歓迎です。

もう一つの問題は技術優位の問題です。世界が「アメリカ陣営」と「中国陣営」に分かれていく、そういう意味で「デカップリング」という言葉がよく使われますが、これもあまりに単純化されすぎていると思います。半導体産業では確かにサプライチェーンが再編され、ＴＳＭＣが最先端の半導体を中国で生産する可能性はなくなりましたし、装置、素材のところでも、それに応じて、サプライチェーンはごく少数の国の企業で担われることになると思います。しかし、これからは技術優位をめぐる競争だ、半導体だけでなく、自動化でも、ＡＩ・ロボットでも、量子でも、ナノでも、バイオでも、サプライチェーンの再編が同じように進むかと言えば、それは違うだろう。基礎科学も違う話でしょう。あたりまえのことですが、すべての技術は両用で、私は「dual use technology」という概念自体、もうほとんど意味をなさなくなっていると思いますが、そういう時代の技術管理をどうすればよいかというのは大変な問題だと思います。これだけ急速に技術が進歩しているときに、個別分野ごとに技術管理ができるのか。むしろ、エンド・ユース、エンド・ユーザーに注目して管理した方がわかりやすいかもしれない。中国のように一方的にとる、出す方は徹底的に絞る、というのは、長期的に決してうまい戦略とは思えません。

　また、途上国・新興国では、例えば5Gでファーウェイのシステムが入りはじめていますが、これが将来、どこまで進むのか、ゲームはまだはじまったばかりだと思います。5Gシステムにおけるファーウェイの強みは価格ですが、5Gシステムは別にフルセットで入れる必要はない。モジュール化し、ハイブリッド化して、いろんな国のいろんな企業の製品が参入できるようにすれば、安全保障上もプラスです。そうなるとゲームのやり方も変わります。ファーウェイの5Gシステムを入れてもよいと言っている国と入れないと言っている国を色分けすると、大体、ユーラシア大陸対海洋世界になりますが、それではユーラシア大陸がすべてファーウェイの5Gになるかというと、おそらくそうはならない。数年すると、景色はずいぶん違うのではないかと思います。

**佐橋**　白石先生の挙げられた点について、江藤先生はいかがでしょうか。

**江藤**　「民主主義対専制」というバイデン政権の言葉遣いについては、G7コーンウォール・サミットに臨むにあたり、ワシントンDCのシンクタンクにヒアリングがあったそうです。ある主要シンクタンクのウェビナーでは、これは発言者の見解ですが、ほぼ一〇〇%の回答がこの言葉を使うべきではないと進言したにもかかわらずバイデン政権はこれを打ち出した、との批判がありました。反対派の考えは、白石先生のご指摘のように、東南アジアなどの現状に合致せず一部の国々が反発するかもしれないという分析や、世界を二分するような議論に建設的な発展はないという指摘でした。

　逆に、この言葉の使用を支持する側の考えは興味深いものでした。中国という対抗相手がいて、「我々には力があるから追いて来い」では求心力が続かない、という議論です。何かしらのビジョンや共有する価値観を前提とした枠組み作りが望ましく、なおかつ民主主義の価値はバイデン政権にとって自然に重視すべきものだと主張していました。これは、なるほどと思えると同時に、中国にとっても同じことが言えるだろうと思います。

　今中国はロシア、中央アジア、東南アジアの一部の地域、中東などとの関係強化を進めていますが、これが反米感情のみを基盤としているのであれば、状況が変われば壊れてしまうものです。中国側は、これを一つに束ねる紐帯となる価値を模索しているところだろうと思います。

　中国は国内向けには「社会主義の核心的価値観」を強く打ち出していますが、

バイデン大統領が半導体など19社の企業と意見交換する、いわゆる半導体サミットの一場面、2021年4月12日。（写真提供：Pool／ABACA／共同通信イメージズ）

外交上は「全人類共通の価値」という言葉を使っています。これは中国側の説明によれば、「平和、発展、公平、正義、民主、自由」の六つの概念からなり、いわゆる普遍的価値という一部の国が主張する政治的な言葉とは違って、中国を含むすべての人類が共有する価値観だとされています。実際には、二〇一五年に習近平国家主席が「全人類の共同価値」を提示したことから用いられるようになったもので、「人類運命共同体」という中国が掲げるビジョンにリンクする政治的な言葉です。こうしたナラティブや認識における競争というのも、米中対立を特徴づける一側面であろうと思います。

　その前提で、具体的に何がこの競争のうえでの大きなゲームチェンジャーになるかと考えると、やはり先端的なイノベーションやインフラ提供に資する技術でしょう。どちらが技術覇権を握るかは大きな意味があると思います。個人的には、デジタル通貨と5G、測位システムがポイントになるかと思います。

　5Gについては、白石先生が詳しくお話してくださいましたが、デジタル通貨は、現在のドル中心の国際金融システムに新しい形の決済システムを持ち込むことができる、中国の起死回生の一手となる可能性があるものです。すでに中国国内で実証実験が進んでおり、世界的に注目を集めています。また中国の衛星測位システム「北斗」については、とりわけ自動運転システムの競争に関連して大きな焦点となるでしょう。中国の測位システムを搭載した自動運転車が世界中で走ることになれば、各国の「北斗」システム導入などのインフラ整備やデータ収集など、安全保障上もきわめて大きな意味を持つ決定打に繋がります。技術覇権の行方が見通せないなかでは、この決着が着くまでの一〇年、二〇年を単位とする競争を前提に考える必要があると思います。

## 3　米中対立と先端技術

**佐橋**　中国は技術覇権への戦略のなかで、技術分野の多くにまたがって国際的な「標準」を作る活動にもかなり注力しているように見えます。そうした動きは、今どのような形で進んでおり、中国の政策のなかではどのような意味を持つのでしょうか。

**江藤**　国際標準に関しては、日本で「規格」と呼ぶ製品規格の問題と、ルールやシステムの導入の問題、二つのレベルで議論があるかと思います。

　前者に関しては、中国はＩＳＯ（国際標準化機構）、ＩＥＣ（国際電気標準会議）、ＩＴＵ（国際電気通信連合）などの国際標準化組織に対して多数の事務局幹部や専門家を供給し、新規提案をするなどアジェンダセッティング能力を高めてきています。つまり中国が自国の製品に基づいて国際規格を設定したいと考えた場合に、提案が通りやすい環境を整えてきています。後者のルールやシステムについては、技術の発展と併せて積極的に取り組んでいるところです。中国政府は「中国製造２０２５」の後継プロジェクトと言われる政策「中国標準２０３５」の検討を二〇一八年頃から進めてきました。この検討は二〇二〇年一月にプロジェクトとしては終了、「国家標準化発展戦略研究」に引き継がれて二〇二一年一〇月に「国家標準化発展綱要」という文書が発表されました。同文書では二〇三五年までに「中国の特色ある標準化管理システムを完備する」ことを目標として、科学技術や産業促進、エコ、社会建設など広範な目標が示されました。「国内と海外の標準化の相乗効果を促進する」ことや、国際的な標準化活動への積極的参加も謳っています。ただし「中国標準２０３５」という特徴的な表現は用いられず、当初は明白であった軍民融合の色彩も薄くなって、かなり穏当な文書になった印象です。昨年三月に発表された「十四次五か年計画」のなかの「国際国内双循環」の項目にも「中国製品、サービス、技術、ブランド、標準の国際展開（走出去）の推進」という記載があります。政策論としては、国際経済とのリンクを強化するために中国標準の国際化、という軸に据え直したと言えます。

　ただし個人的には、これは経済領域に留まらない戦略だと考えています。例えば昨年一一月に習近平国家主席は質の高い「一帯一路」共同建設について「ハード接続（硬联通）」、「ソフト接続（软联通）」、「心の接続（心联通）」によって実現すると説明しました。これは「一帯一路」プロジェクトが単なるインフラ構築から、ルールや標準による「ソフト接続」や、価値観を共有する「心の接続」のフェーズに進むことを意味します。つまり中国は「一帯一路」を通じて、経済システムだけでなく社会の接続も進めようとしているように聞こえるのです。その最終的な青写真はおそらく「人類運命共同体」ですが、これを是とするか非とするかは、立場によって見方が異なる難しい問題です。

**佐橋**　白石先生、米中による技術やインフラにおける優位性や標準を確保するための競争に対して、新興国はそれに是々非々で対応していきそうなところもあるように思います。この競争は今後どうなると考えればよいですか。

**白石**　アメリカ、中国の政策担当者はどっちかが勝って、どっちかが負ける、ゼロ・サム・ゲームだと考える傾向がありますが、スマートシティーを考えてみるとよくわかりますが、供給サイドはフルセットで入れたいと思っても、需要サイドとしてはフルセットは最も避けたい、できるかぎりハイブリッドにしたいと考えるでしょう。その結果、先端・新興技術分野できれいにデカップリングが起こるとはなかなか考えにくい。パーシャル・デカップリングという表現もイメージとしては単純すぎる。モジュール化し、ハイブリッド化して、産業ごとにかなり不均質なかたちでサプライチェーンの再編が起こるのではないか。それを産業ごとに丁寧に見ていく必要があると思いますが、とりあえず、アメリカのエンティティ・リストに掲載された中国企業のサプライチェーンがどうなっているか、見てみるとおもしろいと思います。

　中国はエコノミック・ステイトクラフト（「経済国策」、経済的手段によって国策を達成しようとすること）を多用します。しかし、そのとき対象とする産業は、決して中国の国家戦略にネガティヴな影響を及ぼすような産業ではありません。例えば、中国は現在、経済制裁措置でオーストラリアをいじめています。オーストラリア政府がパンデミックの件で中国政府の気に入らないことを国際的に提案したので、オーストラリアのいろいろな産業に打撃を与え、被害を受けた産業がオーストラリア政府に「何とかしてくれ」と泣きつくようにする、あるいは小国が何を言うかと考えて、戦狼外交式に経済制裁しているのかもしれません。しかし、おそらくは、どんな経済制裁をやれば、自分の方のダメージを小さくする一方、相手のダメージを大きくできるか、それなりに考えていると思います。そういう観点から見ると、オーストラリアへの経済制裁の場合、対象になっている産業はワインであり、大麦であり、牛肉です。消費者が広くコストを負担する一方、国策には響かない。代替も効く。経済制裁が目的達成手段としてどれほど効果的か、そもそも何が目的か、中国の場合はわからないことばかりですが、一つ、言えることは、こういうゲームは安全保障技術管理、あるいはもっと広く経済安全保障の話とは違います。日本の半導体関連技術には非常に良いものがありますが、中国がそういうところに制裁を課すということはおそらくないでしょう。

**佐橋**　おっしゃるとおりだと思います。各国への対応については、濃淡があり続けるでしょうし、輸出管理だけでなく輸入制限を含めた広義の経済制裁は、一般的な製品など非ストラテジックなところも含めて展開していくでしょう。中国では立法は進んでいて、出口管理法や中国版エンティティリストに加えて、二〇二一年には反外国制裁法、データセキュリティ法などを成立させました。実際にオーストラリア、台湾、リトアニアなどさまざまな国に荒々しく経済制裁を行使しているように思えます。代替する貿易相手が見つかる場合もあり、その効果は検証が必要ですが、そういった経済の外交利用の土台を中国もアメリカも強くしてきている以上、こうした状況は続くのではないでしょうか。

**白石**　そうでしょう。中国を見ていると、アメリカが使っているのと同じような法的・制度的準備をしておこう、そういう手段を持っておこうという発想だと思います。それはある意味、あたりまえで、なぜ日本は持とうとしないのか、こちらの方が課題としては大きい。しかし、実際に運用する能力があるかというと、それには時間がかかると思います。

**佐橋**　江藤先生はこの点についていかがでしょうか。中国は経済制裁に関するさまざまな法制を進めてきたと思います。オーストラリアや台湾、新疆ウイグル自治区、また近年はヨーロッパに対しても若干行使していますね。このやり方は今後も続くと思われますか。

**江藤**　国内法としての法整備を進めつつ、より巧みにやるようになるかと思います。これまでは、中国国内の世論統制のときにもよく用いられる手法ですが、目立つところを叩いて周囲の人々が自粛するように誘導する手法を取っていました。一方、台湾でのパイナップルやオーストラリアのワインや大麦などの事例では、日本を含めた他の国に販路を広げるなど、国内とは違って中国政府が思うように誘導できない部分も明らかになっています。またヨーロッパに対する報復措置の事例は、EUとの投資協定を凍結させる結果となり、中国にとってはむしろ痛手でした。そのため今後は効果を検討した上で、メッセージ性がよりはっきりした制裁に絞るのではないかと思います。ただし台湾問題など、中国側が反応しなければならないと判断する案件については、引き続き経済的な制裁もメッセージとして活用するでしょう。

## 4　米中対立と東南アジア

**佐橋**　両先生がご指摘されたような技術および安全保障をめぐる米中の競争、駆け引き、対立が東アジアの秩序にどういった影響を与えるかは、我々および読者の大きな関心かと思います。このなかで、バイデン政権も中国も東南アジア政策を非常に重視しているように思います。

アメリカに関しては二〇二一年夏に、ロイド・オースティン国防長官に続いてカマラ・ハリス副大統領が東南アジアを歴訪しました。中国については、ASEAN政策の強化が昨年来目立ってきているように見えます。

ただ、どちらの国においても問題があります。普遍的価値観を重視するアメリカの立場から見れば、東南アジアにおける政治状況には問題が多いと映ります。他方でTPP（環太平洋パートナーシップ）には国内政治上、簡単に戻れないこともあり、アメリカの経済外交にとって足枷となっています。中国は一部のASEAN諸国と南シナ海の領有権問題を抱えていますし、ASEAN諸国も中国には経済で依存しても安全保障までは依存したくないという心理があるように思います。米中それぞれが東南アジアを念頭に東アジア秩序を構築しようと動いている一方、それぞれの国の限界があまり変わっていないようです。ASEAN諸国は、シンガポールのリー・シェンロン首相をはじめ、多くの国が依然として米中対立に距離をとるような姿勢を見せています。

アメリカ・中国と東南アジアは現在どのような関係にあり、今後どのような秩序が構築されていくとお考えでしょうか。

**白石**　三点指摘したいと思います。一つは、バイデン政権はかなり遅いタイミングで国防長官を派遣した。アメリカの外交・安全保障政策コミュニティには北東アジアの外交・安全保障に人生をかけた人が結構います。そういう人たちは中国、あるいは、日本・台湾・韓国について、人も含め、非常によく知っている。しかし、同じような人たちが東南アジアについているかというと、いないとは言いませんが、非常に少ない。地政学的にも政治経済的にも東南アジアはそこまで重要ではないということだろうと思います。そのため、東南アジアで危機がある、政府要人が東南アジアに行くということになると、次席、あるいは次官補クラスの人がシンガポールに行く、ときにはオーストラリア政府と話をする、そういうプロセスで東南アジア政策を考えます。歴史的に見ても、ブッシュ（四三代）政権、オバマ政権の二期目、トランプ政権はほとんど東南アジアに関心がなかった。そのくせ、クリントン政権の二期目には、東アジア経済危機に際してはインドネシア、マレーシアに露骨に政治的に介入し、それも一つの理由となって、アメリカ抜きの「東アジア」を枠とする協力が進展した。アメリカのプレゼンスがなくなると困るが、信頼するかといえば、それほど信頼しないというのが東南アジアの国々のスタンスだろうと思います。

もう一つ、中国ですが、東南アジアの国々が、自分たちは将来、中国の勢力圏に入り、その政治・経済のシステムを取り入れ、ともに歩んでいく、エリートは子どもを中国で教育させる、といったことは起こるはずがないと思います。私はこういう問題を考えるときには、エリートが自分の子どもをどう育てようとするか、どんな言語を学ばせ、どこに留学させるかを見ます。長期投資として非常にわかりやすいからです。マレーシア、タイ、ラオス、カンボジアなどでは、子どもを中国へ留学させる人はいます。ベトナムはよく知りません。フィリピン、インドネシアはほとんどいません。東南アジアには権威主義体制の国もあれば、民主主義体制の国もある。しかし、どこでも、残念ながら、政治とビジネスにお金は付きもので、アンダー・ザ・テーブルで賄賂を提供すれば、政府との契約には相当効きます。中国の企業はコンプライアンスを気にしませんから、こういうやり方で有力政治家とコネを作り、お金を配り、ビジネスをやっている。インフラ・ビジネスでは、鉄道でも、発電所でも、契約して、工事して、ものを引き渡せば、それでお金は入ってきます。そのあと、メンテナンスはどうするか、債務がどうなるか、返せないときどうするか、そんなことは自分たちの知ったことではない。こういう短期のビジネスはどんどんやっている。だから、スナップ・ショットで見ると、非常に威勢がいい。しかし、それにどれほど戦略性があるのか。中国政府、あるいはシンクタンク、大学の研究所の人たちが東南アジアについてどれほど理解しているか、私は大してわかっているとは思いません。中国の人たちは、自分たちは大国だ、だから、小国は自分たちの言う通りにする、と思っている。しかし、本当にそうか。

さらにもう一つ、東南アジアの国々にとって最も嫌なことは米中対立が激化し、どちらかを選べ、と言われることでしょう。すでにＡＳＥＡＮ＋３、ＡＳＥＡＮ＋６、東アジア首脳会議、ＡＲＦ（ＡＳＥＡＮ地域フォーラム）といったＡＳＥＡＮ＋のプロセスは二〇一〇年代に漂流するようになっている。その結果、こういう場があることは大事だが、地域協力を腰を据えて議論する場としてはあまり役に立たないことがわかってしまった。では、何が重要になるか。それは東南アジアの個々の国との関係です。地図を見れば一目瞭然ですが、南シナ海の領有権問題で中国と正面から対峙するベトナムとフィリピン、東南アジアの人口と経済のおよそ四〇％を占め、地政学的にもきわめて重要な位置を占めるインドネシア、この三国に関与することは当然重要です。また、ここは議論の別れるところでしょうが、私は中長期的にはタイとミャンマーも非常に重要で、二〇二〇年代のどこかでいずれの国でも大きな政治的変化があると考えて関与した方が良いと思います。

**佐橋**　江藤先生はいかがですか。

**江藤**　中国の視点でお話をさせていただくと、ＡＳＥＡＮは二つの意味で重要です。一つは経済関係です。双循環という、国内循環を主としてそれに同期する国際循環について話す際に、東南アジア各国とのサプライチェーン拡充や「一帯一路」プロジェクトの下で発展した物流システムが想定されています。すでに「一帯一路」へ投資しているので、ここでの経済圏構築を進めて利益を回収しなければならないというモチベーションもあります。これらをテコとしたいのは間違いないでしょう。

これに加えて最近の動きとして、東南アジア諸国との関係において「運命共同体」という言葉を出してきています。単なる経済的な関係性ではなく、その先のシステムやルールの共有、さらには価値観の共有まで進めたいと考えているでしょう。東南アジア諸国のなかでは、すでにラオスとカンボジア、ミャンマーはこの運命共同体の共同建設に合意しています。ミャンマーはアウンサンスー・チー氏による合意ですので留保はつくでしょう。ラオスとカンボジアは合意文書も作成していますが、さらなる「一帯一路」強力の深化という観点、つまり経済関係の延長線上にこの言葉を捉えていると思います。しかし、中国側はおそらく政治的意味合いも含めた関係構築を進めたいと考えているでしょうし、対米関係における共同歩調をより求めるのではと考えています。

**佐橋**　江藤先生のご指摘された状況になった場合、この地域の地域主義、またはすでに存在している地域制度はどのようになっていくのでしょう。これまで東アジア首脳会議や経済のＲＣＥＰ（地域的な包括的経済連携協定）などができましたが、やはり少なからずＡＳＥＡＮの中心性のうえにこの地域では制度が重層的に組み立てられてきました。白石先生のご指摘のとおりアメリカのやり方がなかなか奏功しないのは、そのとおりでしょう。

一方、中国はASEAN関係を少なからず「運命共同体」と重視していると江藤先生から伺いました。これまでASEAN中心に行われてきた運営とはずいぶん違う気がしますが、この地域の地域秩序を作るために従前重視されてきたASEANの地域制度のようなものは、今後どうなるのでしょうか。

**江藤**　今後日本がどう動くかが非常に大きく影響すると思います。各種のFTA（自由貿易協定）などの経済的な枠組みはかなり日本が主導してきましたし、CPTPP（環太平洋パートナーシップに関する包括的及び先進的な協定）もそうです。日本がFTAを多層的に構築することで、RCEPにたどり着いた部分もあると思います。他方で日本は、アメリカとの連携に基づいたインフラ支援やQUADの協力枠組みを重視する安全保障体制へと移行する構えですので、これに対する中国からの反作用に日本がどのように対応して均衡点を見つけるかが重要なのではないかと思います。

ただし日本も中国もASEANの中心性を決して否定はしていません。中国はRCEPについて「ASEANプラスの集合体である」という言い方をして、少なくとも公にはASEANがドライビングシートに座っていることを認めています。実効性が弱い枠組みかもしれませんが、それゆえにこの形を変更することにメリットを感じるアクターは少なく、議論の場として存続するのではと思います。

**佐橋**　アメリカから見ると、ASEANの中心性や地域制度について、バイデン政権ですら懐疑的に発言をしている場合がありますが、どのようにお考えですか。

**白石**　ワシントンの人たちはASEANというと「『talk shop』だ、話をするだけで、結果は出ない」、と考えます。それは、ある意味、ASEAN、あるいはASEAN＋のプロセスがアメリカ政府の期待するようにならなかったためです。歴史的に見ると、一九八九年に冷戦が終わり、APEC（アジア太平洋経済協力）ができました。この時代、日米経済摩擦にはかなり厳しいものがありましたし、マレーシアのマハティール首相は東アジア経済グループ（のち東アジア経済コーカス）を提案していた。まだブッシュ（四一代）政権の時代ですが、アメリカには東南アジアが日本の裏庭になるのではないかという懸念もありました。そのため、日本政府とオーストラリア政府が話をして、オーストラリアがAPECを提案した。つまり、「アジア太平洋」が協力の地域的な枠組みになった。クリントン大統領はAPEC首脳会議を提案し、これをアジア太平洋における自由貿易地域形成の枠組みにしようとした。しかし、これは日本の反対もあって、うまくいかなかった。そのあと、一九九七年に東アジア経済危機が起こり、アメリカは露骨に介入した。そのため、東南アジアでは、アメリカはリスクだ、と受け止

2021年9月24日。ホワイトハウスで行われた日本・米国・オーストラリア・インドの4カ国首脳会談（クアッド・サミット）の前の写真撮影、左から菅前首相、インドのモディ首相、アメリカのバイデン大統領、オーストラリアのモリソン首相。（写真提供：© White House／ZUMA Press Wire Service／ZUMA-PRESS.com／共同通信イメージズ）

められるようになった。アメリカがリスクなら、どうヘッジするか。あたりまえですが、アメリカを外せばよい。だから、ASEAN＋3ができ、「東アジア共同体」が語られ、アジア通貨基金がチェンマイ・イニシアティヴというかたちで復活した。しかし、中国が二〇〇一年にWTOに加盟し、高度経済成長を続けた。その結果、ASEAN＋3では中国を抑えきれないというので、「東アジア」首脳会議という名前でASEAN＋6を作った。しかし、二〇〇六年頃から中国は南シナ海で力にまかせて現状を変更しようとするようになった。ASEAN＋6でも中国を抑えきれない。結局、二〇一〇年のASEAN首脳会議でアメリカとロシアを東アジア首脳会議に招くことを決め、二〇一一年から東アジア首脳会議はASEAN＋8で開かれるようになる。何のことはない、一九九〇年代初頭のアジア太平洋から一九九〇年代末、二〇〇〇年代初頭の東アジアを経て、二〇一〇年にはアジア太平洋に戻ってきた。このように地域協力の枠組みはその時々のリスクは何か、それをどうヘッジするかによって大きく決まってきた。

そのあと、プロセスそのものが変わった。確かに二〇一一年のARFで南シナ海の領有権問題は大いに議論された。しかし、二〇一二年にカンボジアで開催されたASEAN外相会議までに、中国は「ASEAN＋のプロセスは機能しない方がいい」と決めたのでしょう。カンボジアを「買収」して、ASEAN外相会議としては当初、共同声明も出せなかった。このあと、ASEANは漂流し始めました。二〇一一年、インドネシアのユドヨノ大統領が「インド太平洋」における「動的均衡」ということを言うようになったのはこのタイミングです。

このあと「インド太平洋」という言葉が広く使われるようになります。二〇一二年にオーストラリア政府が外交・安全保障戦略でこの言葉を使います。日本では安倍総理が二〇〇七年に「二つの海の交わり」という表現をしていますが、「自由で開かれたインド太平洋」を提案したのは二〇一六年です。トランプ大統領は二〇一七年にこの構想を採用した。つまり、ASEAN+のプロセスがASEANを中心として外縁的に拡がっていくプロセスで、その拡がりのなかで「東アジア」、「アジア太平洋」という枠組みが作られたのに対し、「インド太平洋」はオーストラリア、日本、アメリカ、インドという国々がQUADを作り、この枠で地域として「インド太平洋」を定義したと言えます。ということは、ASEAN+のプロセスでは（建前として）ゆるがせにできないASEANの中心性、統一性を気にせずに、東南アジアの国々に関与することもできるということです。

東南アジアの国々がASEANとしてまとまってQUADに対応することはあり得ません。しかし、インドネシアはすでに二〇一一年に大統領が「インド太平洋」の動的均衡（ダイナミック・エクイリブリアム）と言っている。そのために役割を果たす意思があるということです。だから、インドネシアはQUADに入るとは言いませんが、東南アジアの個々の国がASEANという枠を離れて、独自に動き始める可能性は大きくなったと思います。

もう一つは通商システムの問題です。この二〇年間、通商自由化と言うと、FTAと関税削減の話でした。しかし、CPTPPとRCEPがまとまり、日本でも東南アジアの多くの国でも関税引き下げを主たるテーマとする貿易自由化のプロセスはほぼ終わったように思います。日本の場合、RCEPが批准されると、自由化率は八六％になります。政治的コストを考えると、関税削減という意味での貿易自由化の限界効用は非常に小さくなっています。その代わりに、いろんな産業分野の有志連合の方が重要になるのではないか。

さらにもう一つは、東南アジアはインド太平洋の中央にあり、その地政学的重要性も明らかですが、島嶼部とベトナム、ベトナム以外の大陸部で地政学的にも地経学的にも戦略的な利益が乖離しつつあるということです。島嶼部とベトナムでは南シナ海を中心として、まさに「自由で開かれた」海の世界がきわめて重要です。一方、ベトナム以外の大陸部の国々は中国と領有権紛争を持っていない。経済的には国境を越えた広域インフラの整備で中国と次第に繋がりつつある。日本とアジア開発銀行は横の広域インフラの整備でこの地域をできるだけオープンなかたちにしようとしていますが、縦にハイウェイができ、高速鉄道ができ、モノ、カネ、ヒトがもっと来るようになると、自ずとその戦略的利益は島嶼部とは違うものになります。

**佐橋**　すると、この地域の将来は、インド太平洋といいながら分裂をしていくのでしょうか。

**白石**　インド太平洋というのは太平洋からインド洋に至る広大な海の領域ということです。この海の領域とユーラシア大陸の間、私の表現では「海洋（マリタイム）アジア」と「大陸（コンティネンタルアジア）」の間に亀裂が生じ、この亀裂が次第に大きくなっている。それが現在の世界政治の一つの特徴だと思います。欧米のメディアはまだ「西（ウェスト）」

と東（イースト）」という表現をしますが、これは冷戦時代の欧州のことでアナクロニズムです。ただ、コンティネンタルといっても、例えば、かつてコーチシナと呼ばれたベトナムの南部、タイのアユタヤから海側の地域などは歴史的には海域世界の一部で、あくまでざっくり言えば、島嶼部と大陸部という観点から整理できるというにすぎません。

また、北東アジアについて言えば、韓国は台湾と違います。私は韓国は政治的に安定し、経済的に繁栄し、非核で、中立であれば、それで結構だ、と思っています。韓国の長期計画は一九九〇年代以来、その眼差しは常にユーラシア方向に向けられています。その意味で韓国は半島にあるが、大陸世界の一部だし、その方向にますます向かうだろうと思います。

**佐橋**　中国は先ほど話題が出たように、中国ASEANとの運命共同体を提唱していますが、東南アジアを一つの面として捉えているのでしょうか。それとも、大陸と海洋という世界観を意識して、実際すでにやっていますが、ユーラシア大陸で隣接しているインドシナ半島や朝鮮半島を、実より自国に近い存在として引き付けることを進めていくのでしょうか。要はアメリカ側が海洋中心の動きを強めてくると同時に、中国の方も大陸中心の動きを強めることはあり得るのでしょうか。

**江藤**　中国における地政学の議論では、アメリカや日本と言ったシーパワーと対峙するにあたり中国はより大きなシーパワーを獲得するべきだと論じられてきました。ですが実際の外交行動を考察するにあたっては、個人的には中国とのバイラテラルな関係の強弱から実態を説明できるのではないかと思います。よく中国の国際的な秩序認識は中国を中心とする同心円状だといわれ、周辺国を重視する姿勢が指摘されます。最近は、それに加えて戦略的パートナーシップをさまざまな国と結び、地理的に近接しているわけではないが、重要でパートナーだとしている国々があります。アフリカなどの国々に対して「朋友圏」というSNS上の「友達」を意味する表現を用いるなどしていますが、これは地理的な同心円にはないが心理的に接続して近い国を意味します。

米中対立のなかで、中国が価値の観点からも重視している地域は「アジア」でしょう。研究者間で従来から指摘されている、欧米との差別化のための概念です。中国が持っている文化や習慣、伝統は西洋諸国と異なっており、その周辺国々もまた「アジア」を共有しているという認識です。多様性、ダイバーシティーを認めてもらいたい、という文脈のなかで西欧型との共有の価値、差別化両方の側面で「アジア」という言葉を使うことが定着しています。いったい何が中国とパートナーたちをつなぐ紐帯になっているのかについては、北朝鮮を例外として基本的に同盟関係を否定しますので、安全保障の紐帯ではない価値を模索しているところだと思います。

**佐橋**　中国の考えにおいて、価値規範と地政学はどのような関係にあると理解すればよろしいでしょうか。

**江藤**　地政学の概念ももちろんあり、例えば「一帯一路」の中国の行動を分析するにあたっては地政学的に合理的であると思います。経済回廊の形成やそれに伴う鉄道網の構築なども、兵站を支える軍事インフラとして理解できると指摘されています。そうした総合的な分析枠組みとして地政学の概念は有効ですが、国益を主とする現実主義的な考察になりがちかと思います。他方で、例えば「一帯一路」は経済インフラ構築としての効果も大きく、地域経済に貢献する側面もありますし、人的交流を通じた文化の交流も進みます。ひいては経済の一体化に伴うルールやシステムの共有をしたい中国としては、中国の価値規範が受け入れられ、経済活動の基盤となる「信頼性」が担保されることが重要です。言うなれば、地政学がパワーの投影の議論であるのに対し、価値や規範の共有というのはパワーの浸透を意味する議論ではないかと思います。

## 5　米中対立と各国の今後のあり方

**佐橋**　今後台湾海峡や南シナ海において危機が起こる可能性が指摘されていますが、それがこの地域にどのような影響を及ぼすでしょうか。また最後の質問として、今後アメリカ、中国、ASEANの各国、韓国が作り上げるダイナミックな国際秩序のなかで、日本はどのような外交および国内体制で挑むべきでしょうか。

**江藤**　危機についてまず例えばミャンマーのケースでは、中国は内政不干渉の立場から政権を担う対象が誰であるかは大きく問わず、国内が安定することが望ましいというスタンスをとっています。中国が注意している点はおそらく、香港問題にリンクさせないことです。人権や民主主義などの概念をミャンマー問題から香港問題へ飛び火させて一緒に語られないようにしていると感じます。民主派の人々は三本指を立てるシンボルを香港、タイ、ミャンマーで共有しており、「人権侵害」という普遍的な価値に対する挑戦として、同じ構造の問題だとメッセージを発していました。この問題の孕む重要性は、今表面的に見えているものより広範で根深いものだと思っています。

　また日本は、アジアの一員としてのアイデンティティと、民主主義のG7メンバーという二つのアイデンティティを併せ持つ唯一の国です。D10（民主主義一〇か国）になれば韓国やインドも入りますので、これら二カ国とも連携しつつ、二つのアイデンティティを積極的に打ち出すべきことが中国と対峙するうえで効果的なのですが、なかなか現実的には難しい状況です。いずれにしても、中国に対してアジア地域での経済、環境問題や災害援助での協力を要請しつつ、日本にとって必要な民主主義的ルールの共有を図ることが重要です。

　また安全保障の問題において、まず大前提としてアメリカと中国の長期的な戦略目標は対立しています。バイデン政権は軍事面では中国抑止を打ち出しながら、技術覇権争いと、民主主義と権威主義の体制問題競争でも対立を先鋭化させました。すなわち米中の競争は、どちらが国際社会を主導していくかをかけたパワーのぶつかり合いに発展しています。そしてアメリカの同盟国である日本は基本的にアメリカ側の枠組みのなかで動く、と中国は認識しています。東シナ海や台湾海峡においては緊張が高止まりし、中国に対する明示的な圧力を維持する必要があるでしょう。日本政府は二〇二二年中に、外交政策や防衛政策の基本方針となる国家安全保障戦略、防衛計画の大綱、中期防衛力整備計画を策定する予定で、この中で中国や台湾がどのように描かれるのかも焦点の一つとなります。しかし安全保障上の課題を抱えつつも、活発な経済活動やより長期的な日中関係のために、関係性を安定に向かわせる必要があります。ハイレベルでの対話を継続し、建設的な協力案を断続的に打ち出すことが効果的でしょう。その先に、日中関係の安定構造が見えてくるのだろうと思います。

**白石**　中国の台湾への介入については、本格的なものか、太平島のような局所的なところで策動するかで地政学的意味は違います。局所的な策動の場合、日本とアメリカは何をするのか、できるのか、必ずしもはっきりしません。アメリカの前方展開戦略の手直しや、日本の対応も進んでいるので、しばらくすれば、それなりの対応はできるようになると期待しますが、心配しています。

東南アジアにおける日本の最大の財産（アセット）は、日本が中国と違って信頼されていることです。これはいろんな世論調査を見ても明らかで、中国、アメリカとは比較にならないほど信頼されています。いかなる政権が成立しても、人材育成、インフラ整備などの中断には慎重だったし、直接投資も累積で見ると非常に大きい。中国、アメリカのように国内政治に介入することもない。また、日本に来ても、誰でも夜中に一人で歩けるし、忘れ物をしてもなくならない。ただ、安倍総理と菅首相を比べると、菅首相になって顔が見えなくなったという懸念はあります。国際関係が流動化すると、日本が何をしようとしているか、なぜそういうことをしようとしているのか、メッセージ性が重要になります。また、首相が何かの機会に他国の首相、大統領に電話する、そういうフットワークの良さも重要です。どこまでそれがわかっているのか、不安なところはあります。

もう一つ重要なことは、感染症危機で多くの国が大規模な財政出動を行い、タガが外れてしまったような世界で、二〇二一年の秋現在も経済回復への道筋は見えない。株式市場は活況を呈していますが、日本でも東南アジアの国でも、経済がそれなりの成長軌道に戻るのは二三年頃になるのではないか。感染症危機はすでに一年半になり、国も企業も家計も体力、あるいは余力がなくなっている。経済回復が遅れれば遅れるほど、政治的な影響は大きい。また、世界的に見れば、アメリカの景気が回復すれば、将来、金利が上がるだろうということで、資金が新興国からアメリカに還流します。資金が流出すると、新興国通貨の対ドル・レートは下がり、現地通貨で見るとドル建ての負債は大きくなり、また、経済がすでに回復していなくとも中銀は金利を上げる。景気回復はますます遅れる。国によってはこれに持ちこたえられないところも出てくる。そのとき、日本、アメリカ、中国はどう対応するのか。それほど遠くない将来、これは大きな問題になる可能性があります。

　また、中国の現指導部がこれから先、いつまでやるのかも大きな問題です。どこかで「自然」が介入してくることは常にありますが、かりに習近平がこれから一〇年やれば、世代交代は習近平の次の世代を飛び越してしまいます。私はそういう可能性は十分あると考えています。「中国の夢」を実現する戦略的好機はどんなに長くとっても二〇四五年まで、おそらく二〇三五―四〇年にこの窓は閉じてしまう。その間、日本としては、いかに正面からぶつからないよう、しかし、守るべき原則と利益は毅然と守り、中国との関係をどうマネージするか、これは死活的課題です。外交的スキルと政治的意思、それを支える大きな国民的意思が試されると思います。

---

（しらいし　たかし）
熊本県立大学理事長
専門は地域研究、国際関係論、政治学
著書に、『An Age in Motion』（Cornell Univerity Press）、『海の帝国――アジアをどう考えるか』（中央公論）、『中国は東アジアをどう変えるか』（中央公論新社）、『海洋アジア vs. 大陸アジア――日本の国家戦略を考える』（ミネルヴァ書房）、『The Phantom World of Digul』（NUS Press）などがある。

（えとう　なおこ）
学習院大学法学部教授
専門は中国政治、日中関係、東アジア国際政治
著書に『中国ナショナリズムのなかの日本――「愛国主義」の変容と歴史認識問題』（勁草書房）などがある。

（さはし　りょう）
東京大学東洋文化研究所准教授
専門は東アジアの国際関係・米中関係・国際政治学
著書に『米中対立――アメリカの戦略転換と分断される世界』（中央公論新社）、『共存の模索――アメリカと「二つの中国」の冷戦史』（勁草書房）などがある。

（※この鼎談は二〇二一年八月に収録された。）

# 大戦略の漂流
## ――冷戦後アメリカの大戦略と対中政策

前田祐司

（まえだ　ゆうじ）
防衛研究所政策研究部防衛政策研究室
専門は国際政治理論、アジア太平洋の安全保障、米中関係

### はじめに

アメリカの大戦略を突き動かすのはなにか。そしてその大戦略はアメリカの対中政策にいかなる影響を与えているのか。特に二〇一〇年代半ばから米国における対中認識の悪化は顕著であり、国際舞台での存在感を強める中国との戦略的競争が注目を集めるなか、アメリカが世界とどう向き合うのかという根本的な問いを提起する大戦略の議論が活発化しているのも自然な流れといえる。米中関係が大きな岐路に立つ今、アメリカの大戦略と対中政策の関係性について明らかにしておくことには大きな意義があろう。

本稿は①軍事・安全保障、②経済・貿易、そして③思想・価値観（イデオロギー）の三要素からアメリカの大戦略を分析し、その観点から冷戦後アメリカの対中政策を説明する。結論からいえば、冷戦終結後の三〇年間はアメリカの大戦略の漂流期であった。対ソ封じ込め戦略が役目を終えた後、軍事的安全保障に代わって短期的な経済的利害と自由主義イデオロギーに導かれたアメリカは、結果的に、中国という戦略的競争相手の台頭を自ら促した。そして特に習近平政権下で中国が国内の権威主義体制を強め、同時に独断的な外交政策を推し進めるに至り、中国の経済的自由化が政治的自由化および友好関係の恒常化にもつながるという対中関与政策の根底にあった期待は崩れ去った。この中国による「裏切り」の認識に加え、中国の急速な経済成長、軍事的近代化、技術的発展による潜在的脅威の水準が客観的に高まったことにより、ハードパワーによって立つ安全保障が再びアメリカの大戦略の方向性を規定しつつある。潜在的パートナーとして中国の成長を歓迎する関与政策への回帰不能点は過ぎた。

本稿では、まず手短かに大戦略について一般的な定義を与えてから、軍事・経済・思想の三要素から成る国益を追求するものとしてアメリカの大戦略の性質を議論する。特に、国益の中核を成す安全保障が非常に高水準で満たされたとき、副次的な経済および思想上の利益追求が長期的な安全保障を損なうかたちで大戦略を動かしてしまう「戦略的浮動」の概念を提示したうえで、その観点から冷戦後アメリカの対中政策を説明する。

## 1　大戦略とは

本稿において大戦略とは、国家目標とその優先順位を設定し、論理的整合性と合理的な費用便益分析に基づく方法と手段によってその達成を追求する道筋をいう。この定義は、変化する状況に臨機応変に対応する過程としての大戦略の一面を否定するわけではないが、一貫した目標の追求という点を強調する限りにおいて規範的な大戦略の見方に立脚している。[1]

この定義に関して、何点か補足が必要であろう。第一に、この定義は国家を主要な分析単位とする。非国家主体もまた一貫した目標追求を実践しうるが、国際政治の舞台において軍事力を含めたあらゆる類の資源を大量に動員する力を有しているのは依然として国家主体が主なためである。第二に、国家安全保障に対する主要な脅威は他の国家主体からもたらされるものとする。第三に、この定義において想定される国家目標は安全保障（主権、つまり政治的独立および領土の保全）が最低限であるが、経済的繁栄やイデオロギー的充足といった副次的目標も含んで拡大されうる。第四に、目標達成の方法と手段を策定するにあたり、それを遂行するに十分なリソースを保持しているか否か、そして期待されるベネフィットが予想されるコストとリスクに見合うか否か、合理的な計算によって調和を図らなければならない。これは不確実な環境下における限定合理性を指し、与えられた情報の中から概ね妥当な結論を導くことを想定している。

## 2　大戦略とアメリカ

アメリカの大戦略を検討するには、そこで追求される国益について整理しておく必要がある。まずアメリカの国益の核となるのは、究極的には軍事力によって担保される物理的な安全保障である。ウォルツ（一九七九）やミアシャイマー（二〇一四）が指摘するように、国家の安全が保たれていなければ他の目標を追求することもままならないのは自明である。つまり大戦略の目標は安全保障がすべてではないものの、安全保障が出発点となる。[2] さらにトルボウィッツ（二〇一一）が説明するように国内政治的な視点を加味すれば、政治的指導者は自らの権力を内外の脅威から保全するため国家安全保障を重視せざるを得ない。安全保障を蔑ろにすれば、国内の反発も避けられないからである。もっとも、孤立した地理的条件による「無償の安全保障」の恩恵により、米国の外交政策において表面的には軍事的安全保障が中心的な役割を果たさなかった期間も長い。ここで重要な点は、軍事的安全保障がつねに米国の外交政策の最前面に出てくるとは限らないものの、その他の副次的国益とのトレードオフが生じた場合、究極的には安全保障が優先されるということである。

次に、経済的利益もアメリカの外交政策において大きな役割を果たしてきた。ウォーカー（二〇〇九）によれば、アメリカ人はつねに政治経済的拡大を自らの核心的価値（＝自由）と密接に結びつけて捉えてきた。経済的拡大がアメリカの覇権の根底を形作り、また覇権が経済的繁栄を呼び込んできたのである。[3]しかし経済的利益が安全保障に資する場合と、逆に衝突する場合があることに注意が必要である。経済的繁栄はそれ自体に価値があるだけでなく軍事力を下支えするリソースでもあるため、多くの場合、経済的利益は安全保障にも資する。実際、大国は軍事的な観点のみで安全保障を捉えているわけではなく、中長期的な国力の担保となる経済的繁栄に必要な海外市場や資源へのアクセスをめぐって競争するのが常である。[4]しかし、絶対利得を得ていても相対利得の面で損失が出ている場合など、経済的利益が安全保障上の不都合をもたらすこともある。単に自分がどれだけの利益を得るかではなく、自分と相手のどちらがより多くの利益を得るかが安全保障においては重要なのである。このとき、差し迫った重大な外的脅威が存在するという認識があれば安全保障が優先される。逆に、そのような認識がなければ短期的な経済的利益が優先され、中長期的な安全保障が損なわれることがある。

最後に、アメリカの大戦略的目標を特徴づけるのが自由民主主義とアメリカ例外主義に基づいたイデオロギー的利害である。アメリカの自由民主主義的文化ないしはアイデンティティといった観念的要因が大戦略上の選択肢を制限してきたと多くの論客が主張している。[5]例えばアイケンベリー（二〇一一）は、リベラル的特徴を備えているからこそアメリカの覇権は比較的穏健かつ安定的な国際秩序をもたらしたと主張する。しかしアメリカのイデオロギーは大戦略上の制約であるにとどまらず、自由民主主義の普及を目指すという積極的な動機にもつながっている。ベッツ（二〇一二）によれば、「我々［アメリカ人］の多くは、すべての善良な外国人の秘めた内側には外へ出ようともがくアメリカ人がいるのだと思い込みがちである」。アメリカ的思想と政治体制を普及させること自体に価値があるという原理主義的観点であれ、「民主主義による平和」が安全保障に資するという戦略的観点であれ、できる限り世界に自由民主主義を広めることがアメリカの国益にかなうと見なされてきた。

もっとも、アメリカにとって「できる限り」の範囲は歴史的に一定ではなく、単に「丘の上の町」として世界に民主主義の範を示す存在であればよいとする孤立主義か、必要であれば武力行使も辞さず自由民主主義の拡大を目指すべきとする介入主義かによって、外交政策上の影響は異なってくる。アメリカ独立以降、一九世紀末までは概ね孤立主義（モンロー・ドクトリン）が支配的であったが、マッキンリー政権期の帝国主義的拡大やウィルソンの目指したリベラルな国際秩序、それに対する孤立主義的反動の紆余曲折を経て、第二次世界大戦後にリベラル国際主義（liberal internationalism）が主流となるに至った。

ただし、そうした思想上の利害が安全保障上の利害と両立しない場合もある。アメリカの自由主義覇権が第二次世界大戦と冷戦という大国間の争いの中で産声を上げた点は重要である。アメリカの指導者らが自由民主主義の推進そのものに一定の価値を見出していたのはたしかだろうが、それは同時にドイツ、日本、ソ連といった軍事的脅威に対抗するうえで内外の支持を動員する政治的レトリックとしても有用だった。しかし裏を返せば、思想的利益と安全保障上の利益がつねに同じ方向に収束するとは限らない。例えばイラク戦争（二〇〇三年〜）やアラブの春（二〇一一年〜）において中東の民主化を支援したことが、はたして米国の安全保障に寄与したかどうかは疑問の余地があろう。

### 3　戦略的浮動

前述のとおり、大戦略の核となるのは安全保障である。しかし直接かつ重大な軍事的脅威が存在せず、構造的な自助の圧力が比較的弱い環境下では、副次的国益によって大戦略が影響されうる。つまり核となる安全保障上の利益が非常に高い水準で充足されると、それは所与のものと見なされるようになり、経済的利益、そして思想的利益へと大戦略の主眼が移っていく。これを本稿では戦略的浮動（strategic drift）と呼ぶ[6]。すでに指摘したとおり、経済やイデオロギーも安全保障と無関係であるわけではない。しかし、その影響はしばしば間接的かつ長期的なものであり、まず自国の物理的な安全保障が達成されていなければ貿易や民主的価値の普及を追求することは現実的でない。安全保障上の要件が満たされていればこそ、副次的国益を追求する余地が生まれるのである。そしてアメリカは、長らく国際的に大きなパワーの余剰を享受してきた。差し迫った脅威の認識がなければ、短期的な経済・思想上の利益にいわば目が眩むようにして、中長期的な安全保障上の利益が損なわれてしまうのである。

逆に、対等な競争相手となりうる潜在的な地域覇権国が台頭してきたとき、アメリカの戦略的浮動は解消する。そもそも、アメリカは戦略的浮動を起こしやすい条件下にある。南北には深刻な軍事的脅威となりえない二つの小国、東西には広大な海洋という地理的条件により他の大国から隔離されているうえ、物的資源も国内で高い水準で充足しているため、米国の安全保障に対する直接の脅威は生起しにくいからである。しかしミアシャイマー（二〇一四）らオフショア・バランシング論者が指摘するように、ユーラシア（特に欧州または東アジア）において新たな地域覇権国が出現し、その地域のリソースを一手に動員することになれば、大西洋・太平洋を越えて西半球に軍事的脅威が及ぶリスクが現実味を帯びるようになる。海外の脅威がすぐさまアメリカに波及しうるという認識が広がったのは歴史的にいくつか重要な契機があったが、やはりドイツと日本がそれぞれ欧州と東アジアで地域覇権を確立せんとした第二次世界大戦は大きな転換点であった。[7] そしてアメリカは、世界的なコミットメントを展開する中で、海洋が天然のバリアであるだけでなくグローバルな戦力投射を可能にする「高速道路」としても機能しうることを自ら証明してきた。よってアメリカの戦略的浮動は、対等な戦略的競争相手となる地域覇権国の登場が現実味を帯びてきたとき解消していくものと考えられる。

以下で詳述するように、冷戦終結から二〇一〇年代半ばまでの期間にアメリカの大戦略は浮動し、その対中政策に経済的・イデオロギー的性格が強く表れた。それに対して二〇一〇年代後半から顕著に見られる対中政策の見直しは、中国が対等な競争相手となりうるという認識が広がり、その潜在的脅威が無視できない水準に達した結果、戦略的浮動が許容される余地が小さくなり、再び安全保障がより色濃くアメリカの大戦略に表れはじめたものと解することができる。アメリカの脅威認識の変化の過程では、経済的・イデオロギー的色彩の強かった関与政策の失敗（中国による「裏切り」）と安全保障上の脅威の増大が表裏一体に進行したのが特徴的であったといえる。

### 4 冷戦後アメリカの戦略的浮動と対中政策

第二次世界大戦以降、米国は世界に類を見ない物質的国力に相応の広範な大戦略を展開してきた。[8] しかしソ連という最大の軍事的脅威が消滅した冷戦後の世界においては、「米国があまりに巨大な力を有しているように見えたからこそ、一九九〇年代のアメリカの外交政策は優柔不断さが目立った」とブランズ（二〇一四）は指摘する。コレットとゴールドガイアー（二〇〇九）によれば、「団結して立ち向かうべき共通の脅威が存在しなかったがために、アメリカ人が結束して国益を定義することができなかった」のである。唯一の軍事的に対等な競争相手であったソ連が消滅し、また中国も経済的・軍事的・技術的にははるかに遅れていたため、アメリカの安全保障に対する明白で差し迫った脅威は考えられなくなった。その結果アメリカの大戦略は浮動し、経済的利益やリベラル思想が前面に出てくるようになったのである。

この時期、米国内では大戦略に関する議論が隆盛を見せた。一方ではサミュエル・ハンティントン（一九九三）をはじめ、国際パワーバランスにおける圧倒的優位（primacy）を維持すべきとする見解があった。ジョセフ・ナイ（一九九五）が説明したところでは、アメリカの地域的な関与を継続し米軍の前方展開を維持することは、潜在的な挑戦者に対する抑止と安定した経済的繁栄の前提条件であるというロジックである。しかし冷戦終結後の「平和の配当」を求める声にも後押しされ、アメリカ一国の優位性より多国間協調を重視する見解の方がむしろ大勢であった。「核兵器の発達、すべての先進国に普及した自由民主主義、そしてナショナリズムの減退により、大国間の戦争は考えにくくなった」からであるとジャービス（一九九三）は述べている。アメリカの国際的役割の適正なバランスをとるため、欧州、東アジア、中東といった重点地域に焦点を絞る「選択的関与」戦略や、オフショア・バランシング論が登場してきたのもこの時期である。[9] 当時のこれらの見解には、冷戦後の世界において純粋な軍事的覇権よりも経済力などの方が重要であるというテーマが広く共有されている。この時期、ジョセフ・ナイ（一九九〇）の提唱した「ソフトパワー」の概念が脚光を浴びたのも偶然ではないだろう。

冷戦終結直後の早い段階から、戦略的浮動の兆候は見られた。この転換期に政権を担ったジョージ・H・W・ブッシュ政権は、一九九二年四月に『国防計画ガイダンス（Defense Planning Guidance: DPG）』を発表し、「政治的・経済的自由、人権、そして民主的制度が繁栄する安全かつ安定した世界」の追求をアメリカの国家目標の一つに掲げた。同様に、内政・経済問題への方向転換を訴えて当選したクリントン政権が「封じ込め」に代わる新たな外交政策スローガンとして掲げた「拡大（enlargement）」も、自由主義経済とアメリカ的価値の普及を多分に含意したものであった。当時の国家安全保障担当補佐官アンソニー・レイク（一九九三）の言葉によれば、それは「世界の市場経済民主主義による自由な共同体の拡大」を指すものであった。また国務副長官ストローブ・タルボット（一九九五）によれば、NATOの東方拡大もまた「民主主義的・市場主義的改革へのコンセンサス」を確固たるものとする政策であった。政治経済的グローバル化の中で、海外市場の開放性を維持拡大していくことが米国内経済の発展にもつながる主要な利益と捉えられたのである。

そして、こうした経済的・イデオロギー的色彩の濃い大戦略が対中政策においても顕著に影響を及ぼし始めた。積極的関与によって中国の自由化・民主化を促し、中国の将来像を形作るという発想によって対中政策が動かされていったのである。無論、アメリカ的価値の影響は対中政策の文脈において多義的であった。例えば一九八九年の天安門事件など中国国内の人権侵害を深刻に受け止めた民主党議員らは、中国に対する最恵国待遇の撤廃を主張した（もっとも、この動議はブッシュの拒否権発動により阻止されている）。しかし冷戦終結後のアメリカの勝ち誇った楽観主義は、積極的な関与によって中国をリベラルなグローバル化の流れに取り込み、好ましい方向へ導くことができるという根拠のない期待を生じさせた。これはライト（二〇一七）が「統合の神話」と呼ぶものである。現在の中国には好ましくない面もあるが、辛抱強く付き合っていけば教化することができるという楽観的期待が蔓延していたのである。

対中貿易の維持拡大を望む米財界の強いロビー活動もあり、クリントン政権は当初追求していた中国の人権問題改善と経済関係拡大とのリンケージを放棄し、「建設的関与」の継続を決めた。クリントン政権期には李登輝の訪米や台湾海峡危機、在ベルグラード中国大使館に対する米軍の誤爆など、米中関係に外交的緊張が走る事件もあったが、全般的な関与政策を脱線させるほどのインパクトを与えることはなかった。そしてこの流れを加速させ、かつ象徴したのが中国のWTO加盟であった。当時、通商代表部次席として対中交渉を担っていたジェフリー・ベイダー（二〇一二）によれば、天安門事件などの影響が米中間の関係深化を根本的に揺るがすべきでないという判断が働いていた。結局、中国の将来像を形作るという期待感に基づいたリベラルな対中政策は、オバマ政権期まで続いた。二〇〇〇年代が終わりに近づいたタイミングでも、「米国の対中政策は、中国の将来的なふるまいや米中関係の内容や性格に大きな影響を与え続けるだろう」というメディロス（二〇〇九）のような見方が主流だったのである。

　こうした米国の関与政策を利用し、中国は鄧小平以来のいわゆる「韜光養晦」（能力を隠して時機を待つ）方針を追求した。「平和的発展」を掲げて外交的には安心供与を行い、経済関係の深化を求める反面、軍事的には接近阻止・領域拒否（A２／AD）能力（中国の見方では「対介入能力」）を着実に発達させ、徐々に米軍の戦力投射能力を相殺しようとしてきたのである。これに対して米国ではクレピネヴィッチら（2003; 2010）が中心となって中国のA２／AD能力に対抗する「エアシー・バトル」作戦構想なども議論されたが、むしろ中国本土への打撃作戦を含意する同構想が中国への配慮に欠けるとして米国内でも大きな批判を受けたのは象徴的といえる。「アメリカが中国を敵として扱えば、本当の敵になってしまう」という、オハンロンとスタインバーグ（二〇一二）に代表される戦略的再保証の発想が強く作用していた。

### 5　リベラル国際主義への反動

　軍事的安全保障が軽んじられたという見方に対して、同時多発テロ事件（9・11）後にジョージ・W・ブッシュ政権が打ち出した「対テロ戦争」は安全保障を主眼とした大戦略であったとする反論もあろう。しかし、アメリカ的思想の奇妙な影響はここにも見て取れる。そもそも振り返ってみれば、テロリズムは大戦略レベルでの対応を要するほどの脅威ではなかった。ベッツ（二〇一二）が指摘するように、「9・11は重大な惨劇ではあったが、通常の軍事的な観点からいえば限定的な規模だった」のである。むしろ国家レベルの重大な脅威が存在していなかったがゆえに、目先のテロリズムに過剰反応したという方が正しい。そのうえイラク戦争に至る意思決定過程では、イラクを手始めに中東全体の民主化を促進するという、安全保障の範疇を超えた極めて野心的なイデオロギー的目標があったことも否定できない。例えばデッシュ（二〇〇七）は、ブッシュ政権のネオコン的一国行動主義について、冷戦後の国際システムにおいてアメリカが強大であったがゆえに、民主主義を拡散するという自由主義的外交政策の衝動に歯止めが利かなくなったものと評している。そしてイスラム過激派とテロリズムがアメリカ人の「生き方」（"American way of life"）への最大の脅威であるとするイデオロギー的視点からは、中国という国家主体のおよぼす脅威は相対的に軽んじられてしまう。

　実際、いわゆる自由主義覇権に対する批判にはあらゆる方向から批判が集まっている。ミアシャイマーやウォルトに代表されるリアリストらは、戦略的価値の乏しい周辺地域における積極的介入はアメリカの国益に資さないどころか逆効果であるとして異口同音に反対している。[10] クラズナー（二〇二〇）は、世界をアメリカの思うままに作り変えようとするのでもなく、諦めて閉じこもるのでもなく、ありのままの世界を受け入れて共存すべきと指摘する。より革新的な観点からウォーカー（二〇〇九）は、個人の自由を重んじるアメリカの核心的価値観が帝国主義的な「安全保障精神」ないし「戦略的グローバリズム」によって歪められ、覇権主義的外交政策に利用されていると嘆く。[11] アメリカの孤立主義に関するカプチャン（二〇二〇）の最新の研究によれば、

> （NATOの東方拡大に起因するロシアとの対立、経済的関与による中国の台頭、そして中東への長引くコミットメントなど、）これらの戦略的失策は、世界情勢を形作るアメリカの力に対する過信とイデオロギーの行きすぎの産物であった。一九九〇年代から、パックス・アメリカーナの理想主義的野望は現実主義の抑制を受けることなく、一連の戦略的過剰拡大を引き起こした。今日のアメリカ人は、この戦略的過剰拡大に反応している。世界をアメリカの思うままに作り直そうというのは、損失ばかりがかさむ無駄な試みであると分かったのである。その結果、国際主義から孤立主義へと振り子が戻りつつある。

## 6　悪化する対中認識、そして戦略的浮動の終焉

そうしたアメリカの理想を世界に投影する発想の挫折が、二〇一〇年代後半に顕著となった対中認識の変化にも表れた。キャンベルとラトナー（二〇一八）の表現を借りれば、中国の経済的自由化が政治的自由化にもつながるという期待が裏切られたことのみならず、そもそも中国の大戦略がアメリカの経済関与を利用しこそすれ、それによって方向づけられるものではないという事実に「目覚めた」のである。かつてジョージ・W・ブッシュが「潜在的競争相手」と呼んだ中国は、もはや経済的にも軍事的にも「潜在的」ではない競争相手へと変貌した。アメリカが安全保障を半ば所与のものとして享受できた時期は過ぎ、経済的利益や思想的価値の追求は次第に背景へ退いていく。

例えば、かつてはポジティブサム的な米中協力を象徴した経済分野で、トランプ政権が巨額の貿易赤字や知的財産・技術の窃取など、ゼロサム的な競争の側面を強調したのは意義深い。「我々は自らの雇用を失い、自らの基盤を失い、自らの富を失っている」というような、重商主義的な勝者と敗者の構図で貿易関係を捉えるトランプの見方は多くの米国民に受け入れられた。パリ協定への復帰やメキシコ国境での「壁」建設中止といった反トランプ政策に特徴づけられるバイデン政権でさえ、対中経済制裁についてはそのまま踏襲している点は特筆すべきだろう。バイデン政権が二〇二〇年三月に発表した『暫定国家安

全保障戦略ガイダンス（*Interim National Security Strategic Guidance*）』（以下、『暫定ガイダンス』）は、「経済安全保障が国家安全保障である」とし、国際的な貿易・金融の取引制度が米国の利害を損なわないよう働きかけていく方針を打ち出している。

同様に安全保障分野でも、大きな認識の転換がみられる。トランプ政権下で発表された『国家防衛戦略（NDS）』は、「テロリズムではなく、今や国家間の戦略的競争が米国の国家安全保障における最大の懸案である」と宣言した。このような認識は、『暫定ガイダンス』において「世界のパワー分布が変化し、新たな脅威が生じている」とするバイデン政権にも引き継がれている。「中国は、その経済・外交・軍事・技術の力を結集して、安定的かつ開かれた国際システムに対して長期にわたる挑戦を突きつけうる潜在能力を持つ唯一の競争相手である」と断定している点は特筆すべきである。バイデン政権はオバマ政権との連続性を強調されがちであるが、公式の政策文書で中国を名指しで脅威とする姿勢は、やはりオバマ政権時代とは一線を画したものといえよう。このように、経済成長と並行して軍事的近代化を押し進めてきた中国の潜在的脅威が無視できない水準に達し、再びハードパワーによってたつ安全保障がアメリカの大戦略に強く表れ始めている。

無論、これは経済や思想的価値の要素がアメリカの外交政策から消滅することを意味するわけではない。実際、バイデン政権は香港での弾圧や新疆ウイグル自治区でのジェノサイドといった中国の人権問題を非難し続けている。二〇二一年三月に発動した経済制裁が中国経済全体を封じ込めるような性質のものではなく、新疆の中国共産党幹部らを直接標的としていることからも分かるように、少なくとも一定程度は人権問題自体がアメリカの対中政策に影響を与えて続けているのは事実であろう。先に述べたとおり、戦略的浮動の終焉が意味するのは、安全保障競争がすべての政策の細部まで決定するということではなく、安全保障上の利害と矛盾しない限りにおいてのみ副次的国益が追求されうるということである。大戦略上の優先順位がより明確に認識されるようになり、経済関係も価値観外交も安全保障を損なわない範囲で継続する。

この観点では、アメリカ流の普遍的価値やルールに基づく国際秩序の推進も、戦略的競争における一つの政策手段と捉えることができる。ラスカレッツ（二〇二〇）によれば、国際秩序とはすべての国々を利する包摂的なものではなく、時の覇権国が自らに対する脅威を排斥するため恣意的に構築するものであり、アメリカ主導のリベラルな国際秩序も例外ではない。国際的に共有された価値（「自由で開かれたインド太平洋」）を強調して同盟国との結束を強めること、そうした価値に反する中国の人権問題を批判して中国共産党体制の正当性に疑問を投げかけること、そして巨額の貿易赤字を生み出してきた従来の自由貿易慣行を見直すことなど、国際秩序をめぐる争いは戦略的競争の一側面といえる。

もちろん戦略的競争がアメリカの大戦略および対中政策の方向性を規定するとしても、その競争の方法には複数の可能性が残っている。二元論的にいえば、地域諸国により大きな責任分担を求めて米国自身の競争力を保全する一国主義路線と、既存の同盟・パートナーシップを維持強化して米国のリーダーシップを発揮する国際主義路線がありうる。カプチャンとトルボウィッツ（二〇一〇）が懸念するように、国際環境の変化とはある程度独立してアメリカ内政の二極化・不安定化によって伝統的な自由主義的国際関与への支持が衰えているとすれば、バイデン政権の誕生によって後者の道筋が固まったとみるのは時期尚早であろう。

しかし、アメリカの大戦略における軍事的安全保障の重要性が高まれば高まるほど、そして主要な脅威として中国の存在感が大きくなればなるほど、アメリカは長年維持してきた同盟網の価値を再発見することになるだろう。実際、一国主義を掲げたトランプ政権ですら日米同盟を堅持し、この同盟網が中国にはない米国の強みであると国防省もたびたび指摘してきた[12]。無論、国防省には世界的な同盟網を維持することで政府内の莫大なリソース配分を確保するという組織的利害も絡んでいる。とはいえ、東アジア全域を影響下に収めた地域覇権国が西半球に戦力投射を行うという究極の安全保障リスクを考慮すれば、アメリカはただ座してそれを待つよりもアジアの前線地帯で競争を展開する方を好むだろう。そして中国に脅威を感じる日本などの地域諸国がより積極的に連携強化を求めてくるとすれば、アメリカにとっても対中競争における最良の条件が揃っていることになる。

## 7　日本から見るアメリカの大戦略

アメリカの戦略的浮動の終焉は、日本の防衛政策の観点からも深い意義を有している。中国による地域覇権確立を阻止するうえで日本の地政学的価値は極めて高く、アメリカにとっても日米同盟は不可欠な資産であり続けるからである。歴史上の類推を用いれば、第一次世界大戦劈頭にドイツがベルギーを占領して英仏海峡沿岸に達するのを阻止するため、イギリスが介入を余儀なくされたのと同様の理屈である。イギリスは開戦してから急ぎ遠征軍を送り込まなければならなかったが、もし平時から現地に部隊が配備され、友軍とスムーズに連携できる態勢が構築されていたとすればその方が軍事的には好ましかったであろう[13]。沖縄の海兵隊を含む米軍の前方展開は、いわばそれがすでに実現している状態にあり、米軍と自衛隊の防衛協力も着実に進展している以上、この強固な抑止態勢を進んで手放す理由はアメリカにもない。

無論、だからといって日本がアメリカに安全保障の責任転嫁（バックパス）を行うことができるわけではない。中国に地理的に近接し、事実上の領土紛争も抱えている以上、日本の自助努力は不可欠である。しかしアメリカにとっても対中戦略競争が最優先事項となる以上、仮にまたアメリカの一国優先主義が頭をもたげてきたとしても、日本の対米的な立場は必ずしも弱いものではない。この点では、いくつか具体的な政策上の影響が考えられる。例えば、在日米軍駐留経費の日本側負担を増額する必要は今後も薄いだろう。また、ＦＭＳ調達における価格低減の働きかけもより積極的に行っていく余地があろう。米国としても、日本が自主路線を模索しないよう過度な要求を避け、自らの影響下に留めておく積極的な誘因があるからである。

また、際限のない自由貿易アジェンダに代わって経済安全保障が注目を集めているように、安全保障が経済に優越するという意識が強くなればなるほど、トランプ政権が重視した貿易収支問題も同盟国と仮想敵国とで扱いが異なってくる方が自然であろう。むしろ、中国の経済制裁や強制外交に屈しない「強い日本」が必要である限りにおいて対日赤字は許容されうる。日本の最大の対外直接投資先が依然として米国であり、日本の利得が米経済に還元されているとすればなおさらである[14]。

日本が限定的な遠征能力しか有さない以上、日米同盟はグローバルな視点では片務的である。しかし東アジアの局地的な視点では日米同盟は双務的であり、中国という共通の潜在的脅威に対抗するうえで日本がアメリカを必要としているのと同様にアメリカも日本を必要としている。これは、ごく短期的な視点で尖閣諸島を守るためにロサンゼルスを犠牲にするような覚悟をアメリカが持っているということではない。しかし中長期的に、中国の地域覇権が現実のものとなればアメリカ自身の安全と繁栄にも重大な脅威となる以上、アメリカは日本が地域大国として存在し続けることに利益を見出す。日本が限られたリソースで自らの安全保障を最大化するには、アメリカとの相互依存性を軍事的にも経済的にも利用していく必要があろう。

---

（1）このような規範型の大戦略観は先行研究にも多い。例えばブランズは、世界の中で何をどのような方法で達成するかに関する、確固とした目的と一貫性のある考え方とする。Hal Brands, *What Good Is Grand Strategy?: Power and Purpose in American Statecraft from Harry S. Truman to George W. Bush* (Ithaca, NY: Cornell University Press, 2014), p. 3. またポーゼンは「国民国家がいかにして安全を生み出すかに関する理論」として大戦略を捉え、脅威の特定→対策という直線的な見方を提示している。Barry R. Posen, *Restraint: A New Foundation of U. S. Grand Strategy* (Ithaca, NY: Cornell University Press, 2014), p. 1.

（2）Robert J. Art, *A Grand Strategy for America* (Ithaca, NY: Cornell University Press, 2003), p. 3. アートが挙げるアメリカの六つ国益のうち、①本土防衛と②ユーラシアにおける大戦争や競争の防止は安全保障の領域、③石油の安定供給の確保と④開かれた国際経済秩序の維持が経済の領域、そして⑤民主主義と人権尊重の理念の普及および地域紛争における大量虐殺の防止が思想の領域に属する。なお、アートは最後に⑥地球環境の保全も挙げる。

（3）Reinhold Neibuhr, "Awkward Imperialists", *The Atlantic*, Vol. 145, No. 5 (1930), pp. 670–675; Michael Mastanduno, "System Maker and Privilege Taker: US Power and the International Political Economy", in G. John Ikenberry, Michael Mastanduno, and William C. Wohlforth, eds., *International Relations Theory and the Consequences of Unipolarity* (Cambridge: Cambridge University Press, 2011), pp. 140–177; Carla Norrlof, *America's Global Advantage: US Hegemony and International Cooperation* (New York, NY: Cambridge University Press, 2010).

（4）Dale C. Copeland, *Economic Interdependence and War* (Princeton, NJ: Princeton University Press, 2015).

（5）特に、いわゆる新古典派のリアリストらがこの立場をとっている。Colin Dueck, *Reluctant Crusaders: Power, Culture, and Change in American Grand Strategy* (Princeton University Press, 2006); Nicholas Kitchen, "Systemic Pressures and Domestic Ideas: A Neoclassical Realist Model of Grand Strategy Formation," *Review of International Studies*, Vol. 36, No. 1 (January

2010), pp. 117–43.

（6）このアナロジーとして、進化生物学に遺伝的浮動（genetic drift）という概念がある。突然変異によって有意な形質の差が生じると、環境に適応している個体の方が生き残る確率が高いため、その遺伝子が次世代により色濃く受け継がれていくというのが進化論の原則であるが、個体の生存可能性に影響を与えない部分の遺伝子は、自然選択の範疇外にあるためランダムに変化（浮動）していく。つまり厳しい選択圧（淘汰圧）を課されない環境下では、必ずしも生存に役立たない遺伝子も受け継がれて個体の形質に影響を与えていくのである。なお、一般的に日本語で「漂流」という表現を用いた国際関係論の研究もあるが、総じて分析対象とする歴史的プロセスをそのように表現しているにすぎず、本稿で論じているような演繹的な説明概念とは性質が異なっている点に留意されたい。例えば、船橋洋一『同盟漂流』（岩波書店、一九九七年）。

（7）特に日本の真珠湾攻撃が契機となったとする見解としては、Patrick Porter, *The Global Village Myth: Distance, War, and the Limits of Power* (London: Hurst & Company, 2015). あるいは真珠湾攻撃より数カ月遡って、ナチスドイツがフランスを陥落させるに至った段階でアメリカのエリート層の認識が変化したとする見解もある。Stephen Wertheim, *Tomorrow, the World: The Birth of U. S. Global Hegemony* (Cambridge, MA: Harvard Belknap, 2020). いずれにせよ第二次世界大戦が契機となって、アメリカは東半球における出来事が自国の安全保障に重大な影響を及ぼしうるという認識を持つに至った。

（8）19世紀末の時点で米国は世界一の経済規模を有していたが、米国が大国としての外交政策を展開するには巨大な連邦政府組織の成長を待たなければならなかった。大戦略は国家が遂行するものである以上、国家が動員できる資源の多寡によって左右されるからである。Fareed Zakaria, *From Wealth to Power: The Unusual Origins of America's World Role* (Princeton University Press, 1998).

（9）選択的関与については、Robert J. Art, "A Defensible Defense: America's Grand Strategy after the Cold War," *International Security*, Vol. 15, No. 4 (1991), pp. 5–53; *A Grand Strategy for America* (Ithaca, NY: Cornell University Press, 2003). オフショア・バランシングについては、Christopher Layne, "From Preponderance to Offshore Balance: America's Future Grand Strategy," *International Security*, Vol. 22, No. 1 (1997), pp. 86–124; *The Peace of Illusions: American Grand Strategy from 1940 to the Present* (Ithaca, NY: Cornell University Press, 2007). 著書の中でレインは、米国が西半球の外におよぶ「地域外覇権」を追求したのは、圧倒的有利なパワーバランスによって可能となっただけでなく、米国特有の経済的利害およびイデオロギーによって突き動かされた結果であると論じる。これは本稿の主張に近いが、レインはこの戦略的浮動が第二次世界大戦後・冷戦期に生じたと論じているのに対して、本稿は冷戦終結後にそれが顕著になったという立場をとる。

（10）John J. Mearsheimer, "Bound to Fail: The Rise and Fall of the Liberal International Order", *International Security*, Vol. 43, No. 4 (Spring 2019), pp. 7–50; *The Great Delusion: Liberal Dreams and International Realities* (New Haven, CT: Yale University Press, 2018); Stephen M. Walt, *The Hell of Good Intentions: America's Foreign Policy Elite and the Decline of U. S. Primacy* (New York, NY: Picador, 2018); Christopher Layne, "The US Foreign Policy Establishment and Grand Strategy: How American Elites Obstruct Strategic Adjustment", *International Politics*, Vol. 54 (2017), pp. 260–275; Barry R. Posen, *Restraint*; Nuno P. Monteiro, *Theory of Unipolar Politics* (New York, NY: Cambridge University Press, 2014); Eugene Gholz, Daryl G. Press, & Harvey M. Sapolsky, "Come home, America: The Strategy of Restraint in the Face of Temptation", *International Security*, Vol. 21, No. 4 (Spring 2014), pp. 5–48; Stephen M. Walt, *Taming American Power: The Global Response to U. S. Primacy* (New York, NY: W. W. Norton, 2005).

（11）これに対して、分立した権力構造と共和主義思想が冷戦期アメリカにおいて中央集権的な「軍事国家」の成長を抑制したという見解もある。Aaron L. Friedberg, *In the Shadow of the Garrison State: America's Anti-Statism and Its Cold War Grand Strategy* (Princeton, NJ: Princeton University Press, 2000).

（12）例えば上述のＮＤＳに加え、『インド太平洋戦略』においてもこの点が繰り返されている。U. S. Department of Defense, *Indo-Pacific Strategy Report: Preparedness, Partnerships, and Promoting a Networked Region* (June 1, 2019).

(13) 英仏の参謀本部間で共同作戦計画の立案は進んでいたが、平時から部隊を前方展開しておく「大陸コミットメント」は英国内で政治的に不評であったため実現しなかった背景がある。また中立を国是とするベルギーからも拒否されていた。詳しくは、Michael E. Howard, *The Continental Commitment: The Dilemma of British Defence Policy in the Era of the Two World Wars* (London: Ashfield Press, 1989).

(14) 外務省の日EU経済関係資料（九頁）によれば、二〇一九年度の日本の対外直接投資のうち対米が全体の二八・七%を占める。なお対中は七・〇%である。

参考文献


Jeffrey Bader, *Obama and China's Rise: An Insider's Account of America's Asia Strategy* (Washington, D. C.: Brookings Institution Press, 2012).

Richard K. Betts, *American Force: Dangers, Delusions, and Dilemmas in National Security* (New York, NY: Columbia University Press, 2012).

Hal Brands, *What Good Is Grand Strategy?: Power and Purpose in American Statecraft from Harry S. Truman to George W. Bush* (Ithaca, NY: Cornell University Press, 2014).

Kurt M. Campbell and Ely Ratner, "The China Reckoning: How Beijing Defied American Expectations," *Foreign Affairs*, Vol. 97, No. 2 (2018), pp. 60-70.

Derek Chollet and James Goldgeier, *America between the Wars: From 11/9 to 9/11: The Misunderstood Years between the Fall of the Berlin Wall and the Start of the War on Terror* (New York, NY: Public Affairs, 2009).

Michael C. Desch, "America's Liberal Illiberalism: The Ideological Origins of Overreaction in U. S. Foreign Policy", *International Security*, Vol. 32, No. 3 (Winter 2007/2008), pp. 7-43.

Samuel P. Huntington, "Why International Primacy Matters," *International Security*, Vol. 17, No. 4 (1993), pp. 68-83.

G. John Ikenberry, *Liberal Leviathan: The Origins, Crisis, and Transformation of the American World Order* (Princeton, NJ: Princeton University Press, 2011).

Robert Jervis, "International Primacy: Is the Game Worth the Candle?," *International Security*, Vol. 17, No. 4 (1993), pp. 52-67, esp. pp. 66-67.

Stephen D. Krasner, "Learning to Live with Despots: The Limits of Democracy Promotion", *Foreign Affairs*, Vol. 99, No. 2 (March/April 2020), pp. 49-55.

Andrew Krepinevich, Barry Watts, and Robert Work, *Meeting the Anti-Access and Area-Denial Challenge* (Washington, D. C.: Center for Strategic and Budgetary Assessments, 2003).

Charles A. Kupchan, *Isolationism: A History of America's Efforts to Shield Itself from the World* (New York, NY: Oxford University Press, 2020).

Charles A. Kupchan and Peter L. Trubowitz, "The Illusion of Liberal Internationalism's Revival," *International Security*, Vol. 35, No. 1 (2010), pp. 95-109.

Anthony Lake, "From Containment to Enlargement", a speech presented at the School of Advanced International Studies, Johns Hopkins University (Sep 21, 1993).

Kyle Lascurettes, *Orders of Exclusion: Great Powers and the Strategic Sources of Foundational Rules in International Relations* (New York, NY: Oxford University Press, 2020).

John J. Mearsheimer, *The Tragedy of Great Power Politics*, updated ed. (New York, NY: W. W. Norton, 2014).

Evan S. Medeiros, *China's International Behavior: Activism, Opportunism, and Diversification* (RAND Corporation, 2009).

Joseph S. Nye, Jr., "Soft Power," *Foreign Policy*, No. 80 (Autumn 1990), pp. 153-171.

Joseph S. Nye, Jr., "The Case for Deep Engagement," *Foreign Affairs*, Vol. 74, No. 4 (1995), pp. 90-102.

Strobe Talbott, "Why Nato Should Grow", *New York Review of Books* (Aug 10, 1995), pp. 27-28.

Jan Van Tol, Mark Gunzinger, Andrew Krepinevich & Jim Thomas, *Air-Sea Battle: A Point-of-Departure Operational Concept* (CSBA, 2010).

Michael O'Hanlon & James Steinberg, "Beyond Air-Sea Battle: A Military Concept that Challenges Policymakers", *Washington Post* (Aug 23, 2012).

Peter Trubowitz, *Politics and Strategy: Partisan Ambition and American Statecraft* (Princeton, NJ: Princeton University Press, 2011).

William O. Walker, *National Security and Core Values in American History* (Cambridge: Cambridge University Press, 2009).

Kenneth N. Waltz, *Theory of International Politics* (McGraw-Hill, 1979).

Thomas J. Wright, *All Measures Short of War: The Contest for the 21st Century and the Future of American Power* (New Haven, CT: Yale University Press, 2017).

# 冷戦終結後の米軍の兵力計画の変遷

## ――中露との戦争を想定した計画への移行と今後の展望

福田　毅

（ふくだ　たけし）
国立国会図書館調査員・拓殖大学大学院非常勤講師
専門はアメリカ外交・安全保障、軍縮・軍備管理

### はじめに

本稿では、バイデン政権の安全保障政策の行方を、兵力計画とその基礎にある兵力計画構想（force planning construct）に焦点を当てて考察する。兵力計画とは、現在および将来に必要となる兵力の量と質を特定し、それに基づいた兵力整備計画を策定することを意味する。これは技術的な作業のように感じられるかもしれないが、決してそうではない。米国のような大国と言えども保有する資源には限りがある以上、外交・安全保障上の大目標を設定した上で、それを達成するために必要な兵力に焦点を絞って資源を投下する必要がある。このため、兵力計画は、国家の大戦略とも密接に連関する。また、実務的な部隊や装備の整備計画と表裏一体の兵力計画を見ることで、レトリック上の変化にとどまらない本質的な政策の変化を見極めることもできる。

兵力計画構想は、この点を一層鮮明に浮かび上がらせる。この構想は、軍が対応しなければならないと想定される戦争のモデルやシナリオを意味し、それに勝利するのに必要な兵力の整備が兵力計画の目標となる。例えば、ケネディ政権期には、欧州でのソ連との大規模戦争、アジアでの中国との大規模戦争、その他の小規模紛争の三つを同時に遂行するという構想が採用されていた。しかし、ベトナム戦争などに起因する米国の国力低下を受け、ニクソン政権は大戦略を修正し、対中接近を試みた。これに伴い兵力計画構想も修正され、主に対ソ戦を想定した一つの大規模戦争と一つの小規模紛争の同時遂行というシナリオが採用されたのである。

本書の焦点はバイデン政権に当てられているが、以下では、冷戦終結時にまで遡って兵力計画の変遷を辿る。その主な理由

は、米軍のような大組織の構造を短期間に変えることは容易ではなく、どの政権も前政権から引き継いだ兵力を土台に計画を策定・修正する必要があることや、中露との戦争を想定した計画への移行は既に二〇〇〇年代から始まっていたことにある。当然ではあるが、特定の時期の政策を考察するには、過去の経緯や歴史を踏まえなければならない。

それでは、バイデン政権の兵力計画は、どのような歴史上の立ち位置にあるのか。あらかじめ見取り図を示しておくと、まず、冷戦終結後の米国は、イラクや北朝鮮のような地域的な軍事大国（ならず者国家）との戦争を想定し、中東と朝鮮半島で二つの大規模地域紛争を同時に戦うという兵力計画構想を採用した。この構想のポイントは、それが抑止戦略だったことである。冷戦終結後も米国はグローバルなコミットメントを継続し、複数の敵と対峙することを選択した。そのような国の軍隊は、一つの戦争で手一杯になるわけにはいかない。戦争中の軍に余力がなくなれば、他の敵の行動を抑止できなくなるからである。

しかし、この構想は、段々と実情に見合わなくなってきた。9・11後の米軍は、兵力計画でも予測不可能な事態の発生を計算に入れるようになった。一方で、二〇〇〇年代になると軍近代化を進める中露への対応が課題に浮上したが、米軍はイラクやアフガニスタンで行っている現実の非正規戦（テロ対処や治安維持）の遂行を優先せざるを得なかった。オバマ政権期には、とりわけ中国の軍事力向上が顕著となる。そのため、同政権は、アジアへのリバランスや人工知能（AI）等の先端技術を活用した軍改革に着手した。ただし、ブッシュ（子）政権もオバマ政権も、同時に二つの戦争を遂行するという基本構想は維持した。それが抑止戦略である以上、米軍には一つの戦争を遂行する能力しかないと公に認めることはできなかったのである。ところが、トランプ政権は、中露いずれかの戦争のみを想定した構想を採用した。米国よりも軍事的に劣るならず者国家ではなく、近代的な軍事力を擁する大国との戦争へのシフトという点では大きな潮流に沿った動きであるが、抑止の観点からすると二つの戦争構想の放棄は劇的な変化であり、これには批判も存在した。バイデン政権の兵力計画は、この環境の下で策定されることとなる。

## 1　ならず者国家を想定した兵力計画構想の確立

冷戦期の兵力計画にも紆余曲折があったが、ソ連との戦争を遂行するための計画という点は一貫していた。そのため、冷戦が終結し、ソ連が消滅すると、冷戦期の戦略や計画の価値はほぼ失われてしまった。また、レーガン政権期の減税や国防費拡大で連邦政府の財政赤字が膨れ上がっていたこともあり、米国内では冷戦終結に伴う「平和の配当」として国防費削減を求める声が高まった。このような背景から、冷戦終結直後の兵力計画には、国防費と兵力の削減を所与としつつ、ソ連に代わる新たな「敵」（米軍の新たな存在理由）を見出し、その敵に勝利するための必要兵力を算出することが求められた。

米軍が見出した新たな敵は、米国と敵対する一連の地域大国、後に「ならず者国家」と呼ばれるようになる国々であった。ブッシュ（父）政権は一九八九年の発足当初から、ソ連以外の脅威として、リビアやイラクなどによる大量破壊兵器（WMD）取得やテロ支援等を挙げていた。その後、九〇年代前半の湾岸戦争や朝鮮半島核危機を経て、兵力計画においては主にイラク・北朝鮮との大規模な地域的戦争が重視されるようになっていく。

ブッシュ大統領は、九〇年八月二日の演説で現役兵力の二五%削減を発表した際、重要なのは量的削減ではなく質的転換だと強調し、ソ連との大規模戦を想定した兵力構成から、前触れなしに発生する地域的な緊急事態への即応を重視する兵力構成へと変化させると宣言した。偶然にも演説直前に発生したイラクによるクウェート侵攻は、緊急事態への即応態勢の必要性をまさに例示するものと解釈された。そして、湾岸戦争における鮮やかな勝利の体験――ハイテク兵器を備えた大規模兵力を投入し短期間で敵に圧勝するという戦争モデル――は、その後の兵力計画にも大きな影響を及ぼした。

ブッシュ政権期の兵力計画である基盤戦力（Base Force）構想の具体像は、湾岸戦争後に明らかにされた（詳細は福田 二〇一一）。その概要のみ記すと、まず、現役兵力と国防費は、約五年かけて二五%削減される（現役兵力は一九八九年の約二二〇万人が一九九五年には約一六五万人に）。米軍の通常戦力は、大西洋戦力、太平洋戦力、緊急事態対応戦力（米本土戦力）の三つに大別され、それぞれに必要な兵力数が見積もられた。また、能力面では、遠隔地への迅速な兵力投射を可能とする能力（長距離攻撃能力や戦略機動力等）や、湾岸戦争で効果が実証されたステルスや精密誘導等の先端技術が特に重視された。ただし、基盤戦力が依拠する兵力計画構想には、やや曖昧な点があった。米軍は、中東と朝鮮半島における二つの大規模紛争に同時対処するという想定を明示していたものの、太平洋戦力等の兵力数はこのシナリオに基づいて算出されたものではなかったのである。

一九九三年一月に発足したクリントン政権は、より具体的な兵力計画構想に基づいて必要兵力を厳密に計算すれば、さらなる兵力の削減が可能だと考えた。事実、同年一〇月の報告書「ボトムアップ・レビュー」（BUR）では、現役兵力を約一四〇万人にまで削減することが決定された（詳細は福田 二〇一一）。BURでは、中東と朝鮮半島でほぼ同時に発生する二つの大規模地域紛争（2MRC）に対処するとの兵力計画構想が精緻化された。一つのMRC対処に必要な兵力は、基本的に湾岸戦争を参考としながら、四〜五個陸軍師団、四〜五個海兵旅団、一〇個戦闘航空団、重爆撃機一〇〇機、四〜五個空母戦闘群など計四〇〜四五万人と見積もられた。投入兵力が湾岸戦争の五〇万人強より小さいが、これは先端的な兵器システムの増強によって埋め合わせ可能と想定されている。なお、クリントン政権期には、IT等の先端技術を軍事に導入し、戦争の在り方を根本から変えようとする「軍事における革命」（RMA）

が積極的に推進された。

2MRCに同時対処できなければならない最大の理由は、抑止である。BURは、もし米軍が一つのMRCにしか対処できないとしたら、他の敵対国は米軍には余力がないと判断し「近隣諸国を攻撃する誘惑に駆られるであろう」と述べる。BURに関しては、実際に2MRCに対処するには兵力、特に戦略輸送能力や精密誘導弾などの備蓄が明らかに不足しているとの批判が存在した（Kagan 2006; Kugler 2001）。しかし、抑止の観点からすれば、自国には2MRC対処能力がないと認めることは危険である。そのため、後述するように、その後の政権も「我々には二つの事態に同時対処する能力がある」と言い続けた。一方で、イラクやアフガニスタンで大規模な作戦が実施されたにもかかわらず、約一四〇万人というBURで決定された総兵力数は現在までほぼ変化していない。

2MRC戦略の重大な問題点は、それが湾岸戦争型の作戦をモデルとしていたことにあった。この点には、様々な疑問が投げかけられた。例えば、クレピネヴィッチは、BURは「最後に戦った戦争」（last war）に備えて冷戦期の戦力を量的に削減しただけで、技術革新や技術拡散による作戦環境の変化を視野に入れていないと批判した（Krepinevich 1993-94 and 1994）。また、ハリルザドらは、2MRC戦略は開戦までに数週間かけて兵力を展開すると想定しているが、湾岸戦争で学習した敵は米軍が展開する前に攻撃を開始し、弾道ミサイルや機雷などを用いて米軍の接近を妨害するであろうと指摘する（Khalilzad and Ochmanek 1997）。実際の軍事行動を見ても、コソボ空爆、アフガニスタン戦争、イラク戦争など、冷戦終結後に米軍が遂行した大規模作戦はいずれも、湾岸戦争とは性質がかなり異なっていた。

## 2　ブッシュ（子）政権と1-4-2-1戦略

9・11テロの発生と財政状況の好転を受け、米国の国防費はブッシュ（子）政権期に急拡大した。ただし、増額分の多くは戦費に回され、戦力強化にはさほど結び付かなかったのが実情である。ブッシュ政権は兵力計画の見直しにも着手していたが、中東、特にイラクでの軍事作戦を優先せざるを得なかったため、将来の脅威に備えた兵力計画の実行は後回しにされた。

大統領選中からブッシュは、RMAにより戦力は「量や規模ではなく機動力や迅速性によって定義されるようになっている」と指摘し、IT、ステルス、精密誘導といった技術を駆使して米軍を「変革」（transform）し、「戦争を我々のやり方で再定義する」と宣言していた（Bush 1999）。もっとも、こうした方向性は、クリントン政権からの継続に過ぎない（「変革」という言葉もクリントン政権期に既に使われていた）。ブッシュ政権の独自性は、クリントン政権がソマリアで行ったような「国家建設」は米軍の任務ではなく、米軍は戦争の勝利や独裁者の打倒のために用いられるべきだと明言したことにある（Bush 2000）。これは、二〇〇二年九月の「国家安全保障戦略」で表明される先制攻撃戦略の萌芽であると同時に、平和作戦などの非正規戦よりも大規模な正規戦を重視することを意味していた。

兵力計画も、9・11以前から見直しが検討されていた。二〇〇一年六月二一日の上院軍事委員会で「四年ごとの国防見直し」（ＱＤＲ）策定について証言したラムズフェルド国防長官は、２ＭＲＣ戦略には新技術への投資や将来の脅威に対処するための計画策定を妨げるといった問題点があるため、代替案を検討していると発言した。そして、9・11テロ後の9月末に公表されたＱＤＲ２００１では、脅威の不透明化により「特定の敵と特定の地域で対決することだけを想定して軍事力を整備し、計画を策定すること」がもはやできなくなったため、国防計画の基礎を脅威ベースのアプローチから能力ベースのアプローチに転換することが表明された。ＱＤＲ２００１によれば、能力ベースのアプローチとは、誰とどこで戦うのかについてのシナリオを想定せず、「奇襲、欺瞞、非対称戦などを通じて目的を達成しようとする敵を抑止し、打破するために、米軍が必要とする能力を特定」して、そこに投資するものである。

こうした考えに基づき提示された兵力計画構想が、1-4-2-1戦略であった。1-4-2-1とは米軍の主たる任務を指し、初めの1は本土防衛（核抑止、ミサイル防衛〔ＭＤ〕、ＷＭＤテロ対処など）を、次の4は四つの重要地域（欧州、北東アジア、東アジア沿岸域、中東／南西アジア）における前方展開と抑止を、次の2は「ほぼ同時に2つの戦域で米国の同盟国・友好国に対する攻撃を迅速に打破する」ことを、最後の1は「これらの紛争のうちの一つにおける、レジーム・チェンジや占領の可能性を含む決定的な勝利」を意味する（これらに加え、米軍は「限定的な数の小規模緊急事態作戦」も行うとされた）。言うまでもなく、２ＭＲＣ戦略と深く関わるのは最後の2-1である。ただし、ＱＤＲ２００１はＢＵＲと異なり、兵員数などの具体的な数値は示さず、兵力構成は変革の成果が出始めてから見直すとした。検討段階では旧来型兵器の大幅削減なども提案されていたが、軍が兵力構成や兵器開発計画の急激な変化に抵抗したため、兵力計画の詳細は棚上げされたとも言われる（Binnendijk and Kugler 2002）。

ウォルフォウィッツ国防副長官は、二〇〇三年六月一八日の下院軍事委員会で1-4-2-1戦略の想定を次のように説明している。新戦略は、中東と北東アジアのＭＲＣに焦点を当てるのではなく、広範な事態に対応できる多様な能力の構築を目指す。２ＭＲＣ戦略のように、時間をかけて兵力を展開して敵を撃退するのではなく、「力点はスピードと、初期段階で敵を圧倒する戦闘力を投入することに置かれる」。増援部隊を待つことなく、「敵の攻撃を迅速に打破する能力を米軍に持たせたい」。確かに、ウォルフォウィッツの描く作戦の在り方は湾岸戦争型とは大きく異なり、先制攻撃戦略ともうまく調和するものであった。実際のイラク攻撃でも、軍が約五〇万人の兵力を投入する作戦計画を提示したのに対して、ラムズフェルドは、ハイテク化の進んだ米軍であればより少ない兵力で対応可能と強硬に主張し、投入兵力を約二五万人にまで切り詰めさせた。

一方で、ブッシュがイラク、イラン、北朝鮮を「悪の枢軸」と呼び、現実にイラクを攻撃したことからも窺えるように、1-4-2-1の2-1が想定する戦争相手は実際には依然としてならず者国家であった。また、1-4-2-1戦略も、複数の敵を抑止するため二つの戦争の同時遂行を想定するという点では2ＭＲＣ戦略と変わらない。事実、ＱＤＲ２００１は、「二つの紛争に備えた計画を放棄して、二つより少ない数の紛争に備えようとしているのではない」と述べている。ラムズフェルドも、2ＭＲＣ戦略が同時に二つの国で政権打倒と大規模占領作戦を行うことを想定していたのに対し、1-4-2-1戦略では一つの国のみで政権打倒・占領を行うとの想定に立って必要兵力を引き下げたとしつつ、敵はどちらの国で政権打倒・占領が行われるのか知り得ないので抑止力は減殺されないと主張していた（Rumsfeld 2002）。

この「必要兵力の引き下げ」が具体的に何を意味するのかラムズフェルドは明らかにしなかったが、ウォルフォウィッツによれば、それで浮いた資金は先端的戦力の構築に振り向けられることとなっていた。ＱＤＲ２００１では、長距離精密攻撃能力、リモート・センシング能力、潜水艦・防空システム・巡航ミサイル・機雷への対抗能力、生物・化学兵器が使用された環境下での継戦能力などへの投資が表明されている。これらの大半は敵の接近阻止・領域拒否（Ａ２／ＡＤ）能力に対抗するための能力であり、そうした能力が将来の戦争では必要になると考えられていたのである。

ＱＤＲ２００１が提示した路線の正しさは、二〇〇一年にはタリバン政権を、二〇〇三年にはフセイン政権を短期間で打倒したことにより証明されたとブッシュ政権は主張した。しかし、同政権にとっては想定外だった政権打倒後のイラクの治安悪化が、米軍の計画の多くを狂わせてしまう。イラクで行われていたのはＱＤＲ２００１が想定するような正規戦ではなく、テロリストを含む武装勢力との非正規戦であった。米軍は、長い間軽視していた対反乱（ＣＯＩＮ）作戦や安定化作戦などのドクトリンを再学習しなければならなくなった。また、予算でもイラク戦争遂行が優先されたため、Ａ２／ＡＤ対抗能力への投資はさほど進まなかった。

イラクでの苦境の影響は、米軍の兵力計画にも現れた。二〇〇六年二月のＱＤＲは、敵の「迅速な打破」や「決定的な勝利」という概念によって規定される戦力は非正規戦ではあまり有用ではないと認め、「対反乱や安定化作戦を含む非正規作戦」も重視し、特殊部隊を増強すると決定したのである。兵力計画構想でも、二つの通常戦争の同時遂行というシナリオに加えて、一つの大規模かつ長期的な非正規戦と一つの通常戦争の同時遂行というシナリオも想定されるようになった。ただし、これは現実に構想を合わせた面が強く、シナリオの追加により兵力計画が大きく変化したわけではない。また、ＱＤＲ２００６は中国がＡ２／ＡＤ能力を含む軍近代化を進めていると警鐘を鳴らしていたが、Ａ２／ＡＤ対抗能力への投資よりもイラク戦争遂行が優先される状況にも変化はなかった。

ブッシュ政権の兵力計画は幾分曖昧なものであったが、イラク戦争を遂行する中で幾つかの論点が浮き彫りになった。まず、地域大国相手の戦争を行うにしても、約五〇万人の兵力を投入する湾岸戦争モデルは当然の前提とは見なされなくなった。湾岸戦争とイラク戦争を比較すれば、米軍の質と戦い方の変化は明瞭だった。一方で、長期にわたる安定化作戦の実施という想定外の事態に米軍が直面したことは、事前にシナリオを特定することの難しさを露わにした。また、実際に米軍が大規模な作戦を実施したことで、二つの戦争構想の現実性が試されることとなった。9・11以降は州兵・予備役の動員が常態化し、アフガン投入兵力を約二・五万人以下にまで削減していた二〇〇三〜〇七年においても約一〇〜二〇万人の州兵・予備役が動員されていた（Defense Science Board 2007）。この状況でもう一つの大規模作戦を行うことは、軍事的にも政治的にも極めて困難だったであろう。

加えて、イラクの安定化に失敗したことにより、九〇年代から指摘されていた米軍に根強い非正規戦軽視の傾向の問題点が明瞭になった。ただし、イラク戦争後も非正規戦を重視すべきかについては、論争が生じた。二〇〇〇年代後半には中露の軍近代化が進展していたこともあり、改めて大国との通常戦を重視すべきとの見解も存在したのである。ブッシュ政権もＱＤＲ２００１の時点からＡ２／ＡＤ能力を備えた近代的軍隊との戦闘を想定していたが、将来への投資より戦場のニーズを優先せざるを得なかった。こうした点は、中国の軍近代化が一層進む二〇一〇年代に改めて問われることとなる。

### 3　オバマ政権による国防費削減と兵力計画の見直し

オバマ政権は、イラク戦争で傷ついた米国の国際的な信頼性の回復に努めるとともに、過剰な軍事介入を抑制しようとした。ただし、同政権にとって最大の課題は外交・安全保障ではなく、リーマン・ショック等に起因する不況からの回復と財政再建であった。そのため、国防費の大幅な削減が不可避となり、その結果として兵力計画が見直された。一方で、二〇一〇年代には中露の軍近代化や対外行動に対する懸念が増大し、何らかの軍事的な対応が必要と考えられるようになった。国防費削減と中露への対応の両立は容易ではなく、オバマ政権は難しい選択を迫られた。

財政的にまだ余裕のあった二〇一〇年二月に公表されたＱＤＲでは、現在進行中の作戦における勝利と将来の脅威への備えの間でバランスをとることが重視された。ＱＤＲ２０１０は、抑止のために「二つの能力の高い侵略国を含む複数の脅威から米国の利益を守ることのできる兵力」の必要性を認めつつ、環境の変化や現実の作戦を踏まえた広範な複合事態を想定した兵力計画構想を採用した。例示されているシナリオは、大規模な安定化作戦、高度な能力を備えた地域的侵略国の抑止・打倒、米本土における壊滅的事態発生時の文民当局支援の同時遂行などである。このほかにもサイバー空間や宇宙における作戦なども含む様々なシナリオがシミュレートされたが、ＱＤＲ策定に関与した国防省高官は、兵力計画構想が複雑化したため一般向けにわかりやすく説明することが一層困難になったと述べている（Hicks and Brannen 2010）。そのためか、オバマ政権以降は、２ＭＲＣや１‐４‐２‐１といたキャッチーなフレーズは用いられなくなった。

また、ＱＤＲ２０１０は、現在進行中の作戦である対反乱・安定化・対テロ作戦に加え、「接近阻止環境下における攻撃の抑止と打破」も米軍の主要任務の１つに位置付けた。そして、中国が各種のＡ２／ＡＤ能力を向上させていると明記した上で、空母艦載無人攻撃機などの長距離攻撃能力、無人水中艦、宇宙システムとＣ４ＩＳＲ（指揮、統制、通信、コンピューター、情報、監視、偵察）の脆弱性解消、敵のセンサーと交戦システムを妨害する電子戦能力などに投資するとした。

その後、財政赤字の拡大を受け、二〇一一年八月には、一〇年間で約二・四兆ドルの歳出削減を政府に義務付ける予算管理法が制定された。同法は、歳出削減の詳細に与野党が合意できない場合、政府予算を一律的に強制削減し、国防費は年約五五〇億ドル減額すると規定していた。この状況に対処するため国防省は戦略の見直しを進め、二〇一二年一月に「国防戦略指針」（ＤＳＧ）を公表した。ＤＳＧでは、国防費の大幅減を踏まえ、近代的な能力を備えた敵との戦いに資源を優先的に振り向ける姿勢が明確にされた。まず、ＤＳＧは、改めて中国の軍事力増強とＡ２／ＡＤ能力に懸念を示した上で、「アジア太平洋へのリバランス」を行い、Ａ２／ＡＤ対抗能力（海中戦力、次世代爆撃機、ＭＤ、宇宙システム等）に重点的に投資すると表明した。その上で、イラクとアフガニスタンでの作戦終了後は「大規模で長期的な安定化作戦を遂行するため」の戦力は維持しないと宣言したのである。

国防費削減のインパクトは大きく、二〇一二年二月に発表された二〇一三～一七会計年度予算計画では、国防費の五年総額二五九四億ドル削減や、陸軍現役兵員の約七・二万人削減（約五六・二万人から約四九万人へ）、海兵隊現役兵員の約二万人削減（約二〇・二万人から約一八・二万人へ）などが決定された。国防省は、「削減された兵力構成は、複数の地域で作戦を遂行する能力の低下に帰結する」ことを認め、二つの戦争構想に「フレッシュなアプローチ」をする必要があったと述べている（DoD 2012）。その結果が、ＤＳＧで表明された、「ある地域で米軍が大規模な作戦を行っている場合でも、他の地域で機会に便乗した侵略者の目的を阻止する、あるいは侵略者に受け入れ難いほどのコストを課す能力」を米軍は維持するとの方針である。国防省によれば、この方針は、米国が直面する紛争の性質の変化や、宇宙、サイバー、精密攻撃等の分野における進展により可能となった新たな作戦コンセプトを踏まえたものである（DoD 2012）。

このような想定は前ブッシュ政権の考え方に近いと見ることもできるが、国防費の大幅削減と合わせて公表されたことで、米軍の抑止力に対する疑問が高まった。それを打ち消すため、パネッタ国防長官はＤＳＧの発表記者会見で、「間違えてはならない。我々は同時に一つ以上の敵と対決し打破する能力を維持する」と断言し、例えば朝鮮半島での地上戦とホルムズ海峡危機に同時対処することは可能だと述べた。しかし、その根拠の説明はなく、説得力の高い主張とは言えなかった。

さらに二〇一三年三月には予算の強制削減がついに発動され、訓練・装備メンテナンス費の不足が原因で米軍の即応性は極度に低下した。例えば、同年九月末の時点で、陸軍の現役旅団戦闘チーム四三個のうち、大規模戦闘作戦に即応可能な状態にあったのは僅か二個であった（福田 二〇一七）。この事態を受けて策定された二〇一四年三月のQDRでは、国防費はさらに年平均三〇〇億ドル減となり、陸軍の現役兵員は四四～四五万人にまで削減されることとなった。しかし、戦略目標や兵力計画構想についてはDSGからの引き下げが行われなかったため、戦略や計画の実行可能性に対する疑念がますます増大した。

一方、オバマ政権は、主に中露への対抗を意識した取り組みにも着手した。その一つが二〇一四年に開始された国防イノベーション・イニシアティブ（DII）、通称「第三のオフセット戦略」である。これは国防費が削減される中で米軍の技術的優越とA2／AD対抗能力を確保するための試みで、自律システム、先端コンピューティング、ナノテク、3Dプリンティングなどの次世代技術を民間企業とも協力して軍事に導入し、イノベーションを加速しようとするものである（Hagel 2014; Work 2015）。また、アジアへのリバランスでは、中国の海洋進出とA2／AD能力への対抗を主目的とする前方展開態勢の再編・強化が行われた。二〇一四年三月のロシアによるクリミア併合後には、在欧米軍を強化する欧州安心供与イニシアティヴ（ERI）も開始された。さらに二〇一六年になると、カーター国防長官ら国防省高官は、米国はロシアと中国を筆頭とする五つの挑戦に直面していると繰り返すようになった（続く三つは北朝鮮、イラン、テロ）。

しかし、中露との戦争を想定した戦力の構築と国防費削減の間には、明らかな矛盾が存在した。例えば、複数のシンクタンクが合同で行った予算・兵力計画のシミュレーションに基づく分析では、AEI、CNAS、CSIS、CSBAの四シンクタンクが揃って国防費の増額が必要と判断し、A2／AD対抗能力を含む近代戦遂行能力（陸軍の装甲旅団戦闘チームと短・中距離の火砲・ミサイル、ステルス爆撃機、ステルス無人航空機、小型戦闘艦、攻撃原潜、海中無人機）を強化すべきと提唱した（Cohn and Boone 2016）。

## 4 トランプ政権による中露との戦争を想定した兵力計画の策定

中露に対する懸念は、トランプ政権下で一層強まった。政権一年目の二〇一七年一二月に公表された「国家安全保障戦略」（NSS）は、「リビジョニスト・パワーである中国とロシア」が米国に挑戦しており、もはや昔の話だと思われていた「大国間の競争が復活した」と宣言した。トランプ政権下で国防次官補を務めたコルビーらは、「トランプ政権は超大国間の競争が米国の外交政策の根本的な再構築を必要とすることを認識して、重要な一歩を踏み出した」と語っている（Colby and Mitchell 2020）。だとすれば、これは大戦略の変化を意味し、軍の戦略と兵力計画にも大きな影響を及ぼすことが予想された。また、NSSはオバマ政権による国防費と兵力の削減を批判していたが、この言葉どおりトランプ政権期に国防費は一〇%弱増額された。しかし、トランプ政権が大規模な減税を行ったこともあって財政赤字が再膨張したため、国防費の拡大を長期的に維持できるかは怪しかった。

NSSを受けて策定された国防省の「国家防衛戦略」（NDS）は、脅威の重大性からして「中国およびロシアとの長期的な戦略的競争が国防省にとっての最優先事項である」と述べている。将来の紛争を見据えて投資を拡大する能力としては、宇宙・サイバー、自国のC4ISRの強化と敵のC4ISRの妨害、敵の防空・MDネットワークの圏内に存在する多様な目標に対する攻撃能力、敵の攻撃下でもあらゆるドメインに展開し作戦を遂行できる陸海空・宇宙兵力、AIを含む先進的自律システムなどが列挙されている。これらの多くは過去の政権でも重視されていたものではあるが、中露との軍事的な対決が本格的に想定されるようになった点に特色があった。

NDSは、「兵力の規模は重要である」と述べ、「紛争の全スペクトラムにわたって有能」で、いかなる紛争でも決定的優位に立つことのできる軍隊を目指すとしている。しかし、兵力計画や兵力計画構想については、ほとんど何も語られていない。これは、公開されたNDSは機密版のサマリーに過ぎないからである。これまでに策定されたQDRは公開文書であったため、内容が表面的になりがちだった。それに不満を抱いた連邦議会が、QDRを廃止し、NDSの機密版とサマリーを議会に提出するよう法律で義務付けたのである。ただし、コルビーらNDS策定に関与した当局者は、議会証言などで兵力計画構想の一部を明らかにしている（Colby 2019a and 2019b；Mitre 2019）。その内容を整理すると、以下のようになる。

・軍事大国間の戦争は破滅的なものとなるため中露も望んでいない。また、米国も中露に対して圧倒的な軍事的優位を確立することはできない。米軍に求められるのは、中露が例えば台湾やバルト三国をめぐって既成事実を早期に作り上げてしまうのを防ぐことである。
・したがって、時間をかけて敵を圧倒する兵力を展開する湾岸戦争型の作戦は、軍事大国には通用しない。
・同時に二つの戦争を遂行することよりも、軍事大国との一つの戦争を遂行することを重視する。
・軍事大国を相手とする作戦は、米軍が全領域で優位を確立することができない環境下で行われると想定する。
・中露が軍事行動を起こした場合には、前方展開兵力と長距離攻撃能力を組み合わせるなどして、まず、相手が既成事実を作り上げるのを「遅らせ、弱め、理想的には拒否する」。その後、増援部隊を投入して、中露の攻撃を打破し、戦争を終結させる。
• 脆弱性の増している前線基地の防護を固めると同時に、部隊を分散させる。兵站ネットワークや通信システムも敵の攻撃・妨害を受けることを前提とする。
• カギとなるシナリオ、特に台湾・バルト三国防衛で不足する能力に投資する。例えば、長距離対艦ミサイル、空中発射型の長距離巡航ミサイル、地上部隊を攻撃するための誘導式対装甲兵器、監視・偵察のために必要な空中・宇宙アセット、兵器のハイ＝ロー・ミックス（高額で能力の高いステルス機、宇宙システム、攻撃原潜などとコストの低い無人システムや小型衛星などのミックス）など。
一方で、ハイエンドの戦闘では生存可能性が低く、かつ、ローエンドの戦闘には高価すぎる能力を削減・全廃する（例えば、中露との戦闘での有用性が疑問視されたJSTARSの後継機開発を中止）。
• 冷戦期と異なり、大国との戦争だけでなく、二義的な任務でも米国は同盟国の支援を必要とする。同盟国には、それぞれの環境に応じた役割分担を求める。例えば、日本、台湾、ポーランド、バルト三国のような前線国家は、自国に対する中露の攻撃を撃退する能力や、近隣の海空域で中露軍の活動を妨害するためのA2／AD能力を高めるべき。

　トランプ政権の兵力計画構想の最大の特徴は、二つの戦争構想に代わり、中露いずれかとの一つの戦争に集中するという構想を採用した点にある。冷戦後の政権はいずれも、抑止効果を考慮して、シナリオの詳細に違いはあれ二つの作戦を同時遂行するという想定に立っていた。この点について、国防省で戦略立案に長く携わりトランプ政権のNDS策定にも深く関与したミトレは、次のように述べて抑止への悪影響を否定している。一つ目の戦争にうまく対応し力を見せつけることができれば、第二の敵も行動を自制する。逆に一つ目の戦争への対応に失敗し疲弊すれば、第二の敵の行動を助長してしまう。「したがって、NDSは『一つの戦争戦略』ではない」(Mitre 2019)。

　確かに、一つ目の戦争で迅速な勝利を収めれば、ミトレの指摘するように第二の敵は自制する可能性が高い。しかし、軍事大国に短期間で勝利することは容易ではない。事実、トランプ政権の構想でも、初期段階では中露の行動を「遅らせ、弱め、理想的には拒否する」こととしか目指されていない。台湾とバルト三国に対する攻撃の撃退というシナリオを提示している点も注目に値するが、これら二つの事態がほぼ同時に生起した場合の対処法は明確ではない。冷戦期と異なり現在の中露は対米共闘の姿勢を見せているため、「二つの戦争」はあり得ないと断定することも難しい。また、北朝鮮やイランが中露より先に、あるいは中露の後に軍事行動を起こした場合にも、米国は難しい状況に直面するであろう。

　そのため、NDSを検証した委員会の報告書は、「米国は依然としてグローバルな義務を負うグローバル・パワーであるため、複数の戦域で脅威を抑止・打破する信頼に足る戦闘力を保有しなければならない」と指摘した上で、現在は中露、北朝鮮、イラン、テロという五つの脅威に直面しており、二つの戦争構想の戦略的重要性はむしろ高まっていると述べ、トランプ政権の方針を批判している。さらに、この報告書では、二つの戦争の同時遂行を視野に入れた各種戦力の増強案が示されている（National Defense Strategy Commission 2018）。

また、ブランズらも、次のような批判を展開している（Brands and Montgomery 2020）。一つの戦争構想は、「米国のグローバルなコミットメントと現実に直面し得る軍事的課題の間の深刻なミスマッチを露わにしている。これは、大戦略と国防戦略の間のギャップであり、戦時と平時の双方において極めて大きなダメージを与えるかもしれない」。ブランズらによれば、一つの戦争に対処する戦力しかないと、北朝鮮やイランによる挑発行動や南シナ海をめぐる危機などの戦争未満の事態に対して軍事的に関与することを政策決定者は躊躇する可能性がある。さらには、軍事的関与のみならず、戦争へのエスカレーションを恐れて外交的・経済的制裁も避けられるかもしれない。一つの戦争構想は実質「ゼロ戦争戦略」になりかねず、こうした状況は同盟国の米国に対する信頼にも悪影響を及ぼす。そのため、ブランズらは、少なくとも「一・五戦争」（軍事大国との戦争と地域大国との戦争）の同時遂行を想定した兵力計画構想を採用すべきであり、それが財政的に不可能な場合は、米国の対外コミットメントを縮小せざるを得ないと述べるのである。

## 5　バイデン政権下での動向

バイデン政権も、中国を安全保障上の最大の課題と見なす方針を明らかにしている。例えば、二〇二一年三月に公表された「暫定国家安全保障戦略指針」は、民主主義に敵対的な権威主義国家からの挑戦に対処するとし、中国を「唯一の競争相手」と位置付けている。一方で同指針は、中国との長期的な競争に勝利する効果的方法は米国の国民、経済、民主主義に投資することだと述べ、国内の政治的・社会的な分裂の修復やコロナ禍後の経済回復を重視する姿勢を示している。コロナ対策で巨額の財政出動を行った結果、米国の財政赤字は第二次世界大戦後最高レベルに達しており、国防費も現状維持がせいぜいと見込まれている。オバマ政権と同様にバイデン政権も、財政の制約内で兵力計画を策定することに苦心する可能性が高い。

バイデン政権の兵力計画は策定途上にあるが、僅かながら関連する情報が明らかにされている。まず、オースティン国防長官は、二〇二一年一月一九日の上院軍事委員会における指名承認公聴会で、トランプ政権期のNDSの中核的コンセプトの多くは正しいとしつつも、同政権期に想定されていた国防費増額が不可能となったため、各軍種の役割・任務の分担や将来の戦闘へのアプローチを見直して、必要な戦略のアップデートを二〇二二年の次期NDSで行うと述べている。また、オースティンは同年六月一〇日の上院軍事委員会では、米軍にとって中心的な挑戦は中国だと繰り返し、サイバー空間・宇宙を効果的に活用し、AIや量子コンピューティングなどの新技術も取り込んだ新たな作戦コンセプトの策定に取り組む必要性を強調した。さらに同年一二月には、サイバー空間、宇宙、情報なども含むあらゆる領域の戦力に加え、外交や経済などの軍事力以外の能力、同盟国・パートナー国の能力なども動員して、既成事実化を狙った作戦を含む多様な敵の行動を抑止する「統合抑止」(integrated deterrence) の概念が次期NDSの中核となるであろうと国防省高官が発言している。

今後重要性を増しそうなのが、オースティンの言及した新作戦コンセプトである。これは統合戦闘コンセプト (JWC) と呼ばれ、トランプ政権期の二〇一九年秋にエスパー国防長官が統合参謀本部 (JCS) に策定を命じていた。それ以前から米軍内では陸海空に宇宙・サイバー空間を加えた全領域を縦横に駆使するオール・ドメイン作戦が提唱されていたが、JWCはそれを推し進めたものと言える。また、JWCの下位コンセプトとして、空軍が統合オール・ドメイン指揮統制 (JADC2)、海軍が統合火力作戦、陸軍が敵攻撃下での兵站、JCSが情報優越に関するコンセプトを策定することとなった。コロナ禍で予定より遅れたが、JWCは二〇二一年四月に国防長官の承認を受けており、下位コンセプトとそれに基づく能力整備指針も六月には完成したようである。JWCは非公開とされたため詳細は不明だが、ハイテンJCS副議長は、JWCを今後三〇年間の米国流の戦い方を導く野心的文書と形容している。ハイテンによれば、JWCでは、情報優越を獲得するための宇宙・サイバー空間の防護と活用、AIやクラウドを活用したあらゆる情報の共有と迅速な処理、全ドメインの戦力の即時集中と攻撃後の即時分散などが重視される。

バイデン政権発足後に国防省内に設置された中国タスクフォースは二〇二一年六月に検討結果を国防長官に報告しているが、その結果を踏まえて発出された国防長官の非公開指令にも、JWCの推進に関わる部分があるとされる。また、インド太平洋軍も独自に、JWCを踏まえたインド太平洋戦闘コンセプトを策定している。これらからもわかるように、JWCの目的の一つは、将来における中国との戦闘に備えることにある。次期NDSでは、JWCの進展を受けた兵力計画が策定される可能性が高い。ただし、冷戦後の米軍が策定した戦闘コンセプトの中には先端技術の力を過信した看板倒れのものも含まれており、JWCについても、その実現性や有効性を慎重に見極める必要があるだろう。

## おわりに

兵力計画の焦点をMRC (ならずもの国家との戦争) から軍事大国との戦争へと移行させる潮流は、今後も元に戻ることはないであろう。この潮流は、二〇〇〇年代から存在していた。その流れを邪魔していた中東における戦争は終息しつつあるし、中国の軍近代化は一層進展している。近年では米中関係が悪化し、議会では対中強硬策が超党派的な支持を集めるようになった。一方で、中東での戦争に疲れた米国民が、ならずもの国家の打倒を再び支持する可能性は低い。バイデン政権はアフガンからの撤退で躓いたが、この経験も不用意な軍事介入への慎重姿勢を強める方向で作用するであろう。

バイデン政権の兵力計画でまだ見えてこないのは、具体的な兵力計画構想、特にトランプ政権で採用された一つの戦争構想を踏襲するか否かである。抑止の観点からこの構想を不安視する声は根強く、次期ＮＤＳでは二つの戦争構想に回帰すべきとの具体的提案もなされている。例えば、米軍の兵力計画策定に長く関与してきたガンジンガーらは、ＮＤＳ２０１８が一つの戦争構想を採用した最大の理由は予算不足にあると指摘した上で、ＪＷＣを有効に活用し、軍種間の役割・能力の過剰な重複をなくせば、低コストで中露との二つの戦争に備えることができると主張している（Gunzinger and Autenried 2021）。

ガンジンガーらも指摘するように、今後の兵力計画における最重要問題は予算である。そもそも米国以外の国にとっては、複数の大規模戦争を同時に遂行すること、とりわけ自国から遠く離れた地域でそれを行うことを想定する必要などない。幾つの戦争に同時対処すべきかとの問いは、グローバル・パワーのみに突き付けられる難問と言える。抑止のロジックからすれば、二つ目の戦争にも対処できた方がよい。しかし、それには資源の裏付けが必要である。バイデン政権は、外交・安全保障においても経済と中間層の利益を重視すると明言しており、将来の戦争への投資は後回しにされる可能性もある。兵力計画構想は米国のグローバルなコミットメントの在り方とも大きく関わるものであり、次期ＮＤＳでどのような戦略・計画が示されるかが注目される。

参考文献

福田毅（二〇一一）『アメリカの国防政策――冷戦後の再編と戦略文化』昭和堂。
福田毅（二〇一七）「オバマ政権による国防予算削減の動向――強制削減の発動と国防戦略・兵力計画の修正」『レファレンス』七九三号、二月、六一―八八頁。
Binnendijk, Hans and Richard Kugler（2002）, “Sound Vision, Unfinished Business: The Quadrennial Defense Review Report 2001,” *Fletcher Forum of World Affairs*, 26-1, pp. 123-139.
Brands, Hal and Evan Braden Montgomery（2020）, “One War Is Not Enough: Strategy and Force Planning for Great-Power Competition,” *Texas National Security Review*, 3-2, pp. 80-92.
Bush, George W.（1999）, “A Period of Consequences, Speech at the Citadel, South Carolina,” September 23.
Bush, George W.（2000）, “Presidential Debate in Winston-Salem, North Carolina,” October 11.
Cohn, Jacob and Ryan Boone eds.（2016）, *How Much Is Enough?: Alternative Defense Strategies*, Center for Strategic and Budgetary Assessments.
Colby, Elbridge A.（2019a）, “Testimony before the Senate Armed Services Committee, Hearing on Implementation of the National Defense Strategy,” January 29.
Colby, Elbridge（2019b）, “How to Win America's Next War,” *Foreign Policy*, 232, pp. 48-54.
Colby, Elbridge A. and A. Wess Mitchell（2020）, “The Age of Great-Power Competition: How the Trump Administration Refashioned American Strategy,” *Foreign Affairs*, 99-1, pp. 118-130.
Defense Science Board, *Defense Science Board Task Force on Deployment of*

*Members of the National Guard and Reserve in the Global War on Terrorism*, September.

DoD (Department of Defense) (2012), *Defense Budget Priorities and Choices*, January.

Gunzinger, Mark and Lukas Autenried, *Building a Force That Wins: Recommendations for the 2022 National Defense Strategy*, Mitchell Institute for Aerospace Studies, Air Force Association.

Hagel, Chuck (2014), "Defense Innovation Days Opening Keynote," September 3.

Hicks, Kathleen H. and Samuel J. Brannen (2010), "Force Planning in the 2010 QDR," *Joint Force Quarterly,* 59, pp. 136-142.

Kagan, Frederick W. (2006), *Finding the Target: The Transformation of American Military Policy*, Encounter Books.

Khalilzad, Zalmay and David Ochmanek (1997), "Rethinking US Defence Planning," *Survival*, 39-1, pp. 43-64.

Krepinevich Jr., Andrew F. (1993-94), "Assessing the Bottom-Up Review," *Joint Force Quarterly*, 3, pp. 22-24.

Krepinevich Jr., Andrew F. (1994), "Keeping Pace with the Military-Technological Revolution," *Issues in Science and Technology*, 10-4, pp. 23-29.

Kugler, Richard L. (2001), "Replacing the 2 MTW Standard: Can a Better Approach Be Found?" in Steven Metz ed., *Revising the Two MTW Force Shaping Paradigm*, Strategic Studies Institute, US Army War College.

Mitre, Jim (2019), "A Eulogy for the Two-War Construct," *Washington Quarterly*, 41-4, pp. 7-30.

National Defense Strategy Commission, *Providing for the Common Defense: The Assessments and Recommendations of the National Defense Strategy Commission*, November.

Rumsfeld, Donald H. (2002), "Secretary Rumsfeld Speaks on "21st Century Transformation" of U. S. Armed Forces: Remarks at National Defense University," January 31.

Work, Robert O. (2015), "The Third U. S. Offset Strategy and Its Implications for Partners and Allies," January 28.

# 日米関係の第三の転機

## ——中国と国際秩序をめぐって

佐橋　亮

(さはし　りょう)
東京大学東洋文化研究所准教授
専門は東アジアの国際関係・米中関係・国際政治学
著書に『米中対立——アメリカの戦略転換と分断される世界』(中央公論新社)、『共存の模索——アメリカと「二つの中国」の冷戦史』(勁草書房)などがある。

### はじめに

戦後日米関係は、「第三の転機」に差し掛かっている。

一九五一年、日本はソ連など一部の国を除く世界各国と講和を結び、その翌日に日米安全保障条約を締結、アメリカをその中核に据えた自由主義陣営に属すことになった。冷戦が本格化する中で、敵国であった日本からの脅威を削減するために占領を始めたアメリカは、冷戦をともに戦い抜くためのパートナーとして日本を見直すようになる。日本は、武装を解除されるべき対象から、アメリカの同盟相手としてアジア戦略の要とみなされるまでになる。

そのような日本の位置づけの大転換が生じた冷戦初期が日米関係にとっての「第一の転機」とすれば、「第二の転機」は、両国を結びつけた冷戦の終結期、またその時期に重なるように生じた日米経済摩擦とそれの克服を模索する過程の中で訪れた。

外務次官、駐米大使としてそれを見届けた栗山尚一の言葉を借りれば、冷戦終結と貿易摩擦で存在意義が問い直され「漂流」していた日米関係は、北朝鮮核危機という明らかな安全保障上の必要に加え、戦後国際秩序を維持していくという目標、アジア太平洋を基盤に世界にも目を向けるような役割をもって再定義された。(栗山、一九九七)当時の日本の政策決定者は、中国の潜在的成長を視野に入れたパワーバランスの変化、グローバル化が進む中で先進国が協調して問題を解決していく必要性を意識していた。そして、同時多発テロ後も日本が対テロ戦争に協力していくなど、国際平和主義でも行動の一致を見せながら、日米関係は存続していった(佐橋、二〇〇九・二〇一七;白鳥、二〇一八)。

そうした日米関係は、まさに今、「第三の転機」に立ち会っている。台頭した中国の実力は、地域においてすでに経済力、政治的影響力で圧倒的な存在感を有しており、グローバルなパワーとしても急速に成長を見せている。中国は今でも全面的に戦後国際秩序を塗り替えようとしているとまではいえないが、そもそも米中接近や冷戦終結後に成長していく過程において、先進国が中心に座る国際秩序を留保なしに受け入れてきたわけでもない。そして近年、そうした国際秩序の中核にあるルールや原則に対して、独自の解釈とアプローチで修正を図ろうという素振りを見せている。

中国の台頭によって生じる問題の性質が、単なるパワーの成長だけでなく、世界のあり方とアメリカや先進国が重視する価値観に直結すると認識を改めたアメリカは、オバマ政権期より従来の関与方針を見直し、自由主義、民主主義といった普遍的価値観をもとにした国際秩序（以下、自由主義的な国際秩序）の「防衛」を念頭に中国戦略の転換へと邁進している。

日本は、たしかに安全保障政策の軸足を二〇一〇年前後から中国を念頭に置き換え始めた。中国への警戒心という意味ではアメリカや欧州に先行したところがある。しかし日本は、自国とその周辺の安全保障を重視する中で対応を進めてきたきらいがあり、国際秩序に関わる問題として中国を捉えていたわけでは必ずしもない。アメリカの議論が国際秩序への挑戦者として中国を捉え、異なる党派への政権交代を乗り超えて、構造的かつ長期的な性格を持つ問題として論じ始めたことに比べると、狭義の安全保障から出発した日本の議論は自然に性格が異なった。このように両国に存在する中国問題の性質をめぐる認識差は早い段階から指摘されており、すり合わせるような努力もされてきたが、現在も解消されているわけではない。日本には中国という課題を安全保障上の利益、経済上の利益に分解して議論する癖や、隣国関係の安定を重視する傾向があり、そうした議論の仕方では問題の本質にある国際秩序への挑戦という問題設定が浸透しづらい。もちろん、日本にも各国にも独自の世界観と利益が存在する以上、無理にでも一致させるべきというわけではない。だが、日米関係が両国のいずれにおいても主要な外交手段とされている以上、少なくともこうしたズレの存在には着目しておく必要があるだろう。

そのような視点に立って、本稿は現在、そして将来の日米関係を論じてみたい。具体的にはまず、日米関係が冷戦終結後からどのように発展してきたのか論じる。第二、第三の転機の違いを明確にするためでもある。続いて、アメリカ、日本それぞれが中国をどのように捉えているのか、あるべき国際秩序をいかに描いているのか論じてみたい。最後に日米関係の将来に向けた展望を述べる。

ところで、本稿は日米のズレを論じる必要上、日本の秩序構想に若干厳しい評価を与えるが、他方でアメリカも、秩序構想を形にしていくだけの外交力、また国際公共財の提供力があるかといえば疑わしい。国内において国際主義の基盤が弱まっていることに加え、トランプ、バイデンの両政権が抱える政策形成上の問題もあり、限界が露呈していることは指摘しておきたい。

## 1　冷戦終結と国際秩序の再編
### ――「第二の転機」を乗り越えた日米関係

一九九六年、春を迎えた東京で、橋本龍太郎とウィリアム・クリントンの両名は、冷戦終結後にその意義が問い直され、貿易摩擦によってすっかりと疲弊した日米関係を立て直すことを力強く宣言した。この「日米安全保障共同宣言」（一九九六年四月一七日）という文書には、「21世紀に向けての同盟」という副題が添えられている。冒頭に掲げられた次の一節は、両国政府が打ち出そうとした同盟の世界観を表現している。

> （日本の）総理大臣と（アメリカ）大統領は、両国の政策を方向づける深遠な共通の価値、即ち自由の維持、民主主義の追求、及び人権の尊重に対するコミットメントを再確認した。両者は、日米間の協力の基盤は引き続き堅固であり、二一世紀においてもこのパートナーシップが引き続き極めて重要であることで意見が一致した。

つまり、同盟は共通の価値に根ざしたものという整理だった。共同宣言にあわせて両首脳が発表した両国民へのメッセージ、「21世紀への挑戦」には、政治対立や経済課題が世界に山積する中で、軍縮、経済成長、人々の安寧を達成するためにはルールに基づいた国際協調が必要であるとの明確な主張がある。

古典的には、同盟は外部における力の増大を前にした複数国が安全保障上の約束を結んでいるものと定義される。第一次北朝鮮核危機（一九九三－九四年）が同盟の重要性を両国の政府当事者に認識させたことも事実だ。しかし、より大きな問題意識をもとに、日米の結束が引き続き維持されるべきとの考えも強かった。それが秩序観をもとにした日米の結束という議論である。共同宣言当時、駐米大使を務めていた栗山尚一は、その著書『日米同盟――漂流からの脱却』（一九九七年）で次のように指摘する。

> 同盟関係を支えるものは、共通の利益であるとされる。しかし、その場合の「利益」とは地政学的なものだけではない。より根幹的な利益は、同盟国同士が共有する基本的な政治的、経済的価値から生じる。なぜならば、そのような基本的価値を有することから、世界の平和と繁栄を確保するための国際秩序のあり方に対する基本的立場が生まれ、それが同盟が守るべき共通の利益とされたからである。
> （栗山、一九九七）

ここでの利益とは、狭い意味での安全保障上の必要に限定されず、国際秩序を自国にとって望ましい形につなげていくことにあるとされた。日米両政府にとってその望ましい形が、たとえ完全ではなくても概ね一致した方向性にあったので、冷戦後にも同盟は再生したのである。一度は対日貿易赤字問題が「日本異質論」と組み合わさった時代状況の中で、それを乗り越えていくための鍵が国際秩序における価値の模索だった（鈴木、二〇一七）。

そもそも歴史的に見ても傑出した国力を有するアメリカがなぜ世界各地で同盟を形成したのか。まず、前方展開に必要な基地の確保やアメリカの世界戦略を正当化する役割への期待があった。それに加えて、通商関係や世界観と合致する国際秩序をともに形成していくパートナーをアメリカは切実に求めていた。

別の言い方をすれば、相手国の力が必要になったという瞬間的な打算だけでは、国家の連携は真の同盟の域にまで達成することはない。価値観に根ざした、共通の目標を意識し、走り続ける中で育まれる信頼が同盟の柱となる。だからこそ同盟の重要性を再認識した日米は、北朝鮮危機を契機に防衛協力の深化を図るだけでなく、国際秩序観から同盟を立て直そうとした。日米安全保障条約で従来想定されていた地理的概念を越えて、首脳による宣言で「アジア太平洋」の平和と繁栄に触れて見せたことも、狭義の日米安保体制を越えた国際秩序観を意識してのことだろう。

冷戦後の国際秩序において、旧共産圏諸国をはじめとした西側を越えた世界に自由民主主義を広めていく動きが先進国により押し進められていた。ＮＡＴＯや日米同盟は不確実な安全保障環境に存在するリスクへ対処し、また秩序を安定化させる装置として役割が再確認された。

二一世紀に入り、アメリカに対する同時多発テロが生じると、米英主体の「不朽の自由」作戦をはじめとした対テロ戦争に、日本政府は特措法を成立させて協力を実施し、戦後のアフガニスタンやイラクにおける平和構築にも協力する。国際平和主義への協力は日米安保体制そのものではないが、そうした協力が日米関係を支える重要な柱とみなされた。北朝鮮の核・ミサイル開発、経済成長だけでなく軍事予算を例年一〇％以上と二桁成長させていく中国を前に、地域における勢力均衡（バランス・オブ・パワー）の見通しが不確実になるため、リスクへッジとして同盟の重要性がさらに日米で強調されていくようになる。

すなわち、日本の安全保障に直接に影響を及ぼす地域における日米の安全保障協力と、そうした地域を越えたグローバルな空間における国際平和主義への協力が同時並行で進んでいく。「第二の転機」後の日米関係は、冷戦終結から四半世紀をかけて、グローバルな協力と地域の安全保障課題への対処の二つの領域に応じて変化した。当事者の視点に立てば順調に発展したということになるのだろう。二つの柱のどちらを重視すべきかという論点はあったが、両立が可能な範囲で日本は戦略資源を配分していた。

しかし、二〇一五年前後からまずアメリカにおいて、中国の台頭が地域だけでなくグローバルにも勢力均衡の安定を突き崩しつつあり、中国との関与政策を長年支えてきた前提であった中国の政治・経済・外交における変化も後退をみせるなか、戦後国際秩序の中核にある価値やルールのあり方が問われているとの理解が広がっていく。若干遅れて欧州の主要国にも同様の認識変化が観察できた。中国、及びロシアといった権威主義諸国の成長と行動が国際秩序の本質を揺るがしているという問題意識は戦略レベルでの対応を各国に求め、対中関係の再調整が始まった。

日本は同時期から「自由で開かれたインド太平洋」という構想を展開してきた。たしかにそれは戦後国際秩序の維持を日本外交の主要な柱として再定義しようとする意欲を感じさせるが、日中関係やアジア外交との調和を図る中でその内容は次第に変質していく。安倍・菅政権期に日米の防衛協力は中国を念頭に置いて進んだが、外交の全般的な方針は冷戦後のそれの延長線上の域を出なかった。集団的自衛権をめぐる論争も、あくまでも戦後レジームからの脱却という国内政治の言説空間の文脈に強く根ざしたものだった。これらが自由主義的な国際秩序を防衛するという世界観に根ざした問題意識から生じたものとは言えない。こうした日米の異なるアプローチを順に確認していこう。

## 2　国際秩序への危機意識を強めるアメリカ

### (1) 大国間競争という世界観

バイデン政権の世界観、そして外交政策の方向性とは何であろうか。本書で繰り返し検討されてきたことであるため、ここでは簡潔に示していきたい。

バイデン政権の説明や世界観は、たとえば、二〇二一年三月に異例なことだがまず暫定版として公表された「国家安全保障戦略指針」、大統領や国務長官の演説、初夏のG7にあわせた共同声明など一連の文書に開陳されている。政権発足から半年のあいだに公にされているものだけからも、バイデン政権が民主党左派の世界観と異なり、覇権の維持を米軍、及び米外交の世界戦略の目標としていることは明確だ。なおインド太平洋に関しては、政府高官の訪問など外交の展開に加え、やはりインド太平洋戦略の再検討が行われている（本稿脱稿後の二〇二二年二月に戦略がホワイトハウスから公表されている）。

とくにユニークな文書は「新大西洋憲章」だ。イギリス政府との二カ国共同で発表されたこの文書は、バイデン政権の世界観をよく示しており、後で論じるようにまさにフランクリン・ルーズベルト政権期と同じように、今が国際秩序を再構築すべき歴史的な節目であると宣言しているようなものだ。民主主義に立脚したオープンな社会を守るための原則と制度を守ることへの強い決意が示されている。「憲章」はさらに、偽情報や政治工作による民主主義の妨害、経済援助による債務健全性の喪失、航行の自由への挑戦をはじめとして、中露両国の動きを意識した多くの課題に民主主義のパートナーシップが重要だと強調している。

G7共同声明にも「より良い世界の構築」という標語が盛り

込まれた。多少長くなるが、共同声明の冒頭から引用しておきたい。

開かれた社会及び経済として結束し、また、民主主義、自由、平等、法の支配及び人権の尊重という共通の価値に導かれ、我々は、世界中で新型コロナウイルスに打ち勝ち、全ての人のためにより良い回復を図ることにコミットする。（略）グローバルな行動のための我々のアジェンダは、国際協力、多国間主義、及び開かれ、強靭で、ルールに基づく世界秩序への我々のコミットメントに立脚したものである。民主的な社会として、我々は、人権を保護し、法の支配を尊重し、ジェンダー平等を推進し、国家間の緊張を管理し、紛争、不安定及び気候変動に対処し、並びに貿易・投資を通じ繁栄を共有するための国際的な機関による取組を支持する。そのような開かれ、強靭な国際秩序は、翻って、我々の市民の安全と繁栄の最良の保証人でもある。

この部分には普遍的な価値観をコロナ後の国際秩序の中核に据えることへの明確なメッセージが込められている。排他的な意味で価値観を掲げるというよりは、それが「安全と繁栄」につながるという点を強調している。

さて、バイデン政権にとって中国との「競争」がすべての底流に流れているメインテーマであることは、もはや説明を要さない。国家安全保障戦略指針は、前政権がロシアと中国を併置したことと対照的に、中国を「唯一の競争相手」とした。そして、中国の挑戦が国際システム全体に及ぶものであることも明確にしている。それとの比較で、台湾を民主主義であり、安全保障、経済の両面において死活的に重要な存在と言及する。

バイデン政権の対中政策は、前政権の政策パッケージを受け継ぎ、さらに人権重視の姿勢を強めている。その背景にあるのは、対中不信であり、追いつかれる恐怖だ。これらは単に、中国がアメリカの物質的なパワーに並び立つような状況を懸念して生じているわけではない。中国が現行の国際秩序、またその中で外交政策や経済政策を実行してきた各国の外交政策に「強制力」を働かせていることから生じている（佐橋、二〇二一）。

バイデン政権の世界観にとって、自由主義的な国際秩序を挑戦から守るために今が歴史的な節目に立っているとの問題意識は明確だ。中国こそが国際秩序を真に変える挑戦とみなされている。アメリカが秩序を維持するための制度やルール作りといった点で議論をリードしていきたいとの意思も感じさせる。この点に関して言えば、アフガニスタンへの関与を続けることは国際秩序の維持という目的にとって優先されるものではなかった。たしかに、予想をはるかに超えるスピードで首都カブールを含む多くの主要拠点をタリバンが攻略し、結果としてアメリカと国際社会が逃げ出したとの印象を残した。それが中国に対抗するアメリカの影響力を傷つけたとの批判もされた。しかし、バイデン政権は繰り返し、こうしたアフガニスタンからの撤退も、「大国間競争」として重視する中国戦略に資源を費やすためと説明している。そしてそれは、バイデン政権の世界観という観点に立った場合、正しいことになる。

（2）問われる実行力

こうした政権の戦略方針はアメリカ国内の主流の外交政策論と一致しているにせよ、アフガニスタン撤退が与えた印象によりバイデン政権の実行力には大きく疑問がつけられる格好となった。さらに、二〇二一年九月には米中首脳による電話会談が実施されたが、米中関係を衝突なき競争にするというバイデン政権の方針は従来通りとしても、やはりアフガニスタン問題や気候変動問題において中国との協力をアメリカから率先して取りつけようとしているという印象を残した。イギリス、オーストラリアとの新しい安全保障協力、いわゆるオークス（AUKUS）の結成は、フランスなどの激烈な反応を招いた。つまり、バイデン政権はアメリカの戦略転換を対テロ戦争から中国へと明確に行うことで世界にインパクトを与えただけでなく、その実行力への疑問や拙速な進め方、独断専行とみなされる調整過程でも世界を揺さぶった。

バイデン政権では前政権同様に、大統領とホワイトハウスによるトップダウンの政策形成が目立っている。今後、中間選挙を控え、より一層有権者に配慮する必要があるとすれば、「中間層のための外交」という国内優先の外交方針も選挙レトリックに終わらず、政策に影響してくるだろう。「中間層のための外交」は言葉を換えた国内優先主義であり、たとえばサプライチェーンの再編、とくに半導体製造の国内回帰促進のための動きや、産業政策への関心につながっている。単なる政治標語であり、戦略とは関係が薄いという解釈も当初聞かれたが、国内政治への配慮はそう簡単に割り切れるものではない。また、TSMC社やサムソン電子社など米国以外の企業への高圧姿勢も目立っている。

さらに、政権発足から半年ほど経った二〇二一年夏までに、バイデン政権を取り巻く政治事情は複雑なものとなっていた。大規模なインフラ投資法案や、巨額の支出を伴う教育や福祉への予算配分をめぐり、野党・共和党との対立が加速しただけではなく、民主党内にも穏健派、財政保守派と左派のあいだで激しい対立が生じた。中国を念頭においた、米国イノベーション・競争法案に関しても、上院通過後に下院では与野党が激しい対立を見せた。こうした動きに見えたのは超党派性の限界であり、（民主党内の）党内結束の綻びであろう。

バイデン政権としては、トランプ前政権との違いをアピールし、国際秩序や同盟、パートナーシップを重視するという看板を持って帰ってくればアメリカの指導力が回復するという期待が当初あったのだろう。しかし、四年間のあいだにも中国の成長は続き、コロナウイルス感染症の蔓延により各国経済が未曾有の痛手を蒙った中で、単なるメッセージや旧来の政策の復活だけでは事態は改善しないということが十分に理解されていなかった感がある。自らのパワーの相対化という現実を踏まえずに、新たな戦略課題に挑もうとしているところがある。

### （3）バイデン政権に存在する国際秩序への危機意識

それでも、バイデン政権が現在を国際秩序の重要な転換点と見ていることは間違いない。G7首脳会談前後にも見られたように、その参照点として意識されているのはオバマ政権同様に、フランクリン・ルーズベルト政権ではないか（なお、大統領選の最中よりバイデンはルーズベルトにゆかりの場所を訪れるなど、彼を意識した行動をしていた）。

もしルーズベルト流の国際主義をバイデン政権が念頭に置いているとすれば、それはかなり本格的な秩序の再編を意味する。どれほど世界を再編しようとしているのか、バイデン政権の問題意識を知るための補助線として、本節の最後にこの点への理解を深めておこう。

「ファシストと全体主義の台頭は近代性を非自由主義の目的に利用できる方法を示した」。ウッドロー・ウィルソンの国際主義に基づき形成された戦間期の国際秩序がそのように瓦解したあと、ルーズベルトは世界を立て直そうとした。国際政治学者のG・ジョン・アイケンベリーによる『民主主義にとって安全な世界とは何か』がまとめるように、ルーズベルトのアメリカは、恒久的な多国間制度を設け、戦争防止に加え経済・福祉にも目配せをした調整メカニズムを導入することで、相互依存の危険を緩和しようとした。こういった考えが国際連合の構築、ブレトン＝ウッズ体制として展開していく（アイケンベリー、二〇二一）。ソ連は完全に外されたわけではなかったが、単純に全方位に向けた協調ではなく、自由主義的な国際秩序の構築をその中核に置いていた。

冷戦後の秩序は、アイケンベリーの言い方を用いれば中国を自由主義的な国際秩序の内部と外部の両方に存在させるようなものだった。旧共産圏の取り込みに関しても、国際秩序をグローバル化していくことはある種の公共事業のようなものだったとされる。そういった国々が経済や福祉といった社会的目標を十分に達成するとは言い難いまま、門戸が広く開かれた時代だった。それでも、グローバル金融危機前後まで、中国とロシアは自由主義的な国際秩序を完全に否定することはせず、その国際秩序を牽引してきた日米欧といった先進国も、両国を少なからず変えていけるとの意欲を保った（佐橋、二〇一九）。

国際秩序が弛緩している、岐路に立っているとの問題意識はオバマ政権後期、ロシアによるクリミア「併合」などウクライナ問題が熾烈さを極め、中国・習近平政権が国内における社会統制を進めるだけでなく国際的にも独自の構想を推し進めるようになった頃から盛んに議論されるようになった。そこにトランプ政権という国際秩序を、むしろ重視しない首班がアメリカに誕生したことで、秩序が瓦解するという危機意識は先進国の政府関係者や専門家の間で頻繁に議論されるようになる。

ルーズベルトの国際主義が参照点として相応しいのは、バイデン政権の動きに見られるように、今のアメリカには民主主義の拡大への意欲がみられず、むしろディフェンシブ（防御的）に自由民主主義の世界を防衛することに重点を置いていることにもある。

もちろん、バイデン政権が秩序に関心を持ちそれを防衛しようという意思を固めていったからといって、秩序がそのまま維持されるという保証はなく、いくつかの点を私たちは検討しておく必要がある。

第一に、戦後の自由主義的な国際秩序はもとより世界のすべてを包含するものではなく徐々に拡大してきたものに過ぎない。中露だけではなく、多くの国が秩序の外に、または中と外の両方に足を跨げて存在してきた。

第二に、バイデン政権に限った話ではないが、国際秩序は原則、価値観だけから形成されるものではない。たとえば、一九世紀中盤にかけて存在したヨーロッパのコンサート（協調）は、大国間の権力調整を前提にした世界だった。各国が互いの利益を保持するためだけに打算的に協調と交渉を繰り返した。国際秩序は常にルールから形成されるわけではない。国際政治学者のコックスが論じるように、大国間のアレンジメント（調整）が優先された歴史がある（Kocs, 2019）。

それでも、今のアメリカに根強く存在しているのは、そういった大国間のアレンジメントよりも、同盟国やパートナー国との協調を力の基盤として、普遍的価値観とルールを元にした国際秩序を優先させようという考えだ。その意味で、アメリカは「理念国家」であり続けている（納家、二〇二一）。

理念は利益と結びついている。またアメリカにおいて国内社会を立て直すことが国際主義よりも先決との考えも強まっている。そういったことを認めたうえでも、アメリカはアレンジメント重視への後退を拒否しているということをここでは抑えておきたい。もし「普通の国」が短期的な利害を重視したリアリズムによって動く国のことを指すのであれば、アメリカは少なくとも今の段階ではそれを拒否している。

将来的にアレンジメント重視に変化したり、またはそもそも国際秩序への積極的な関与を否定する議論が優勢になる時が訪れる可能性を否定することはできない。しかし、今のアメリカは未だに理念国家だと認識しておくべきだろう。

## 3　日本の国際秩序観と中国

### (1)　日本の世界観

日本外交の持つ世界観を文書や演説から読み解くには、アメリカとは異なる事情を考慮する必要がある。なにより戦略文書を公にする習慣が薄く、国家安全保障戦略は二〇一三年に策定された後は改訂されてこなかった。「自由で開かれたインド太平洋」も文書でまとまっているわけではなく、演説や白書で言及されるほかはパワーポイントしか公表されていない。外交青書や防衛白書は国民への政策説明の目的はあるものの、概括的な表現に留まることが多い。日本の首相・閣僚による演説はアメリカのようにストーリーのうえにビジョンを展開し政策をそのうえに配置するのではなく、政策ごとの説明をつなぎ合わせたものになることが多い。

　そうした限界を指摘したうえで、日本政府の世界観を物語るものをいくつか挙げてみよう。たとえば、国家安全保障戦略（二〇一三年）は、主権・独立の維持、領域の保全、国民の生命・身体・財産の安全を確保し、また経済的な繁栄を確固とするための環境を実現することを挙げたうえで、「自由、民主主義、基本的人権の尊重、法の支配といった普遍的価値やルールに基づく国際秩序を維持・擁護する」と明記している。ただし、何が具体的に普遍的価値やルールに基づく国際秩序への挑戦、脅威になっているのか語られることはなく、パワーバランスの変化や国際テロ、国際公共財（グローバル・コモンズ）等の言葉が散りばめられているだけだ。中国に関してはアジア太平洋地域における安全保障環境の項目の中に整理されているが、「中国の対外姿勢、軍事動向等は、その軍事や安全保障政策に関する透明性の不足とあいまって、我が国を含む国際社会の懸念事項となっており、中国の動向について慎重に注視していく必要」という表現になっている。

　防衛大綱（二〇一八年）は、「国際社会のパワーバランスの変化は加速化・複雑化し、既存の秩序をめぐる不確実性は増大している」と表現で一歩踏み込んだ。中国を「既存の国際秩序とは相容れない独自の主張」をもとに行動しているとも書いている。世論操作やハイブリッド戦といった概念に触れている。ただし、ＮＡＴＯ加盟国がそれらに示す問題意識は自由主義、民主主義への本質的な挑戦というものであり、そこまでの深みをこの文書は感じさせない。防衛大綱という文書の性格上当然だが、文書の議論は以降、日本の防衛力に関するものとなっており、外交政策全体を示すものではない。

　おそらく、近年において内閣総理大臣が自らの口で、国際秩序観との関わりで中国を論じ、日本の役割をルールの推進者とみなし、対米同盟をその文脈に位置づけた代表的な機会は、安倍晋三が就任直後にワシントンで行った演説だ（二〇一三年）。

> 日米両国が地域と世界により一層の法の支配、より多くの民主主義、そして安全をもたらすことができるよう、さらには貧困を減らすため、日本は強くあり続けなくてはなりません（略）米国は、世界最古にして最大の、海洋民主主義国、そして日本は、アジアで最も経験豊かで、最も大きなリベラル・デモクラシーであって、やはり海洋国なのでありますから、両者はまことに自然な組み合わせなのです。

　アフリカ開発会議（ＴＩＣＡＤ）で行われた演説（二〇一六年）は、自由で開かれたインド太平洋という構想の起点として参照されることが多い。そこにも、国際秩序観ははっきりと開陳されている。

> 日本は、太平洋とインド洋、アジアとアフリカの交わりを、力や威圧と無縁で、自由と、法の支配、市場経済を重

んじる場として育て、豊かにする責任をにないます。

民主主義という言葉こそ見られないが、自由には触れており、具体的な政策として質の高いインフラにも触れている。その後の安倍による首相演説は、国際秩序をそこまで正面から論じていない。民主主義の価値観に触れたものも多いが、「アジアの価値観と民主主義」シンポジウムで行われたものなど、インドとのパートナーシップを強調する文脈で行われている。代表的な演説の一つとみなせる、米連邦議会上下両院合同会議での演説（二〇一五年）も、日米同盟の文脈において経済援助と自衛隊の活動を含むグローバルな国際協力を強調している（中国は八〇年代以降に経済的に勃興した国の例として一回触れられたのみだ）。

外務省による「自由で開かれたインド太平洋」の説明を見ても、国際秩序観を正面から打ち出すことを意図的に避けているように見える。三本柱として説明されるその構想では、法の支配や航行の自由、自由貿易といった概念をあげるものの、自由主義や民主主義といった言葉を直接には使用しない。また価値観を示す概念と併置する形で、機能協力分野の質の高いインフラ支援や防災、海上における法執行能力の育成などを挙げている。少なくとも、そこでは価値観と政策手段の結びつきが曖昧にされている（市川、二〇二二：Satake & Sahashi, 2020）。

### （2）並置されてきた自由主義的な国際秩序の擁護と中国外交

日本にとって法の支配、民主主義、人権、自由貿易などを基軸に据えた戦後の自由主義的な国際秩序は、最初は与えられたものだった。それは、敗戦国であるにも関わらず米ソ冷戦という国際環境に助けられて入ることを許されたものであったとさえ言える。戦後日本社会が普遍的価値を徐々に受容していったことは言うまでもないが、それを外交で実践するには時間を要した（船橋・アイケンベリー、二〇二〇）。

冷戦後、すでに経済大国としての地位を確立していた日本は「価値」に積極的に触れ始めた。欧米からの圧力や日米関係に資するためだけでそのように動いたとは思えないほどの外交感覚として、価値への言及が芽生えた。ODA大綱策定（一九九一年）や日ASEAN特別首脳会議における東京宣言（二〇〇三年）は好例であり、また国連平和維持活動への参画など国際平和主義にも積極的に関わるようになった（神保、二〇一八）。

それでも、民主主義や人権について米欧とは異なるトーンを残しておくことが外交的に望ましいという判断が見え隠れした。世界の多様さへの配慮という側面も大きいが、中国であれ、ASEANであれ、またアフリカ諸国や中東諸国であれ、政治体制の異なる各国からの批判に敏感なところに起因している。先の戦争でアジア諸国に多大なる被害を与えた日本がそうした主張をすべきではない、という国内外の批判を内在化した外交関係者の発言も多く観察できる。

表現を変えれば、日本には確固たる国際秩序観がないわけではない。ただ、外交政策にそれを反映させる場合において、独自の調整過程が存在しているということだ。

対中外交においても、日本が望む国際秩序の姿と直結させているようには見えない、独自の対応が積み重ねられてきた。そして、それを許容する時代の雰囲気もあった。その典型が天安門事件（一九八九年）後の対応だ。重要視されたのは、中国の孤立を防ぐこと、また日本に難民が押し寄せるような事態の悪化を防ぐことだった。翌年にかけて多くの政治家が訪中する。その集大成がＯＤＡの凍結解除であり、一九九一年の橋本蔵相の訪中だ。「中国を国際社会に関与させようとする一貫した日本の対中政策」（国分、二〇一三）がここに見い出せる。

日本の関与姿勢は、同時期に立ち上がり継続されていくアメリカの対中関与政策とも、ある意味で似通っている。それは経済利益の確保だけでなく、中国を国際社会に統合していく方向性を維持することに注力し、そこに自らの利益を見い出すということでもある。アメリカが中国の将来における変化を強く期待し、市場化改革や政治の改革、国際社会との協調が果たされていくという希望を政策に反映していたため、こういった対応は戦後国際秩序と矛盾したものとも考えられなかった。

ただ、日本には、アメリカの関与政策のもとにあるような中国の変化に関する楽観的な見通しまでは存在しておらず、中国共産党の統治に信頼を感じるほどには日本の中国分析は甘くなかった。また潜在的なライバル意識もあった。それでも、日中の経済社会関係を考慮すれば関係の安定性を必要と考える向きが強く、中国の統治が崩れた場合に生じるリスクにも敏感だった。安定を志向せざるを得ないのは隣国外交の宿痾のようなものだが、中国が地域を超えて国際秩序に大きく影響を与えることは理解していても、隣国との安定が必要との論理の前に相対化されてしまう。こういった隣国であるゆえに生じる関係安定への希望は中国への不安やライバル心と共存し、アメリカの中国認識と異なる文脈を提供してきた。それでも、アメリカの対中関与政策と歩調を合わせるように、日本の対中政策は全般的に見れば関与姿勢で貫かれた[1]。

小泉政権期（二〇〇一～二〇〇六年）において、日中関係は首相の靖国参拝や中国で製造された食品の安全性などをめぐり悪化の一途を辿ったが、後継の第一次安倍晋三政権、福田康夫政権は中国との外交を進め、「戦略的互恵関係」を構築していく。この戦略的互恵関係は先の関与の枠組みに通じるところがあり、機能的協力を通じた二カ国関係の安定・管理に重点を置いたアプローチとなっている。この時期にアメリカも関与政策を微動だにさせていなかったとは言え、日本のアプローチに自由主義的な国際秩序観との連結はとくに見られない。第一次安倍政権は「自由と繁栄の弧」という価値観外交を始めたが、それと対中政策姿勢は切り分けられ、福田政権はその構想に触れなくなった。

二〇一〇年、二〇一二年に尖閣諸島をめぐり日中は対立を深める。また習近平は国家主席就任後（二〇一三年～）から国内における社会統制を強めるだけでなく、対外政策においても周辺国への強硬姿勢だけでなく、一帯一路をはじめ独自の構想を堂々と語るようになる。アメリカでの議論は中国の将来変化に期待できず、国際秩序への悪影響を懸念するように、まさに激変していく（佐橋、二〇二一）。

ところが、日本は隣国関係の論理から中国に挑んでいた。日中関係は二〇一四年の安倍によるAPEC訪中で安定を見せ始める。とくに、二〇一八年秋の安倍による訪中では、首相個人が次のようにツイッターで発信した。

> 国際スタンダードの上に、競争から協調へ。隣国同士として、互いに脅威にならない。そして、自由で公正な貿易体制を発展させていく。習近平主席、李克強総理と、これからの日中関係の道しるべとなる三つの原則を確認しました。

もちろん、自由貿易に触れているのだから国際秩序観も示されているとの弁明もあり得るが、自由主義的な国際秩序に内包される価値は当然、それに留まるものではない。当時、安倍訪中の直前に行われたペンス副大統領演説にも示されていたように、トランプ政権は中国による国際秩序への挑戦が民主主義社会にとって脅威になっていると明言していた。ウイグルにおける強制労働等の人権侵害や、香港において市民の自由制約が明らかになると、米欧各国は厳しく批判するだけでなく、制裁のための枠組み作りを進め、部分的には制裁が実行に移されている。他方で日本は、政府高官の声明でそれらの問題に触れることはあるが、強制力を働らかせるような対応や亡命者への対応を行うことはなかった。

ここでは日本の対中政策を批判することが目的ではない。それが独自の文脈を持ち続けていることを指摘しているに過ぎない。国際環境が冷戦終結期と全く異なるように変化を見せており、アメリカやヨーロッパ諸国が旧来の関与姿勢を見直している。そうした中、それらと並び自由主義的な国際秩序の中心的なメンバーとみなされてきた日本では、隣国関係の重要性が変わらず浸透しているため、従来構築された枠組みの中で外交的対応や機能協力が続けられてきた。もちろん、中国の軍事力や尖閣周辺での動きは日本の安全保障という文脈で強く警戒されており、そのための関連予算増加や日米同盟強化は図られている。むしろ海外の日本研究者にはそれらを強調して、日本の外交・安全保障政策が中国を念頭に変化したとの解釈を行う向きもある。しかし、自由主義的な国際秩序を外交に反映させる前に存在する「調整過程」は未だ根強い。日本の対中姿勢は全体としてみれば旧来の延長線と見ることもできる（Tamaki, 2020）。

## 4　日米関係は「第三の転機」を乗り越えるのか

アメリカや欧州主要国にとって、中国が投げかけている問題とは力（パワー）の増大による勢力均衡への影響だけではなく、そうした力を背景にした中国及びロシアの動きが戦後に模索してきた価値を中核に置いた国際秩序の形に深刻な悪影響を与えるという点にある。そのようにバイデン政権の世界観が形成されている一方で、中国は自らの政治体制を守るために経済社会への統制を深め、また諸外国との関係も再整理すべきと考えをますます政策に反映させるようになっている。こうした米中の世界観レベルにおける対立構造は容易に解けるものではない。

振り返れば、トランプ政権期の四年間は、米中貿易戦争の一方で日本が対米、対中関係を同時に発展させられた稀有な国際環境でもあった。日本政府がトランプ大統領との友好的な関係を構築し、また中国も対日関係に期待していたことが奏功した。しかし、そのように猶予が与えられた時代は過ぎ去ったと見た方が良いだろう。

日本外交にとっての論点は、自由主義的な国際秩序を支持するとし続けながら対中外交にそれを反映させないことが外交政策として持続可能なものなのか。そしてそもそも、そうした曖昧な姿勢が日本の利益や日本社会に存在する価値意識と整合的なのかということだ（ここで利益とは、短期的な経済利益だけではなく、望ましい国際環境が中長期的に維持できるかということも意味している）。こうした問題意識は徐々に、日本の政官学における議論にも見られるようになっている。

二〇二一年四月にバイデン大統領にとって初の対面首脳会談として実施された、菅義偉首相との日米首脳会談の共同声明と付属文書は、国際秩序観をもって日米関係を再び再確認しようとするほどの意欲を感じさせるものではあった。

> 海が日米両国を隔てているが、自由、民主主義、人権、法の支配、国際法、多国間主義、自由で公正な経済秩序を含む普遍的価値及び共通の原則に対するコミットメントが両国を結びつけている。

とくに画期的なことは、広義の経済安全保障、また科学・技術分野における協力を伝統的な安全保障上のテーマと同様の分量を割いて明示したことにある。これは「新たな時代における同盟」の役割を拡大するものだ。そこでは感染症や気候変動への対処で求められるものだけではなく、国家の競争力に直結し、軍民融合にも関わる科学・技術分野も含まれている。国際秩序観ははっきりと示されている。

> 開かれた民主的な原則にのっとり、透明な貿易ルール及び規則並びに高い労働・環境基準によって支えられ、低炭素の未来と整合的な経済成長を生み出すだろう

共同声明や「日米競争力・強靭性（コア）パートナーシップ」と名付けられた合意文書では、ほかにも中国による経済力を利用した強制外交に触れて見せたり、安全でオープンな通信網の確保、国際標準における協力、半導体をはじめとしたサプライチェーン、重要技術育成での協力、バイオにおける研究公

正、量子科学での協力を協力項目として掲げてみたりと、包括的な方針が示されている。

日本の政界では、こうした国際秩序の形成、及びそれを下支えするパワーに直結する新たな問題群への意識が広がっており、その主要な手段・対象として経済及び科学技術が含まれていることから、経済安全保障という概念が多用されるようになった。定義には曖昧なところがあるが、伝統的な安全保障と異なる問題の所在に気づきがある。二〇二二年の通常国会に経済安全保障推進法案が提出されたが、それに留らず、科学技術の振興や国際協力、デジタル経済やインフラ投資における先進国間の協調、輸出管理や投資規制での国際連携などが進んでいくことだろう。

日本が自らの利益と価値意識を自由主義的な国際秩序に見い出すのであれば、日米関係や先進国協調が引き続き最も重要な手段になることは言うまでもない。とすれば、日米関係は機能的な協力や地域安全保障における協力を従来の延長戦で進めていくのではなく、まず国際秩序観をすりあわせたうえで、各論の協力を図っていくものになっていくものになるだろう。外交演説のいわば標語として価値観が利用されるだけでなく、それをこれまで以上に政策に反映させていくようになる。それも第二の転機後に見られたような援助分野だけでなく、ここまで触れられてきたような新たな問題群に影響していく。

新疆ウイグル自治区における人権侵害や香港における市民の自由の制約への対応、さらに、アジアにおける民主主義の後退や市民的自由の縮少といった事態を前に日本政府が自由主義的な国際秩序を防衛する意思と能力をどれほど持つことができるのか。今後一、二年の対応は日本外交の性格を決めていくことだろう。くわえて、民主的な統治がされている台湾は、微細化の進んだ半導体製造能力で世界市場を圧倒しているだけでなく、人権状況や市民社会の成熟さで秀でている。台湾海峡の安定を確保していくためには、アメリカの軍事的関与に加え、日米同盟も抑止力となると見られており、日米両政府が先の首脳会談を踏まえ、どのような具体的対応を進めていくのか注目される。

なお、自由で公正な経済秩序を形成するうえで、中国だけでなく先進国においても産業政策が強化され、他方で多国間主義が後退していることは大きな課題となっている。そこでは日本など米中以外の役割がむしろ拡大していくだろう。

日米関係が第三の転機に対応するように国際秩序観をもとに対応を進めていくのであれば、日本の対中政策は従来の姿から修正を迫られることになる。日本外交においてアジア各国との関係安定化を優先させようとする意図は根強く、自由主義的な国際秩序を標語として掲げる一方で、外交政策の各論への影響を抑えようとする考えも、実のところ未だ政府の中にあるようだ。もちろん、そうした安定と協調への試みは一律に否定されるべきものではない。しかし、自由主義的な国際秩序を追求していくことになれば、中国との外交レベルでの摩擦が拡大することを厭わず、果敢な対応が求められていくことになる。

果たして、日本が対中コストを厭わず秩序重視の対応に踏み込むのか、この点は未だにわからない。さらに長期的にはアメリカがどこまで国際秩序重視の姿勢を貫けるのか、それも予断を許さない。それでも当面は、曲がり角に差し掛かった自由主義的な国際秩序をどのような協力の上で維持していくのか、それが同盟をめぐる日米の各論の背後に存在する、最大の論点になっていくだろう。

（1）　クリントン大統領訪中によるジャパン・パッシング（素通り）への批判は、アメリカの対中関与姿勢への批判というよりは日本の国際政治における自画像から生じたものであり、中国へのライバル心を反映したものでもあったと解釈したい。

参考文献


市川恵一「バイデン新政権の展望と『自由で開かれたインド太平洋』の実現」『公研』二〇二一年四月号、五六―七九頁。

栗山尚一『日米同盟――漂流からの脱却』日本経済新聞社、一九九七年

国分良成・添谷芳秀・高原明生・川島真『日中関係史』有斐閣、二〇一三年。

佐橋亮『米中対立――アメリカの戦略転換と分断される世界』中央公論新社、二〇二一年。

――「冷戦後の国際秩序とアメリカ」『神奈川大学評論』第九三号（二〇一九年）

――「対外政策：アジア外交の安全保障化」竹中治堅編『二つの政権交代――政策は変わったのか』勁草書房、二〇一七年。

――「安全保障政策の変容と行動空間の拡大」御厨貴編『変貌する日本政治――九〇年代以後「変革の時代」を読みとく』勁草書房、二〇〇九年。

白鳥潤一郎「『価値』をめぐる模索――冷戦後日本外交の新局面」『国際安全保障』四五巻四号（二〇一八年）。

神保謙「日本外交と『価値』をめぐる展開　『価値の外交』・『自由と繁栄の弧』を回顧して」『SFC Journal』一八巻一号（二〇一八年）

鈴木美勝『日本の戦略外交』筑摩書房、二〇一七年

納家政嗣「自由主義的国際秩序と米中関係」納家政嗣・上智大学国際関係研究所編『自由主義的国際秩序は崩壊するのか――危機の原因と再生の条件』勁草書房、二〇二一年

船橋洋一・G・ジョン・アイケンベリー編『自由主義の危機――国際秩序と日本』東洋経済新報社、二〇二〇年

G. John Ikenberry, *A World Safe for Democracy: Liberal Internationalism and the Crises of Global Order*, Yale University Press, 2020（G・ジョン・アイケンベリー（猪口孝監訳・岩崎良行訳）『民主主義にとって安全な世界とは何か――国際主義と秩序の危機』西村書店、二〇二一年）

Stephen A. Kocs, *International Order: A Political History*, Lynne Rienner, 2019.

Tomohiko Satake & Ryo Sahashi（2021）"The Rise of China and Japan's 'Vision' for Free and Open Indo-Pacific," *Journal of Contemporary China*, 30: 127, pp. 18-35.

Nobuhiko Tamaki（2020）"Japan's quest for a rules-based international order: the Japan-US alliance and the decline of US liberal hegemony," *Contemporary Politics*, 26: 4, pp. 384-401.

# バイデン政権下の米韓関係

辛星昊（益子賢人訳）

（シン　ソンホ）
ソウル大学校国際大学院教授
専門は国際安全保障・アメリカ外交・北東アジアの国際関係。タフツ大学フレッチャースクールより博士号取得。

（ましこ　けんと）
東京大学大学院法学政治学研究科博士課程在籍

## はじめに

　四年にわたって続いた異例のトランプ政権が終わりを迎え、二〇二〇年の大統領選挙においてアメリカ市民は、政治経験が豊富で穏健なリベラル派の政治家ジョー・バイデンを第四六代米大統領に選出した。バイデンはとりわけアメリカの復権を強調し、国際場裏におけるアメリカのリーダーシップを取り戻すことを誓って大統領に就任した。国内ではコロナウイルス感染拡大への対応や経済の低迷、人種差別による分断など多くの課題を抱えながら、バイデンは外交においても対中競争やロシアの攻撃的な行動への対応、各同盟国とのパートナー関係の強化、アフガニスタンにおける戦争の終結など数多くの困難な問題に直面している。またバイデン政権にとって、朝鮮半島情勢および北朝鮮の核兵器に関する問題はこれらの主要な外交課題の一つとなるだろう。その間にも、韓国では翌年三月九日に次期大統領選挙を控え、文在寅大統領の任期が終わりを迎えつつある。すでにソウルでは主要政党間で選挙戦が盛り上がりを見せており、各候補者間で予備選挙が白熱している。過去四年の任期の中で、文大統領は北朝鮮との平和構想を模索しつつ、トランプ政権と良好な関係を構築することに腐心した。

　トランプ大統領は、韓国政府に対してはアメリカが提供する防衛負担に対する資金の拠出が不十分であると非難する一方で、金正恩に対しては全面核戦争の脅しをかけて威嚇した。そうした状況の中で、文大統領は二〇一八年六月にはシンガポール、そして二〇一九年二月にはハノイで前例のない米朝首脳会談にこぎつけた。しかし、朝鮮戦争の終結および和平協定の締結に向けた文在寅大統領の勢いは、文も同席した板門店におけるトランプと金正恩の最後の会談以後、途絶えている。この会談は二〇一九年六月のＧ20大阪サミットの後に行われ、劇的ではあったものの何ら結論を導くものにはならなかった。

大統領任期の終了まで一年足らずとなり、文大統領は朝鮮半島の平和構想に再び弾みをつけたいと考えている。しかし、南北対話と経済協力の再開に向けた文在寅の望みは、二〇一九年にハノイで失敗に終わったままとなっている米朝間の非核化および国交正常化交渉の再開なしでは実現しえない。このため、文在寅とバイデンの初会談は米韓関係のみならず、バイデン新政権の対北朝鮮政策を展望する上でも極めて重要なものとなった。

## 1　文・バイデン首脳会談とアメリカの朝鮮半島政策

二〇二一年五月にワシントンで行われた、第一回文・バイデン会談は大きな成功となった。ホワイトハウスで行われた会談で両者は意気投合し、米韓同盟の新時代を印象づける共同声明を発表するに至った。特に、同会談が日本の菅義偉首相とバイデン大統領の会談の一ヵ月後に行われたことから、メディアはこぞって二つの首脳会談を日韓両政府がアメリカ政府の歓心を買うための競争であるかのように比較したのであった。菅首相は、バイデンが一月に大統領に就任して以来、初めてアメリカに受け入れた外国首脳だった。そして、文大統領はバイデンがホワイトハウスに招待した二人目の外国首脳となった。つまり、イギリスやフランス、ドイツといった欧州主要国やカナダ、メキシコなどの隣国に先んじて、菅首相と文大統領が迎えられた。この事実は、バイデン政権が同盟関係を再構築するために東アジアと真摯に向き合おうとしていることを示している。日韓両政府は、トランプ前大統領による同盟負担の増大要求をめぐる圧力を耐え忍んできた。アジアにおける二つの重要な同盟国と信頼関係を立て直すことは、世界および中国政府に対してアメリカが帰ってきたとのシグナルを送るバイデンの外交努力とみなすことができる。文大統領がホワイトハウスに招待された第二の外国首脳となった事実は、日本と並んで新たに格上げされた主要同盟国としての韓国の重要性を示すものであった。

文大統領との会談で、バイデンは以下のように朝鮮半島政策の優先順位を示した。

第一に、北朝鮮の核問題に取り組むことが最重要の優先課題と位置づけられ、朝鮮半島の非核化こそが明確な目的とされた。バイデンは大統領に就任してまもなく対北朝鮮政策の見直しを始めた。二〇二一年四月末にはバイデン政権は見直しを完了し、最終的な「朝鮮半島の完全な非核化」を達成するため「北朝鮮との外交交渉を視野に入れた柔軟で現実的なアプローチ」をとるだろうとした[1]。この戦略について問われたジェン・サキ大統領報道官は、バイデン政権はトランプ流の「グランド・バーゲン（大胆な取引）」とも、オバマの「戦略的忍耐」とも異なった手法をとるだろうと述べた。また、アメリカ政府は韓国政府をはじめとする同盟国とあらゆる段階において緊密に連携しながら対北朝鮮政策を進めるとした[2]。

当初、韓国ではバイデン政権による原則的な対北朝鮮政策および金正恩へのアプローチが、北朝鮮との緊張状態を悪化させることになるとの懸念があった。しかし、今回の共同声明でバイデン大統領は、文在寅と金正恩による二〇一八年の板門店宣言およびトランプ・金正恩によるシンガポールでの共同声明をこれからの対北朝鮮外交の基礎として認めたのであった。これはまた、文大統領が進める朝鮮半島平和構想への重要なシグナルでもあった。バイデンがトランプ・金正恩会談にアメリカの北朝鮮政策における正統性を認めた点は特筆すべきことだ。これは北朝鮮の非核化と引き換えに、米朝国交正常化や朝鮮半島における恒久的な平和体制の樹立を図ろうとするトランプ政権による合意が妥当だったと認めたことを意味する。さらに、もし北朝鮮が核兵器をめぐる交渉で何らかの進展を見せた場合には、バイデン自身が金正恩と会談する意思があると印象づけた。このようにバイデンは、選挙期間中に他の多くの政策課題でトランプ前政権の手法に強く反対したのとは異なり、北朝鮮政策では前政権のやり方を完全には覆さないことを示したのである。

第二に、バイデンは韓国との同盟関係を回復・強化したいとの考えを明確にした。選挙戦を通して、バイデンは欧州やアジアの同盟国とのパートナーシップを弱体化させたとしてトランプを非難し、同盟国へのコミットメントを回復することによってアメリカのリーダーシップを取り戻すことを誓った。とりわけ、激化する米中戦略競争を念頭に、バイデンは韓国と日本を含むアジアの同盟国との関係を回復することに力を入れたいと考えている。バイデンが大統領に就任してすぐ、米韓両政府はトランプ前政権以来長らく期限切れとなっていた在韓米軍の駐留経費負担に関する特別措置協定（SMA）に関して新たな合意に至った。アメリカ政府は五年間で一三％の負担増を行うとの韓国政府の提案を受け入れた。この負担増は、一年間で五〇％増とのトランプ政権の要求と比較すれば穏当なものとなった。国務省報道官は、当該合意はバイデン政権による「世界中の民主主義の同盟を再活性化させ現代化するための姿勢」を示すものであると説明した。[3]

この合意の後、三月にはバイデン政権の安全保障担当の責任者であるアントニー・ブリンケン国務長官とロイド・オースティン国防長官がソウルへ発ち、第一回の訪韓を行った。ブリンケンとオースティンは韓国側の鄭義溶外交部長と徐旭国防部長と2＋2の形式で会談した。そして共同声明では、米韓両国による同盟は増大するグローバルな脅威の最中にあって「未だかつてなく重要となっている」とした。青瓦台にて代表団を歓迎した文大統領は、「七〇年来のパートナーであり、民主主義と人権の価値および哲学を共有する米韓両国は、朝鮮半島の完全な非核化と恒久平和の実現のための徹底した協力をはじめ共通の課題に取り組むためにこれからも行動するだろう」と述べた。[4]

五月の首脳会談後の共同声明では、バイデンと文は「鉄の同盟」のためコミットメントを再強化することを誓い、「両国のパートナーシップが地域および世界秩序の礎石となり、両国の市民に平和と繁栄を提供し続ける」ことを宣言した。[5] バイデンはまた、文に対して世界的なワクチン不足にもかかわらず韓国軍に五〇万ダースのワクチン提供を行うとの提案を行った。しかし、韓国軍にとって重要であったのは、アメリカが韓国の弾道ミサイル開発への制限を撤廃したことである。これまで韓国は四二年間にわたって、朝鮮半島域外を射程に収めるミサイルの開発を制限されていた。

第三に、より広範なインド太平洋戦略の文脈において、朝鮮半島における中国の影響力拡大を牽制することも優先事項に入ってきた。たしかに、多くの分野で中国政府を非難する菅・バイデンの日米共同声明とは対照的に、米韓共同声明は表立って中国には言及していない。しかし、米韓共同声明はこれまでの声明とは異なり中国政府の行動に対して批判の色を強めた。声明では、米韓両国はルールに基づく国際秩序を弱め、不安定化し、または脅かすいかなる行動に対しても反対すると述べ、平和と安定を維持して南シナ海と台湾海峡における国際的なルールと規範を守るための両国のコミットメントを確認している。米韓共同声明が台湾についての言及を含むのは今回が初めてのことである。

これに対して中国当局は、一定の懸念を簡潔に表明することで応じた。米韓首脳会談後に、邢海明駐韓中国大使は「声明には中国への直接の言及はないものの、それは中国政府が、声明が中国を対象としていると考えないことを意味しない」と述べた。中国外交部報道官は、台湾問題は中国の国内問題であるとの声明を出し、米韓政府に対して「火遊びを慎むよう」警告した。声明が暗に中国に言及したものの、近い将来に韓国が中国に対して明確に対立的なアプローチを受け入れる可能性は低い。文・バイデンの首脳会談の後、韓国の鄭義溶外交部長は韓国政府が中国の内政問題に干渉する意図はない旨説明して中国政府をなだめようとした。韓国は、日米両国を合わせた貿易額およびシェアよりも規模の大きな対中貿易に深く依存しており、経済的な圧力に対して脆弱にならざるをえない。さらにいえば、韓国社会はこれまでアメリカからの自律性の確保と独自の発言権をより一層求めてきたのである。

第四に、バイデンは経済面においても韓国とさらなる協力関係を築こうとしている。五〇〇〇万人の人口を有する韓国は、OECDによれば二〇二〇年にはGDP規模で第九位であり、韓国の製造部門は中国、アメリカ、日本、ドイツに次いで第五位である。そして第四次産業革命時代の優れた産業部門がバランスよく調和し、韓国経済を牽引している。また鉄鋼・自動車・船舶・半導体・通信・電気自動車用蓄電池・再生可能エネルギー・バイオ後続品といった分野で韓国は世界的にもトップクラスの製造国となっている。ブルームバーグによれば、世界で最も高速な国内インターネットサービスと積極的なR&D投資によって、韓国はイノベーション部門で世界第一位とされた。バイデンが技術分野でも中国との競争を重視する姿勢であることに鑑みれば、韓国はアメリカの産業にとっても重要なパートナーとなりうる。米韓首脳会談では両首脳は、次世代電池や水素、二酸化炭素回収・貯留などのクリーンエネルギー分野及びAI、5G、次世代通信（6G）、オープンRAN技術、量子技術、バイオ技術といった新興技術の分野において未来志向のイノベーションに向けてともに取り組むことを約束した。

こうした協力関係を発展させるため、両首脳は相互投資の増大を促進し、R&D協力の推進を通じて、半導体やEV電池、戦略物資、製薬などの優先度の高い部門のサプライチェーンにおける強靭性を高めるために協力することで合意した。実際、文在寅がワシントンを訪れている間、サムスンやSKといった韓国の主要四企業がアメリカに三九四億ドルを投資する計画を発表した。また、文大統領を伴った共同のビジネスラウンドテーブルでサムスン電子は一七〇億ドルを半導体製造工場に投資する計画を発表している。現代自動車がアメリカにおける電気自動車製造の拡大とインフラ再整備のために七四億ドルを投資する計画を発表した一方、バッテリー製造を行うLGエネルギーソリューションおよびSKイノベーションは一四〇億ドルを単独あるいは共同のプロジェクトで投資する計画があるとした。そして首脳会談の後には文大統領は、ジョージア州アトランタにあるSKイノベーションの工場建設地を訪れた。同社はEV電池部門におよそ二六億ドルの投資を行っている。文大統領はスピーチの中で、「この工場は韓国とアメリカの友好およびハイテク協力の象徴である」と強調した。文大統領の訪問は、二〇二〇年の大統領選挙と上院議員選挙で重要州であったジョージア州において、新たに選出された民主党の上院議員二名と共和党の現職知事を含む全ての地元政治家から歓迎された[6]。

第五に、バイデン政権は朝鮮半島の問題を超えた広範な地域およびグローバルな問題における韓国とのさらなるパートナーシップ関係の強化を歓迎している。とりわけ、アメリカのインド太平洋戦略への二国間協力に関するより高い水準での合意は、今回の文・バイデン会談の顕著な成果であるといえる。両首脳は、「米韓関係の重要性が朝鮮半島を超えてさらに遠くに及ぶ」として、「韓国の新南方政策とアメリカの自由で開かれたインド太平洋の連携」にともに取り組み、「安定し繁栄したダイナミックな地域」の実現に向けて協力することで合意した。両国の地域戦略を連携させるとの声明は、トランプと文大統領の間でも行われたことから特に目新しいものとはいえない。一方で今回新たに際立ったのは、文大統領が「包括的で、自由で開かれたインド太平洋を維持する」ために「ルールに基づく国際秩序を弱め、不安定化し、脅かす全ての活動に反対する」との姿勢を示した点にある。さらに、合法的で妨げのない商業活動を維持し、南シナ海に止まらない地域において航行の自由を含む国際法を尊重することに言及している。

アメリカ政府がインド太平洋の文脈で用いた用語が、修正なしで直接的に文・バイデン首脳会談でも用いられたことは極めて驚くべきことである。以前までは、文在寅政権はアメリカのインド太平洋戦略から距離を置こうとしていた[7]。しかし、こうしたことから韓国が中国に対して対決姿勢をとり、中国の封じ込めを進めるアメリカを支援するとは限らない。例えば、米韓共同声明はあくまで新疆および香港に言及せずに人権問題に触れているのみである。その代わり、米韓両国は開発や気候変動といった課題についてASEANやメコン地域、太平洋島嶼部など地域のパートナーとの協力について話し合った。

文大統領は、アメリカのインド太平洋における課題への支援を中国の許容できる範囲内に抑えようとしているように思える。言い換えれば、文在寅政権は航行の自由や紛争の平和的解決といったアメリカのインド太平洋戦略における普遍的原則についてはは支持することができる。しかし韓国は、南シナ海や東シナ海において軍事的な手段を用いて中国の封じ込めを図ろうとするアメリカの試みに直接関与することは避けようとするだろう。この点、文在寅政権にとってはクアッドへの参加は概ね時期尚早といえる。保守派がクアッドへの協力をアメリカとの同盟関係強化の証として捉える一方で、進歩派はクアッドのメンバーとなることでアメリカの対中封じ込めを韓国政府が支持しているとの誤ったメッセージを中国政府に送りかねないと危惧している。

また同時にバイデンは、グローバルな課題に取り組むために韓国が一層役割を果たすことを期待している。文在寅とバイデンは、気候変動と国際保健分野において新たに協力関係を強化していくとした。取り組むべきグローバルな課題としては、温室効果ガスの排出ゼロや環境技術、米韓グローバル・ワクチン・パートナーシップ、COVAX（新型コロナウイルス感染症ワクチンの国際的共同購入枠組み）、WHO改革、国際保健安全保障分野まで多岐にわたる。さらに、バイデンは中米三カ国や南米、カリブ海地域における人権や女性の活躍を推進するための開発援助を韓国が行っていくことを歓迎している。

アメリカのグローバル戦略において役割を拡大する韓国は、首脳会談から一カ月後の六月にイギリスで開かれたG7会合で報われることとなった。韓国は、ボリス・ジョンソン英首相によって四カ国のオブザーバー国の一つとして同会合へ招かれたのであった。さらにいえば、韓国は四カ国の中で唯一、インドやオーストラリア、南アフリカとは異なりコモンウェルスの非メンバー国であった。そして共同声明では、民主主義や公衆衛生、気候変動といったグローバルな課題に対する韓国のコミットメントについても言及された。

## 2　変化する米韓同盟

文・バイデン会談は概ね成功裏に終わったが、米韓両国は主要な政策課題に関する懸念や立場の違いに対処していく必要がある。

第一に、北朝鮮と核問題をめぐる交渉についてである。米韓両政府は非核化という目標を共有しているものの、北朝鮮と対峙する上では優先順位の違いを抱えている。文在寅は朝鮮半島の平和と安定を維持するために、北朝鮮に対する関与政策に尽力してきた。しかし、原則的なアプローチをとるバイデンは大胆な取引を敬遠し、これに対して北朝鮮は猜疑心から交渉を拒絶するばかりだった。金正恩の新たな政策の展開は、もしアメリカが自分の思い通りに動かなければ核兵器の開発を一層推進していくことを明らかにしている。

米韓両国は、北朝鮮が永久的に核武装国家になってしまう前に北朝鮮と外交交渉を再開するために、中間となる着地点を探る必要がある。この点バイデンが、もし文・バイデン会談の最中に北朝鮮の指導者から核ミサイル基地について何らかのコミットメントがあった場合、金正恩と会う用意があるとしたことは目新しい試みといえる(8)。バイデンは、韓国政府が人道的見地から北朝鮮への食糧や医療品の援助を許すことで、再度の米朝首脳会談を仲介する機会を文に与えるかもしれない。報道によれば北朝鮮はパンデミックによって深刻な経済危機と食糧不足に陥っている。ただし、金正恩が北朝鮮国外に助けを求めるよりも国内を発奮させようとしている間は、北朝鮮が韓国からの支援を受けるかは不明である。

第二に、米韓両国は二一世紀の朝鮮半島の安全保障環境の変容に対応するために同盟を変化させていく必要がある。韓国はバイデンの同盟政策を全体として歓迎しており、また文大統領は、米韓同盟を韓国の安全保障上の利益を守る中心的な柱とみなしている。韓国におけるロバート・エイブラムス米韓連合軍司令官との会談では、文大統領は米韓同盟こそが朝鮮半島の平和と安定を維持するための中核的な役割を果たしているとし、朝鮮半島の統一を超えて同盟が続くべきであると述べた。同盟を立て直し、ルールに基づく国際秩序におけるリーダーとしての地位を取り戻すとのバイデンの約束は、韓国にとって望ましい知らせとなった。しかし、米韓両国は冷戦終結以来続く軍事パートナーシップを変質させなければならない。主要課題の一つに、朝鮮戦争以来アメリカが握ったままとなっている作戦統制権（ＯＰＣＯＮ）の問題がある。ソ連崩壊後の一九九四年には、ビル・クリントンと金泳三は平時における作戦統制権を韓国政府に返還することで合意した。それ以来、二〇〇七年に盧武鉉がジョージ・Ｗ・ブッシュとの間で二〇一二年四月までの戦時作戦統制権の移転を完了するための最初のタイムテーブルに合意するまでに一〇年以上の歳月がかかった。しかし、北朝鮮による核実験や李明博および朴槿恵の保守政権下の国内政治によって移転は未だ完了していない。

盧武鉉政権では大統領の最側近を務めた文在寅は、朴槿恵前大統領が弾劾された後の二〇一七年に大統領に就任し、戦時作戦統制権の移転を迅速に進めると発表した。トランプ大統領と金正恩が戦争をも辞さない強い口調で互いを罵倒し、米朝間で緊張状態が高まる中、文大統領は韓国にとって戦争は受け入れられないことを強調した。そして、政権として新たな平和構想を描き、韓国こそが運転席に座って朝鮮半島問題をリードしなければならないと主張した。文は戦時における作戦統制権の移転によって、より中心的な交渉相手として北朝鮮に臨みたい考えだった。そして、戦時作戦統制権の移転が韓国軍の強化とともに北朝鮮を抑止し、韓国が北東アジアの安全保障上のハブとなることに繋がると主張する。それ以来、文在寅政権は二〇二二年までに戦時作戦統制権の移転を完了するため、「国防改革2・0」を推進した。こうした努力の一環として、進歩派リベラルの文在寅は、李・朴前政権期の年平均四―六％の防衛費増よりも多い、年平均七・五％の防衛費増を行った。北朝鮮に対して平和的関与政策を追求すると同時に国防能力を増強することは、ともに文在寅政権の安全保障政策の中核であった。しかし、パンデミックの発生と北朝鮮との核をめぐる駆け引きによって、統制権移転のために必要な条件を確認する軍事演習が停滞し、文政権による移転推進は阻まれることとなった。

予定される戦時作戦統制権の移転が、文在寅大統領が任期を終える二〇二二年三月までに完了するかは定かではない。しかし、戦時作戦統制権の移転が完了する時期に関わらず、その長期的影響は米韓合同軍の指揮命令系統における象徴的な変化に止まらない。あるアメリカの専門家によれば、指揮命令系統の変化は、同盟関係の長期的な戦略的転換という文脈で捉えられる必要がある。同盟の変質は、世界における韓国の役割やインド太平洋地域の勢力均衡の変化といった戦略環境の変化に関するアメリカ政府と韓国政府の相互認識を反映したものといえる。米韓両国は、朝鮮半島において共同防衛を実質的に担うのは主に韓国側であることについて同意している。そして、計画される調達、配備、組織、訓練の改善によって、韓国は地域においてミドル・パワーとしての役割を果たすことが可能となり、単独かアメリカを含む他国と合同であるかにかかわらず、あらゆる領域で自国防衛を行うことができるようになる。このような同盟の戦略的変質はアメリカにとっても、超大国として介入するかもしれない同時紛争という最も危険な状況への予防策ともいえる。しかし、もしこうした状況が生ずれば、米軍が総力を挙げて朝鮮半島の平和と安定、そして脅威に晒される周辺地域のために韓国との共同防衛にあたることはできなくなる可能性がある(9)。

実際、昨今のアフガニスタンをめぐる情勢はアメリカの同盟への関与の姿勢について疑問を投げかけている。混迷したアメリカのアフガン撤退がもたらす影響や中国のメディアがアメリカ政府の安全保障が信頼に値しないと台湾に呼びかけていることについて、バイデンは韓国やNATOはアフガニスタンとは全く異なる状況にあると述べた。バイデンは、「アメリカ政府はあらゆる誓約を遵守してきた。もしいずれかの国がNATO加盟国を侵略し行動をとることがあればアメリカが対処するとした第五条への尊重すべき誓約を守ったのである。これは日本、韓国、そして台湾の場合にも同様であり、比較して論ずることすら適切ではない」と述べた。東アジアに関するアメリカ人専門家は、アメリカの同盟への関与に対する韓国の信頼はあらゆる領域で未だ揺らいではいないと述べた。ジェイク・サリヴァン国家安全保障担当大統領補佐官が韓国からの撤兵はバイデン政権の考慮にはないとの声明を発したことで、韓国政府の懸念は払拭されたのだった(10)。

アフガニスタンでの危機は韓国の新たな国際的積極主義を示

すこととなった。タリバンが示した撤退期限である八月三一日の直前、タリバンが政権を掌握する前にアフガニスタンで韓国のために働いていた三九〇名のアフガン人を救出するために、韓国は軍用機三機を送り込んだ。退避者には、カブールの韓国大使館や病院、職業訓練所、地域復興チームで働いていた者などがいた。韓国外交部は今回のミッションを国家の「道義上の責任」と述べ、また韓国の弁護士らは「アフガニスタンは緊急に周辺国からの人道的支援を必要としているが、不幸なことに欧州や近隣諸国はアフガニスタンからの難民受け入れを拒絶している」とした。

第三に、文在寅政権は米中関係の緊張緩和を望んでいる。文在寅は、バイデン政権が協調的とまではいかなくとも、より穏当な対中政策をとることが望ましいと考えている。アメリカ政府がさらに中国との戦略競争に没頭するあまり、韓国が米中の狭間で困難な立場を強いられかねないとの懸念はますます大きくなっている。韓国がアメリカとの同盟上の協力関係を重視するのと同じく、朝鮮半島をめぐる中国の経済および政治上の影響力の増大は無視しえないものとなっている。韓国の貿易において、中国の存在感は他国を圧倒している。韓国が北朝鮮のミサイルを念頭にアメリカのミサイル防衛システムであるTHAADを配備した際に中国が韓国に非公式に制裁を行ったにもかかわらず、対中貿易は韓国にとって依然最も重要なものとなっている。米中貿易戦争は、中国を主要な輸出先市場や中国企業をビジネスパートナーとする多くの韓国企業にとって大きな負担となった。韓国の経済界では、米中の戦略的競争や排他的なサプライチェーンによって身動きがとれなくなってしまうとの懸念が増している。

同時に、北朝鮮の核兵器や平和交渉を含む朝鮮半島の安全保障問題における中国の利益と影響力は無視することができない。二〇一八年と二〇一九年に習近平は金正恩と五度直接会っており、これはアメリカや韓国、ロシアを含む地域の首脳の中でも最多である。今年になって中国と北朝鮮は、中朝友好協力相互援助条約の締結六〇周年をともに祝っている。中国は依然として、孤立し困窮した北朝鮮体制に対する単独にして最大の食糧およびエネルギーの供給者である。韓国は北朝鮮に対処しつつ、対中貿易やアメリカとの同盟関係の管理も行わなければならないため、アメリカの対中強硬政策によって政治と経済の両面で困難な戦略的判断を強いられることになる。

とはいえ、米韓首脳会談において、韓国政府もアメリカや他の民主主義諸国の側に立って中国と対峙するさらなる意欲を示した。THAAD配備をめぐって中国が数年にわたり韓国に経済的な圧力をかけたことで、韓国のエリートや大衆は中国とのさらなる友好関係について懐疑的になっている。世論調査では、二〇二〇年の韓国の中国に対する好感度は二四%と歴史的な低さを示した。それに加えて、今年3月に実施されたシカゴ・グローバル評議会による調査において、多くの韓国人は、北朝鮮や気候変動、低迷する出生率といった他の脅威ほどではないにせよ、中国を経済および軍事上の脅威であるとみなしていることが明らかになった。こうした懸念は、文在寅政権が地域における中国の影響力に対抗する政策をとる上で新たな余地を与えることとなったのである。

韓国の対中政策は基本的に控えめなものとなるだろうが、アメリカ政府は近い将来にこれが大胆に変化すると期待すべきではない。もしアメリカ政府が、より強硬な対中政策をとるように韓国に圧力をかければ米韓の同盟関係は一層軋みかねない。それよりも、アメリカ政府は同盟網を強化し、韓国政府を含め民主主義を掲げるパートナー諸国に対して地域およびグローバルな課題にともに取り組むよう促すべきである。このような目的を追求する上では、あからさまに中国だけに焦点を当てるべきではない。それよりもむしろ、持続可能で包括的な成長を後押しし、パンデミックの終息、気候変動への対応や地域の平和や安定の促進といった課題に民主主義国がリーダーシップを発揮することに焦点を当てるべきである。経済や価値観に基づく課題を中心に取り上げることによって、アメリカ政府は旗幟を鮮明にするよう同盟国に強いることなく自国の地域構想を発展させることができるだろう。大統領に就任して以降、バイデンは影響力を拡大する中国やロシアをはじめとする権威主義諸国家からの挑戦に対抗する上で、世界の民主主義諸国に対してグローバルな諸課題の克服を呼びかける努力を行ってきた。強固な産業基盤を持ち、活気に溢れ繁栄した民主主義国家である韓国は、こうしたビジョンをアジアにおいて実現するために極めて重要な役割を有している。

---

米韓首脳会談についてアメリカでは、地域における公共財の提供をめぐって中国と競争する上で、韓国がアメリカやパートナー国とともに取り組む可能性を示した、と論評された。国内的な制約によって韓国があからさまに対中強硬的な政策を追求する可能性は低い一方、米韓首脳会談では韓国は地域情勢におけるより広範な役割を受け入れることで米韓関係の新たな一歩を踏み出したのだ(11)。

## おわりに

首脳会談後、文在寅とバイデンは、朝鮮半島に限定されない二国間関係の重要性や新たな安全保障協力を模索する必要性を確認し、米韓関係の新たな章の幕開けを宣言した。米韓両国は、法執行、サイバーセキュリティ、公衆衛生、グリーン・リカバリー（新型コロナウイルスの感染拡大による景気後退への対策で、環境を重視した投資などを通して経済を浮上させようとする手法）の推進について地域協力を模索するべく、両国の主要な地域イニシアティブである「自由で開かれたインド太平洋」と「新南方政策」を調和させていくことで合意した。韓国はクアッドをめぐる懸念を払拭し、一定の形式で協力していく道を開いた。より重要なのは、米韓両国は、気候変動に対処して脱炭素化を推進し、コロナウイルスのワクチン開発と国際的な分配を加速し、公衆衛生の国際機構を強化すること、「重要・新興技術」の開発について共同プロジェクトを包括的に推進していく道筋をつけたことだ。新興技術に関しては、次世代通信技術やクリーンエネルギー・蓄電池、人工知能の開発のみならず、半導体製造や鉱物などの戦略的資源、医薬品のためのサプライチェーンの強靭性を高めることで合意した。

韓国の大統領選挙が一年以内に迫っており、文・バイデン首脳会談で示されたビジョンの推進は文の後継者に託されることとなる。しかし、誰が次期大統領選挙で勝利しようとも、韓国は米中の狭間で引き続きバランスを模索しつつ、地域およびグローバルな課題に取り組むためにアメリカとの関係をますます深化させていくだろう。アメリカは、韓国政府の限界を留意しつつパートナーシップを深めていくべきである。文・バイデン首脳会談は、米韓同盟および韓国の国内政治にとって重要な転換点となった。韓国内の進歩派は歴史的に米韓同盟の焦点は北朝鮮であるべきだと考えてきたが、朝鮮半島の地理的限界を超えて米韓同盟の射程を拡張していく考えにより前向きになっている。首脳会談の結果は韓国社会の保守派と進歩派を問わずに概ね大きな成功であったと見做され、歓迎されたのだった。バイデン政権が韓国の国益や懸念に対して配慮を示した事実は、地域およびグローバルな課題に一層積極的な役割を果たすこととなる韓国の増大する能力や自信を裏づけるものでもあった。文・バイデンの米韓首脳会談は、韓国がアメリカや他の民主主義国家と協調し、朝鮮半島を超えて大きな役割を果たすこととなる米韓パートナーシップ関係における新時代の始まりとして歴史に記憶されるかもしれない。

---

（1） State Department, "Secretary Antony J. Blinken and UK Foreign Secretary Dominic Raab at a Joint Press Availability," May 3, 2021.

（2） "'This Week' Transcript 5-2-21," May 2, 2021 ; The White House, "Press Gaggle by Press Secretary Jen Psaki Aboard Air Force One En Route Philadelphia, PA, April 30, 2021. MS. PSAKI :

（3） Mitch Shin, "South Korea and US Reach Agreement on Defense Cost Sharing," The Diplomat, March 08, 2021 https://thediplomat.com/2021/03/south-korea-and-us-reach-agreement-on-defense-cost-sharing/

（4） Jessie Yeung and Yoonjung Seo, "South Korea president welcomes 're-turn of diplomacy' in first meeting with top US diplomat" CNN, March 18, 2021 https://edition.cnn.com/2021/03/18/asia/moon-blinken-seoul-trip-intl-hnk/index.html

（5） The White House, U. S.-ROK Leaders' Joint Statement, MAY 21, 2021 https://www.whitehouse.gov/briefing-room/statements-releases/2021/05/21/u-s-rok-leaders-joint-statement/

（6） "Moon visits SK's battery plant construction site in U. S." Yonhap News, May 23, 2021 https://en.yna.co.kr/view/AEN20210523000551315

（7） Wongi CHOE, "Is Seoul Turning Toward the Indo-Pacific? : A Korean Perspective on the Moon-Biden Summit," IFANS Perspective, August 10, 2021

（8） "US President Joe Biden says he is willing to meet with Kim Jong Un about nuclear weapons," ABC News, 22 May 2021 https://www.abc.net.au/news/2021-05-22/biden-says-he-would-meet-with-north-korea-kim/100157978

（9） Shawn P. Creamer, "Setting the Record Straight on OPCON Transition in the U. S.-ROK Alliance," Commentary, The National Bureau of Asian Research, July 16, 2021 https://www.nbr.org/publication/setting-the-record-straight-on-opcon-transition-in-the-u-s-rok-alliance/

（10） Daniel Sneider, "No Sign, yet, of Afghan fallout in Korea and Japan," The Oriental Economist, August 20, 2021 https://toyokeizai.net/articles/-/449617

(11) Tobias Harris and Haneul Lee, "A New Chapter in U. S.-South Korea Relations : Seoul Embraces a Broader Role in Asia," Center for American Progress, June 25, 2021 https://www.americanprogress.org/issues/security/news/2021/06/25/500953/new-chapter-u-s-south-korea-relations-seoul-embraces-broader-role-asia/

# バイデン政権と東南アジア
## ——米中対立の「アリーナ」

神保　謙

（じんぼ　けん）
慶應義塾大学総合政策学部教授
専門は国際安全保障論　アジア太平洋の安全保障
著書に『アジア太平洋の安全保障アーキテクチャ——地域安全保障の三層構造』（日本評論社、二〇一一年）、『民主党政権失敗の検証——日本政治は何を活かすか』（共著、中公新書、二〇一三年）、『中国　改革開放への転換——「一九七八年」を越えて』（共編著、慶應義塾大学出版会、二〇一一年）など。

### はじめに

米国と東南アジア諸国との関係は、パワー、制度、アイデンティティそれぞれの文脈から異なる価値を見出すことができる。東南アジアは台頭する中国と地理的に近接し、南シナ海・マラッカ海峡・インド洋をつなぐ海上交通路を擁する地政学的要衝にある。しかし、東南アジアの経済規模は東南アジア諸国連合（ASEAN）一〇カ国を足し合わせても三兆ドル（名目GDP、二〇二〇年）と中国の約五分の一に過ぎない。

パワーの視点から見た東南アジアは、高い経済成長率に支えられた潜在性の高い市場であると同時に、台頭する中国との経済規模の相対格差が広がる地域でもある。東南アジア諸国には、国力強化を背景に国防費や防衛装備を徐々に充実させ、大国間関係の対立から距離を置きながら、戦略的自律性を模索する動きを見出すこともできる。その一方で、中国の台頭と影響力の拡大によって、原則の変更を強いられ、政策選択肢が狭められることにより、自律性が阻害される局面も増えている。

制度から見た東南アジアは、ASEANによる政治安全保障、経済、社会文化からなる地域共同体が、地域政治の中核的役割を果たしている。ただし欧州連合（EU）における高度な地域統合とは異なり、ASEANでは各国の主権を尊重し、協議とコンセンサスを重視することから、特に外交・安全保障において共通の立場を形成することが難しい。また、米国は東南アジアに二つの条約上の同盟国（フィリピンとの二国間相互防衛条約、タイとの相互防衛義務の確認）を持つが、シンガポールとの拡大防衛協力や、ベトナム等との安全保障協力など安全保障協力を多層的に形成していることにも特徴がある。

アイデンティティから見た東南アジアはさらに複雑である。

ASEAN諸国では戦略的次元でのアイデンティティとして「大国からの選択を強いられない」自律性の確保がしばしば言及されてきたが、米中の戦略的対峙が熾烈になる中、東南アジアの「安住の地は狭まっている」という認識がみられるようになっている。[1]

東南アジア各国のガバナンス安定化を尊重する姿勢は依然として強く、民主化や人権推進といった価値はしばしば後景に退く。タイ（二〇一四年五月）やミャンマー（二〇二一年二月）では軍事クーデターによって民政政権が転覆され、多元的民主主義の定着とは程遠い状態が続いている。東南アジアの多くの国では、経済発展が民主化を促す近代化仮説が当てはまらない状況が顕著にみられる。[2] 米国と東南アジア諸国の価値の共有は一筋縄ではない。

### 米国の東南アジア政策の原型

米国の東南アジア政策は、しばしば「曖昧な関与」（ambivalent engagement）、「体系的な軽視」（systemic neglect）などと言われてきた。[3] ベトナム戦争後の歴代米国政権の対東南アジア政策は、戦略的に優先度の低い対象となり、受動的で一貫性に欠けていた。[4] 米国の首脳・閣僚級の東南アジア訪問は疎らであり、米国とASEANとの首脳級協議が定式化されたのも、オバマ政権になってからのことである。「米国の高官は東南アジア諸国を数時間ばかり滞在し、米・ASEAN関係の重要性を小気味よく語り、すぐに帰っていく」といった描写は、東南アジアでは長く語り継がれてきた。[5] 地政学的な潜在性は疑う余地はないが、東南アジアが地政学的対立の「アリーナ」となるには、なお時間的猶予があったからである。

バイデン政権が向き合っている現代の東南アジアは、中国の急速な台頭に伴う政治・経済・軍事的な影響力の拡大の主戦場の一つとなっている。南シナ海での中国と沿岸海域国との緊張関係、メコン流域開発をめぐる主導権争い、インフラ開発と融資をめぐる競争、サプライチェーン構築、デジタル経済の普及など、その多くが地域秩序の性格を変動させ、ひいては米国の影響力を揺るがしかねない問題として浮上した。

今日の東南アジアは米中の戦略的競争の「アリーナ」としての重要性を増している。[6] そこにはかつてのような大国間競争を回避する距離と時間の猶予が存在せず、米中両国とともに関係を良好に保つ余地も狭まっている。しかし、東南アジア諸国の中で米中いずれかと排他的な関係を選ぼうとする国も、依然として存在しない。バイデン政権は、このような東南アジアの新たな戦略的重要性と、東南アジア固有の複雑性に向き合っている。

本稿はこのような新たな意味付けが付与された米国の東南アジア政策を分析する。バイデン政権下で展開された対東南アジア政策を評価するためには、やや過去に遡った時代性の考察が必要となる。バイデン政権の東南アジア政策の源流は、オバマ政権時代に追及された「リバランス」政策にあるからである。当時アジア太平洋政策を担当した多くの米政府高官が、バイデン政権での主要幹部として登用されていることからも、オバマ政権が果たそうとした東南アジア政策を振り返ることは有用である。

その後「リバランス」政策の有効性を批判して登場したトランプ政権では、米中戦略的競争が本格化し、中国の一帯一路構想が水平展開し、これに対して日米豪を中心とするインド太平洋構想も提起される時代に入った。競争の「アリーナ」としての東南アジアの重要性は増す一方だったが、トランプ政権の地域政策は一貫性を欠き、米・東南アジア関係には目立った発展がなく漂流を続けた。

バイデン政権の東南アジア政策は、オバマ政権からトランプ政権にかけて展開された一二年間の成果と課題との対比で評価される必要がある。

### 1　オバマ政権――「リバランス」政策の展開

オバマ政権（二〇〇九年一月～二〇一七年一月）において、東南アジアを含むアジア太平洋地域への政策を最も包括的に体系化したのは「リバランス」という概念だった。オバマ政権の「リバランス政策」が台頭した背景には、①世界経済におけるアジア太平洋地域の比重が増す中で、米国が経済的利益を享受するための関与を強化すること、②中国の軍事的な台頭が顕著となる中で、米国の外交・軍事的なウェイトもアジア太平洋地域に重点を移すべきこと、③米国の財政的制約のなかで米国が一国だけで「リバランス」することはできず同盟国・パートナー国との協力関係が重視されている、ことがある。バラク・オバマ大統領とヒラリー・クリントン国務長官が述べるように、「リバランス政策」は経済・外交・軍事にわたる包括的なアジア太平洋政策ということになる。

オバマ大統領はイラクとアフガニスタンから米軍を撤退させ、アジアにおける米国のプレゼンスを強化すべきとの考えをかねてから表明してきた[7]。アジア太平洋地域を重視し、そのために既存の同盟関係を発展させ、ルールに基づく地域秩序形成のための新たなパートナシップを構築し、多国間地域枠組みにも積極的に参加する姿勢を示した。

二〇一二年六月にシンガポールで開催されたアジア安全保障会議（シャングリラ・ダイアローグ）で、レオン・パネッタ国防長官は、米国の国防政策にとっての「リバランス」の狙いを詳述した[8]。そこでは国際的なルールと秩序の適用、アジア太平洋域内諸国とのパートナーシップ拡充、米軍のプレゼンスの維持・強化、米国の戦力投射能力の強化という四つの柱が強調されていた。

オバマ政権時代の東南アジア政策を、冒頭のパワー、制度、アイデンティティという枠組みに基づけば、以下のような指摘ができる。第一に、オバマ政権は米軍の海外展開戦力の構成をアジア太平洋にシフトすることを強調した。太平洋と大西洋にほぼ五対五の割合で展開していた米海軍艦船の割合を二〇二〇年までに六対四に変更し、太平洋に展開する空母六隻体制を維持し、対潜水艦戦能力などを備える沿岸海域戦闘艦（ＬＣＳ）

を配備した。またオーストラリアの北部ダーウィンへの海兵隊のローテーション配備、タイとの合同軍事演習「コブラゴールド」の充実化、フィリピン軍の能力構築支援と米軍の関与強化、ベトナムとの安全保障協力の強化など、東南アジア・オセアニア全域にわたる米国のプレゼンス強化を図った。

第二に、オバマ政権はASEANが主導する多国間協議の枠組みを重視し、対話枠組みを発展させた。その嚆矢となったのは、米国が二〇一〇年一〇月に拡大ASEAN国防相会議（ADMMプラス）、翌年一一月に東アジア首脳会議（EAS）の正規メンバー国として加わったことだった。一九九〇年代後半のASEAN＋3（ASEAN一〇カ国＋日中韓＝一三カ国）、二〇〇〇年代中盤の東アジア首脳会議（ASEAN＋3＋豪・ニュージーランド・インド＝一六カ国）は米国が参加しない地域枠組が発展した時期だった。EAS参加によって米国はロシアを加えた一八カ国による「拡大東アジア」の地域枠組みの一員となった[9]。さらにオバマ政権は、ASEAN首脳との間で米・ASEAN首脳会議を定例化させ、非ASEAN諸国として初めてインドネシア・ジャカルタにASEAN代表部大使を常駐させた。

オバマ政権期には、米国と東南アジアの友好国との間にも制度的発展が図られた。二〇一四年五月に米国とフィリピンは「防衛協力強化協定」（EDCA）を締結し、米比共同軍事作戦の強化とフィリピン国軍の能力向上を謳った[10]。この中で米国は、フィリピンへの米軍のローテーション配備を強化し、フィリピン国内の施設建設を可能にすることや、両国が人道支援・災害救援を中心とする活動を強化し、二国間の訓練の機会をさらに拡大することが目指された。さらに二〇一五年一二月には「米・シンガポール拡大防衛協力」によって、軍事分野・技術分野・非伝統的安全保障分野での二国間協力を推進することが謳われた[11]。

第三のアイデンティティでは、オバマ政権は東南アジア諸国との関係に苦慮することとなった。オバマ政権が多角的パートナーシップを掲げ、多国主義を重視する姿勢は、多くのASEAN諸国に歓迎された。米民主党のリベラルな国際主義は、他国との合意形成を重視するという点においては、ASEANのコンセンサス主義と波長が合っていた[12]。

しかし、米国のリベラル国際主義は民主主義・人権の擁護と推進がその核心にある。オバマ政権のジレンマは、こうした民主主義的価値の後退が、米国の同盟国であるタイとフィリピンで顕著に生じたことにあった。タイでは政治的混乱の末に二〇一四年五月に軍事クーデターによって軍政が権力を奪取すると、米国は国内法令に従って国際軍事教育（IMET）を含む四七〇万ドルの軍事援助が停止された。また、米・タイ両国の安全保障協力の要でもある合同演習コブラ・ゴールドも規模縮小を余儀なくされた[13]。同時期にタイを訪問したダニエル・ラッセル国務次官補が、タイの民主化の後退に率直に懸念を表明し、プラユット政権が公式に抗議するという齟齬が生じていた。

フィリピンに関してはさらに想定外の事態が生じた。二〇一六年フィリピン大統領選挙で大勝したロドリゴ・ドゥテルテは、フィリピン国民の高い支持を背景に、国内の治安対策と麻薬撲滅を重視する姿勢を示した。問題はドゥテルテがダバオ市長時代からの手法であった超法規的措置による私刑を容認し、多くの麻薬取引に関与したと疑われた者が短期間に殺害されたことだった。こうした人権蹂躙に対する懸念を表明したオバマ政権に対し、ドゥテルテは容赦なく反論し、その言葉遣いは侮蔑を含むものでもあった。

ドゥテルテ大統領の破天荒で予測困難な言動に米国が対処しあぐねる中、米比防衛協力強化協定（ＥＤＣＡ）の基盤は大きく後退した。そればかりか、ドゥテルテは中国との貿易・投資関係の発展に前向きに取り組み、前政権の南シナ海仲裁裁判での裁定を梃子とした米国や地域諸国との連携は揺らいだ[14]。オバマ政権の「リバランス」の中核とされた、同盟国との連携や、ルールに基づく秩序といった目標も、アイデンティティの齟齬によって覆されていったのである。

## 2　トランプ政権と東南アジア——インド太平洋戦略の同床異夢

トランプ政権の登場は、米・東南アジア関係に緊張をもたらした。「アメリカファースト」を直裁に掲げ、パリ協定や環太平洋パートナーシップから離脱し、あからさまに多国間主義を忌避するトランプ政権の姿勢は、ＡＳＥＡＮから見た望ましい米国像とかけ離れていたからである。ドナルド・トランプ大統領や同政権の高官が、オバマ政権時のような律儀さでＡＳＥＡＮが主導する多国間会議に出席することは考え難かった。トランプ政権時の米・ＡＳＥＡＮ関係はＡＳＥＡＮが主導する多国間会議外交の形骸化が進む危険性と隣り合わせだった。

トランプ政権のアジア地域政策にも政権内外での軋轢が生じていた。オバマ政権時代の「リバランス」政策を担っていた国務省高官（政治任命ではなく職業外交官として支えたダニエル・ラッセル国務次官補、スーザン・ソーントン国務次官補代行、ジョセフ・ユン国務次官補代理など）が同時期に相次いで退任したことにも、対東南アジア政策の継続性が疑問視されることとなった。実際、トランプは就任中に一度も東アジア首脳会談（ＥＡＳ）に出席せず、ＡＳＥＡＮ首脳を失望させた。

こうした外交的な軋轢の中で、トランプ政権の地域政策の形成に決定的な役割を果たしたのが「自由で開かれたインド太平洋戦略」だった。同時期に日本政府が推進していたインド太平洋戦略（後に構想と呼称される）と歩調を合わせ、二〇一七年一一月のトランプ大統領のベトナム・ダナンでの演説、翌一二月に発表された米国家安全保障戦略（ＮＳＳ）に位置付けられ、翌年二月には米国家安全保障会議（ＮＳＣ）が策定した政策方針である「インド太平洋に対する米国の戦略枠組み」として確立していった[15]。

トランプ政権初期の対東南アジア政策は、冒頭で述べたような東南アジアの「アリーナ」としての戦略性の認識と、体系的な軽視が渾然一体となって展開したといってよい。ＮＳＣの

「戦略枠組み」では、米国のインド太平洋戦略と「オーストラリア、インド、日本と連接させる」と述べられているが、東南アジアについてはタイとフィリピンとの同盟関係の強化が謳われるのみで、東南アジアの位置付けをめぐる戦略性を見出すことはできない。この戦略文書を起草したH・R・マクマスター大統領補佐官とマット・ポッティンジャーNSC上級部長も東南アジアの経験が浅く、後に大統領補佐官を引き継いだジョン・ボルトンに至っては回顧録における東南アジアに対する言及はごく僅かである。[16]

他方で、二〇一九年六月に発表された米国防省の『インド太平洋戦略報告』は、東南アジア諸国と米国との安全保障協力に言及し、多国間関与を通じて地域制度を強化し、ASEANとの関係を強化すべきとする丁寧な文書となっている。大統領府、国務省、国防省、インド太平洋軍に、一貫した東南アジア政策を見出すことが難しい時期だったと言える。

こうした中でも米国とインド太平洋諸国の安全保障協力には日米豪印（クアッド）協力の枠組みの実体化が図られた。二〇一七年一一月にはフィリピン・マニラで実に一〇年ぶりとなる日米豪印外交当局による局長級戦略対話が開催された。二〇一九年五月の同協議では「定期的な協議を継続する意思」が確認されている。[17]また二〇一八年一月にはインドで日本の河野克俊統合幕僚長、米太平洋軍のハリー・ハリス司令官、インドのスニル・ランバ参謀長委員会委員長、ティム・バレット豪州海軍本部長が一同に集う国防当局間のクアッド対話が実現した。

経済安全保障とインフラ開発支援においても、米議会を中心に独自のイニシアティブが展開された。中国の一帯一路構想によるインフラ投資が積極的に展開される中で、米国は戦略的競争の文脈での開発融資を強めていった。米議会は二〇一八年一〇月に「開発につながる投資有効活用」（BUILD）法を成立させ、六〇〇億ドル規模の融資を米国開発金融機関（USAID）に担わせることを推進した。また同年一二月の「アジア再保証推進法」では、太平洋島嶼諸国や東南アジアにおける開発支援や能力構築を重視することが謳われた。

こうした中で東南アジア諸国は、米国の地域関与のあり方について違和感を表明するようになっていった。その典型的な例は、二〇一九年六月にシンガポールのリー・シェンロン首相の演説に見られる。リー・シェンロンは米中の戦略的競争の背景にある「戦略的信頼の欠落」に米中双方が取り組まなければならない、と力説した。地域諸国は中国の成長と強大化を認めなければならない、米国が個別の二国間交渉を推移する姿勢をシンガポールは共有できない、一帯一路から東南アジア諸国は恩恵を受けている、といった異例の言及だった。

リー・シェンロン首相の演説の核心は、東南アジア諸国が現在の米国の対中戦略と、その背景にある世界観に対する異議申し立てを明確化したことにある。中国との経済的相互依存とサプライチェーンの下にある地域の現実と、米国の対中戦略的競争政策の推進との間に、東南アジア諸国が見出せそうな解は乏しかった。東南アジア諸国が米中と同時に良好な関係を保つ余地はますます狭まっており、厳しい選択を迫られる局面が増える。それが冒頭の「安住の地」を狭めていくことにつながる。

ＡＳＥＡＮが二〇一九年六月の首脳会議で「インド太平洋に関するＡＳＥＡＮのアウトルック」（ＡＯＩＰ）を紆余曲折を経て発表したことは、こうした戦略環境の変化と密接に結び付いている。[18] ＡＯＩＰは、インド太平洋の連結性・包摂性を重視し、大国間対立の抑制を唱え、自らの中心性と仲介者としての戦略的役割を重視する内容となった。海洋協力の項目では、安全保障、航行・航空の自由の確保にも言及した。そのためにＡＳＥＡＮが主導する多国間枠組みの重要性を確認し、インド洋広域に展開する新たな枠組みを老獪に取り込もうとした。

「インド太平洋」という同じ概念を共有しつつ、米国のインド太平洋戦略とＡＳＥＡＮのＡＯＩＰの力点は同床異夢といってよいほど異なっている。トランプ政権で展開されたインド太平洋戦略は、日本、オーストラリア、インドに加えて欧州諸国が相次いで地域政策の柱として掲げる凝集力を持った。しかし、東南アジアはかつての地域統合の「中心性」とは異なる磁力で地域秩序が形成される足音を聞きながら、バイデン政権を迎えることとなった。

## 3　バイデン政権と東南アジア——正統性の回復を目指して

### (1) オルタナティブを目指して？

米国のバイデン新政権でインド太平洋調整官に就任したカート・キャンベルが、米フォーリン・アフェアーズ誌に寄稿した論文「アジア秩序をいかに支えるか」は、一九世紀の欧州が勢力均衡と秩序の正統性（レジティマシー）によって安定したシステムを構築したように、現代のインド太平洋の安定のために必要なのは、①勢力均衡の維持、②正統性に基づく秩序、③同盟国とパートナーとの連帯であると説く。[19]

バイデン政権のインド太平洋戦略の柱は、インド太平洋における「損なわれた正統性の回復」だと同論文は見做している。もしこの正統性が回復できなければ、パワーバランスの変化こそ秩序変化の中心となり、「立場の衝突は武力で解決され、経済強制策が日常的に行使される。そして米国の同盟関係は弱体化し、小国は自治を失い、自由に行動できなくなる」と悲観的な見通しを述べている。[20]

米国と同盟国のみが正統性の回復を成し遂げることは実現可能性が低く、かつ米中を中心とする地域の根本的な分断のリスクを伴う。米国と同盟国は正統性の回復を政策目標に置くのではなく、正統性の防御的な代替案（オルタナティブ）を提示し続けることはできる。それは、中国がインド太平洋の正統性を蝕むスピードを遅らせ、また正当性を覆すコストを大幅に高めることにより、中国指導者の戦略的な計算を複雑にさせることである。

安全保障・軍事分野では、米軍の改革とグローバルな戦力態勢の見直しを推進し、同盟国との相互運用性を高めることによって、陸・海・空・宇宙・サイバーなど複合領域で競争できる体制を整えることが重要となる。仮に伝統的な戦闘領域で中国が優越したとしても、複合領域を組み合わせることによって相殺（オフセット）し、中国が一方的な現状変更を行う誘引を極限することが目標となる。

経済分野においては、高い水準の自由貿易・投資環境が民間企業の競争力とイノベーションを牽引するエコサイクルを作ることが重要となる。中国政府が環太平洋パートナーシップ（TPP）協定参加に関心を示したことは重要な意味を持ち、中国に開かれた経済改革を迫る梃子とすることが求められた。また、インド太平洋地域の膨大なインフラ需要に対し、日米豪（印）及び欧州諸国が協力して、質と透明性の高い融資チャンネルと技術支援を提供することが重要なオルタナティブとなる。

米国内では、米外交とイデオロギーの関係をめぐる興味深い論争がある。米戦略コミュニティ識者らは、米国の対中政策にイデオロギーを動員することは誤った考え（delusion）だと厳しく指摘する。[21] 彼らは大国間競争の中で米国は自らの利益を保全するのは当然だが、相手（中国）が米国の利益に適う行動をとれば決して追い詰める必要はないとする。イデオロギー対立のプリズムで中国を捉えると、米中の共存は不可能となり、結果として対中政策の選択肢を狭め、同盟国と強調することが困難になると警告する。

その一方で、米中関係は価値をめぐる競争にほかならない、と反論する論考がある。[22] この立場によれば、大国間競争は国家の利益のみで勝利をすることはできず、価値の動員が不可欠であるとする。ソ連との冷戦で米国がイデオロギーと価値の勝利を獲得したように、中国に対しても米国の自由・民主主義・人権の優越性を示し続けることが、米国の対外政策の伝統的な一貫性と信頼性を担保するという。

米国外交とイデオロギーの連接をめぐる論争は、バイデン政権の民主主義・人権を重視する外交に示唆的である。バイデン政権が二〇二一年三月に発表した「国家安全保障戦略の暫定的な指針」では、民主主義の回復と人権の擁護への強い意欲を示している。[23] 同月にアンカレジで開催された米中閣僚級協議でアントニー・ブリンケン米国務長官は冒頭発言で「新疆ウイグル自治区、香港、台湾、米国へのサイバー攻撃、同盟国への経済的な強制行為など中国の行動に対する我々の深い懸念についても提議する」と述べ、その後の楊潔篪共産党政治局員の異例とも言える長時間の反論を招いた。[24]

ミャンマーでは二〇二一年二月に国軍がクーデターを起こして政権を掌握し、不服従で街頭デモを続ける市民に対して武力弾圧を続けた結果、著しい人権侵害が生じている。米国は国軍の関与する企業への制裁、及び通商・投資枠組みの合意に関する全ての取り組みの停止を発表した。

中国とミャンマーに対する人権・民主主義をめぐる外交は、インド太平洋地域が価値によって結束できるかどうかを示す重大なテストケースとなった。米国は譲れない価値を前面に押し出し、同盟国にも結束を求める姿勢を強めた。しかし、上記の米国内論争が示すように、米国の譲れない価値が同盟国・パートナーに等価値であることを意味しない。また、必ずしも人権・民主主義はインド太平洋諸国にとっての戦略資産とは言いきれない。こうした中で、経済的競争と同様に、価値をめぐる競争もインド太平洋の分裂をもたらすリスクが内抱され、そのリスクはバイデン政権の幹部の想定よりも深刻かもしれないのである。

**(2)「統合抑止」の基盤回復とインド太平洋**

コロナ禍が対面外交の機会を大幅に制約する中で、バイデン政権の東南アジア外交が大きく発展する兆しは見られない。ただし、ジョー・バイデン大統領はオンライン外交を活発に展開し、二〇二一年七月のアジア太平洋経済協力会議（APEC）非公式首脳リトリート会合、同年一〇月の米ASEAN首脳会議及び東アジア首脳会議、一一月のAPEC首脳会議に参加した。

その中で注目すべきは、二〇二一年七月から八月にかけてロイド・オースティン国防長官がシンガポール、ベトナム、フィリピンを訪問し、その後カマラ・ハリス副大統領がシンガポールとベトナムを訪問したことである。閣僚クラスの米高官の訪問地が短期間に重複することは異例である。こうした訪問の意図や演説を分析することによって、バイデン政権の東南アジア政策の輪郭を探ることは可能であろう。

オースティン国防長官のシンガポール演説では、米国のアジアへの永続的な関与を強調しつつ、中国の台頭によって南シナ海等の現状が変更していることに危機感を表明した。そして、米国がASEAN諸国を含むパートナー国との安全保障協力によって、米国防省の推進する「統合抑止」（integrated deterrence）を推進することが謳われた。

オースティン国防長官は、「中国との対立は望んでいない」、「我々は中国か米国のどちらかを選べとは言っていない」と述べ、ASEAN諸国の戦略的立場への配慮を滲ませた。その一方で、「東南アジアとインド太平洋全域の安全保障上の挑戦に見合う、協力、能力、抑止ビジョンに投資しなければならない」と強調している。東南アジア諸国の自律的な安全保障能力の向上を促す発言と解釈できよう[25]。

もっとも米国の同盟国であるフィリピンとタイとの関係が停滞したままでは、米国と東南アジアとの安全保障協力は覚束ない。「統合抑止」の推進にしても、厳しい安全保障環境における米軍の戦力投射にしても、東南アジアに確固たる戦略拠点を持ち、東南アジア諸国の自律的な能力と相乗させることが不可欠となる。そのために、訪問先のフィリピンでドゥテルテ大統領が表明した「訪問米軍に関する地位協定」（VFA）の破棄通告が撤回されたことは、最低限の米比同盟の基盤回復だったといってよい[26]。

二〇二一年一二月にインドネシアを訪問したブリンケン国務長官は、インド太平洋戦略に関する包括的な演説を行った。同演説ではバイデン政権で推進されるインド太平洋戦略が、①自由・透明・国民に呼応したガバナンスを持った自由で開かれたインド太平洋、②域内外の強固な結び付き、③広範囲にわたる繁栄の推進、④強靭なインド太平洋の構築の支援、⑤安全保障の強化の五つの柱から成り立っていると主張した[27]。

ここでも強調されるべきは、「ASEANを中核に据えることは、域内構造の土台となる。強固で自立したASEANは喫緊の課題と長期的な課題に取り組む上で必要不可欠」という認識を示していることである。米中関係の対立の可能性を最小限に抑え、制御し、最終的に抑止していくためにも、力強い地域諸国の役割が求められるという認識は共通しているのである。

## おわりに

ASEANの外交原則は長らく「大国間関係から距離を置き、自律性を担保する」ことにあると論じられてきた。このASEANとの協力関係を強化するには、ASEANに対して距離を詰めて協力を強要するのではなく、ASEAN自身の自律的な行動を促すことによって、結果として協力が深まる構造を産み出すことが望ましい。対ASEAN外交を展開する際には、ASEANに自らの原則や希望を一方的に伝達するのではなく、ASEANが達成しようとしている目標を吟味し、側面支援することによって自らの原則や希望に合致させていく、という一見遠回りなアプローチが有効となる場合が多い。

しかし冒頭に述べたように、米中の戦略的対立の熾烈化は、ASEANの距離と時間の猶予を大幅に削り取っている。米中の戦略的対立の回避を促すことや、対立構造の中に入ってなお米中のバランスを取る外交も考えうる。しかし、こうした外交は徐々に原則の妥協を強いられ、結果として戦略的自律性を蝕んでいく。徐々に米中どちらかを選ばなければならない局面で政策判断を迫られることになりかねないからである。

こうした戦略環境において東南アジア諸国が自律性を担保することのできる解は、力の世界に立ち向かえるだけの国力、経済力、国防力を備えることであろう。ASEAN域内の地域協力によって、多国間のパワーとして位置付け、結果としてASEAN全体の強靭性強化に結び付くことが望ましい。

米中の戦略的競争がますます熾烈化する中で、米国にとって東南アジアの戦略的重要性は増す一方である。米国による「曖昧な関与」や「体系的な軽視」と言われた時代に戻ることはもはや考えられず、一貫性・体系性・継続性に基づいた東南アジア政策を確立する機会と捉えるべきであろう。

---

（1）Bilahari Kausikan, "No Sweet Spot for Singapore in US-China Tensions", *The Straits Times* (May 30, 2019).

（2）玉田芳史『民主化の虚像と実像――タイ現代政治変動のメカニズム』（京都大学学術出版会、二〇〇三年）。

（3）Joseph Chinyong Liow, *Ambivalent Engagement: The United States and Regional Security in Southeast Asia after the Cold War* (Washington DC: Brookings Institution Press, 2017); Alice Ba, "Systemic Neglect?: A Reconsideration of US-Southeast Asia Policy", *Contemporary Southeast Asia*, Vol. 31, No.3 (2009).

（4）Evelyn Goh and Sheldon W. Simon, eds, *China, the United States, and Southeast Asia: Contending Perspectives on Politics, Security and Economics*

(New York: Routledge, 2008).

(5) David Shambaugh, "U. S.-China Rivalry in Southeast Asia: Power Shift or Competitive Coexistence?", *International Security*, Vol. 42, No.4 (Spring 2018).

(6) Bilahari Kausikan, "The Arena: Southeast Asia in the Age of Great-Power Rivalry" *Foreign Affairs* (March/April 2021).

(7) The White House, "Remarks by President Obama to the Australian Parliament," (November 17, 2011).

(8) Leon Panetta, "U. S. Rebalance towards Asia-Pacific" Remarks by Secretary Panetta at the Shangri La Dialogue in Singapore (June 2, 2012).

(9) アジア太平洋における地域統合の展開や「拡大東アジア」の政治過程については、大庭三枝『重層的地域としてのアジア——対立と共存の構図』(有斐閣、二〇一四年)を参照。

(10) The Official Gazette, The Government of Philippines, "Document: Enhanced Defense Cooperation Agreement between the Philippines and the United States" (http://www.gov.ph/downloads/2014/04apr/20140428-EDCA.pdf).

(11) Singapore Ministry of Defense, "Singapore, US Step Up Defence Cooperation" *News Release* (December 8, 2015).

(12) タイの著名な外交ジャーナリストのカヴィ・チョンキタヴォン(Kavi Chongkitavorn)は、「ASEANが(共和党政権よりも)オバマ政権を望む一〇の理由」をコラムに執筆している。その最大のポイントは米国の多国間外交への支持がASEANの外交路線と符号することにある。Kavi Chongkittavorn, "10 Reasons ASEAN Prefers Obama as President", *Nation* (November 5, 2012).

(13) 真辺祐子「タイの『バランス外交』再考:対米関係、プラユット軍事政権の外交姿勢を中心として」『アジア地域文化研究』第一四号(二〇一八年三月)。

(14) Renato De Castro, "Abstract of Crisis in Philippine-U. S. Security Relations: From an Alliance to a Security Partnership?", *The Pacific Review* (November 2020); Renato De Castro, "Explaining the Duterte Administration's Appeasement Policy on China: The Power of Fear", *Asian Affairs: An American Review*, Vol. 45, Issue 3-4 (2018).

(15) U. S. Whitehouse, "U. S. Strategic Framework for the Indo-Pacific" *NSC Declassified Document*, (February 2018).

(16) John Bolton, *The Room where It Happened* (Washington DC: Lulu. com, 2020).

(17) 外務省「日米豪印協議」(二〇一九年五月三一日)(URL: https://www.mofa.go.jp/mofaj/press/release/press4_007482.html〔二〇一九年一〇月二五日アクセス〕)。

(18) ASEAN Secretariat, "ASEAN Outlook on the Indo-Pacific" (June 2019)

(19) Kurt M. Campbell and Rush Doshi, "How America Can Shore Up Asian Order: A Strategy for Restoring Balance and Legitimacy", *Foreign Affairs* (January 12, 2021).

(20) Jessica T. Mathews, "Present at the Re-creation?: U. S. Foreign Policy Must Be Remade, Not Restored", *Foreign Affairs* (March/April, 2021).

(21) Elbridge Colby and Robert D. Kaplan, "The Ideology Delusion: America's Competition with China Is Not About Doctrine", *Foreign Affairs* (September 4, 2020).

(22) Hal Brands and Zack Cooper, "U. S.-Chinese Rivalry Is a Battle Over Values: Great-Power Competition Can't Be Won on Interests Alone", *Foreign Affairs* (March 16, 2021).

(23) The U. S. White House, "Interim National Security Strategic Guidance" (March 2021).

(24) 「米中外交トップ会談、異例の応酬」『日本経済新聞』(二〇二一年三月二一日)。

(25) こうした解釈については、菊池努「『ふたつの基軸国家』:バイデン政権の東南アジア政策を考える」『国問研戦略コメント』(二〇二一年一一月一八日)が参考になる。

(26) Jim Garamone, "Philippine President Restores Visiting Forces Agreement with U. S." *DOD News* (July 30, 2021).

(27) U. S. Department of State, "Secretary Blinken's Remarks on a Free and

Open Indo-Pacific", *FACT SHEET* (December 13, 2021).

# バイデン政権と欧州
## ――米欧関係はいかに変容し、どこに向かうのか

鶴岡路人

（つるおか　みちと）
慶應義塾大学総合政策学部准教授
専門は現代欧州政治、国際安全保障。
著書に『ＥＵ離脱――イギリスとヨーロッパの地殻変動』（ちくま新書）、『ＥＵの国際政治――域内政治秩序と対外関係の動態』（慶應義塾大学出版会、共編著）などがある。

### はじめに

第二次世界大戦後の米国の対外関係、戦略において欧州は、長らく最も重要な位置を占めてきた。戦後秩序を規定した冷戦の中心的戦場が欧州だったからである。米国の戦略が欧州冷戦を規定したと同時に、欧州冷戦や欧州（西欧）との関係が米国の戦略を形づくったのである。

さらに、戦後の米国における外交安全保障政策コミュニティの主流には、ソ連との冷戦やその主戦場である欧州を専門としたり、戦火の欧州から逃れてきたといった経歴を有する人々も少なくなかった。彼らにとって米国の戦略とは、（主に東海岸の視点から）大西洋を向いたものだった。冷戦期は中東の比重も高かったが、ワシントンにとっての中東は、地理的に欧州の先に位置する地域であり、軍事的な関与の際には欧州がその足場になる。

そして米国がさまざまな対外政策を展開し、さらに軍事作戦を実施する場合に、支持や支援の取り付け努力の対象として真っ先にあがるのも欧州（西欧）のＮＡＴＯ（北大西洋条約機構）加盟国だった。冷戦後だけを考えても、湾岸戦争や9・11後のアフガニスタンでの作戦、さらにはイラク戦争しかりである。イラク戦争のように欧州の一部諸国が強く反対するような事態になっても、インテリジェンスや兵站、そして負傷兵の治療のハブとなったのはドイツを中心とする在欧米軍基地であり、ＮＡＴＯの同盟諸国だった。

日本にとっての米国は、「太平洋国家（Pacific power）」としての米国であり、米軍といえばインド太平洋軍（ＩＮＤＯＰＡＣＯＭ）だが、戦後の米国の外交安全保障の重心は大西洋側にあったのが現実である。この歴史と経緯を振り返ることが、今

日起きている変化の本質的意義を理解するためにも不可欠である。というのは、米国にとっての戦略的な最優先地域が、欧州大陸（ユーラシア大陸の西部）から、インド太平洋、あるいはより厳密には西太平洋（ユーラシア大陸の東部）に移動しつつあるからである。これは、米国の対外戦略の本質的転換であり、従来の最優先地域であった欧州のあり方にも大きな課題を投げかけている。欧州自身の戦略も問われているのである。

そこで本稿は、米国の対外関係、戦略における欧州の位置づけと、欧州にとっての対米戦略を分析することで、米欧関係のマクロ的な相互作用の構図を明らかにすることを目的とする。第一節では米国の戦略における欧州を、第二節では欧州について検討していく。バイデン（Joe Biden）政権下の米欧関係が主題であるが、トランプ（Donald Trump）政権からの流れが重要であり、さらにそれを戦後の米欧関係の展開のなかで位置づけたい。

本論に入る前に二点断っておきたい。第一に、本稿では「欧州の」戦略といった言葉を使うものの、欧州軍なるものも存在せず、欧州として単一の戦略、政策が常に存在するわけでもない。EU（欧州連合）や欧州のNATO加盟国、そして各国レベルなど、対象となるものもさまざまである。以下で欧州（あるいは西欧）という用語は、欧州に存在する特徴や方向性の総称として便宜上のものとして使用する。第二に、本稿での主たる対象は、NATOとEU、およびその加盟国である。個別の国についても可能な範囲で触れるが、紙幅の関係もあり、個別国について詳しく議論することはできない。

## 1　戦後米国の戦略と欧州（西欧）

### （1）戦後戦略と平時における関与（同盟）受け入れ

米国にとっての第二次世界大戦後の対外戦略上の目的は明確であり、ユーラシア大陸が一つの敵対勢力によって支配されるのを防ぐことだった。加えて、ケナン（George Kennan）のいう五つのパワー・センター（米、ソ、英、独、日）のうち、二つを擁する西欧を確保することは、ソ連との冷戦戦略上も不可欠だった。冷戦は米ソ、東西による世界規模での争いではあったものの、その主戦場が欧州だったことは明らかである。[1] そこで勝利すること、あるいは少なくとも敗北しないことが米国の冷戦戦略上は必須の要請になった。

その結果、米国の国家安全保障に関する言説は、欧州・NATOにおける戦略をベースに形成されることになった。柔軟反応戦略や、核軍備管理・軍縮などは好例である。ただし、第二次世界大戦後の米国が、当然のように欧州への平時の永続的コミットメントを決定したわけではない。

米国は、第一次世界大戦後に欧州への関与を継続しなかったことが第二次世界大戦につながったとの意識、および疲弊した欧州（西欧）のみではソ連の欧州大陸支配を阻止できないのではとのパワーバランス的現実から、欧州への平時の関与のあり方を新たに模索することになる。しかし、それはあくまでも、西欧復興のきっかけを支援するという想定だったといってよい。一九四七年に発表されたマーシャル・プラン（欧州復興計画）も、名目は西欧の自立を支援することだった。実際、当時の米国は、欧州が復興し自立することを通じ、米ソとは異なる「第三勢力」を形成するようになるとの構想を有していた。前述のケナンのパワー・センターという議論もその一環だったといえる。

そうした、時間的に限定された支援を想定していたとしても、当時の米国にとって平時において欧州大陸へのコミットメントを続けることは容易な選択ではなかった。米国の孤立主義との決別を示した文書とされることの多い一九四八年六月の米上院によるヴァンデンバーグ決議も、国連の役割を強調したうえで、「継続的で効果的な自助（continuous and effective self-help）」[2]に基づいてのみ、地域的な安全保障機構に参加することを容認したに過ぎない。そのため、欧州への関与をするにあたっては、その理由づけとして、欧州自身が防衛強化のために自助努力していることが不可欠になり、その努力を米国が支援するとのナラティブが必要になったのである。

欧州にとっては、米国の支援を得るためには、米国に対して自助努力をアピールしなければならないということである。この構図は、その後の米欧関係の展開や、そこでのバードン・シェアリングをめぐる論争に照らすと興味深い。原型はNATO創設前にすでにできていた。

NATOも当初は単に北大西洋条約（NAT）であり、米軍も欧州に恒久的に駐留するつもりではなく、統合司令部のような組織も想定されていなかった。しかし実際には、ソ連・東側の強大な通常戦力を前に組織化が進み、NATはNATOへと発展した。[3]さらに、西欧の防衛態勢（通常戦力）強化は当初の想定どおりには進展せず、かわりに、米国の核兵器への依存を深めることになった。[4]そしてこのことが、（同盟内における米国の核の存在は圧倒的だったために）欧州の対米依存という冷戦における西側防衛態勢の固定化につながったのである。その結果が、「核同盟」としてのNATOだった。

### (2) 欧州統合への支持、同盟コミットメントの揺らぎ

第二次世界大戦後の米国の対欧州政策のもう一つの柱は、欧州統合への一貫した支持だった。冷戦初期においては、前述のとおり、欧州の自助努力支援が主眼であり、これによる米国の負担軽減が目指された。これらは、米国内の孤立主義的なオーディエンスへのアピールでもあった。マーシャル・プランの際に欧州諸国間の協力が支援の条件とされたのは、まさにその観点であり、強制的にでも欧州諸国間の協力を進める姿勢だった。[5]これが欧州統合の基礎を提供することになる。

そして欧州統合を推進するという米国の基本的姿勢はその後も継続する。ノルウェーの国際政治学者であるルンデスタッド（Geir Lundestad）は、これを「Empire by integration（統合による帝国）」[6]と呼んだ。ソ連との冷戦という観点でも、西欧が一つにまとまり、パワーを増大させることは、西側全体に貢献するものだった。英国が当時のEEC（欧州経済共同体）に加盟

するのを後押ししたのも米国だった。これを米国の「トロイの木馬」だとして警戒し、二度にわたり英国の加盟を拒否したのはフランスのド・ゴール（Chaeles De Gaulle）大統領だった。

　他方で、戦後初期に想定されていた欧州からの引き揚げという目標が実質的に実現不可能となり、予見し得る将来において関与し続けざるを得なくなった以上、そのなかで欧州の自律性をどこまで認めるかは、容易な解決策の存在しない本質的な課題になったといってよい。起こるべくして起きた問題だともいえる。

　というのも米国には、自らの冷戦戦略上の要請として欧州に関与し続けなければならない以上、欧州にバードン・シェアリングを求めつつも、最終的な主導権を手放す意図はなかったからである。欧州からみれば、負担をいくら増やしても、主導権が米国の手のなかに残るのであれば不公平である。この構図のなかで、両者が納得できる均衡点を探すことが求められたわけだが、それは極めて政治的な営みだった。

　そして、欧州統合に関する米国の姿勢は、冷戦後に試練を迎える。一九九〇年代に入り、欧州安全保障防衛アイデンティティ（ESDI）が謳われ、安全保障面でも対米自立や米国からの「開放（emancipation）」[7]が議論されるようになった。その結果、米国の懸念が高まり、欧州の安全保障防衛協力はあくまでもNATOの枠内でという議論が米国ではクリントン（Bill Clinton）政権期に定着することになる。[8]その象徴が、オルブライト（Madeleine Albright）国務長官の「三つのD」、つまりNATOと重複（duplication）しない、EU非加盟国を差別（discrimination）しない、EUをNATOから離別（decoupling）させないとの原則だった。[9]このうち、EU非加盟国の不差別は、トルコを念頭に置いたものだった。

　軍事司令部機能の設置など、EUにおける防衛協力を米国がどこまで容認するかは、その後も争点となってきた。また、ブッシュ（George W. Bush）政権ではEU軽視が顕著であり、欧州統合支持という米国の基本的立場の変更が窺われた。[10]その後を継いだオバマ（Barack Obama）政権は欧州統合を支持し、EUと協力する姿勢を改めて示した。そうした背景もあり、特に具体的成果が豊富だったわけではないものの、欧州におけるオバマ人気は政権の最後まで続いた。[11]しかし、それも後の時代から振り返れば、欧州統合に対する米国の姿勢、さらには欧州側からみたときの米国の信頼性の乱高下の一断面に過ぎなかったことがわかる。

　というのも、次に続くのがトランプ政権だったからである。同政権においては、大統領自らが、「EUはもちろん米国につけ入るために作られた」[12]や、EUによる米国の扱いは「中国よりひどい」[13]と述べるなど、EUへの敵対的姿勢が顕著だった。その結果、欧州では、米国は一体味方なのか敵なのかという議論まで提起されるようになった。[14]

　加えてトランプ政権は、NATOの基盤である北大西洋条約第五条（集団防衛条項）へのコミットメントを意図的に避ける姿勢を示したほか、NATOからの脱退を複数回にわたって仄めかすなど、同盟国としての信頼性が大きく損なわれることになった。[15] NATOは米国の軍組織にも深く組み込まれた存在であり、議会を含めてNATOを支持する声が国内にも強かったことなどもあり、脱退にまでは至らなかった。加えて、トランプ政権下で仏独などとの関係が悪化しても、例えばポーランドなどとは関係が強化されるなど、NATO内での相違も存在した。トランプは、同盟のなかのそうした新たな友好国——一つの基準は、トランプが執拗に要求した国防支出GDP（国内総生産）比二％の達成状況であり、達成した諸国は「二％クラブ（Two Percenters）」と呼ばれた——を優遇することで、NATO加盟国の差別化をはかることになった。[16]

他方、二〇二〇年六月には在独米軍の大幅削減案が明らかになった。これは、軍事的合理性や戦略性から導き出されたものではなく、従来から関係の悪く、国防支出もGDP比二％から程遠いドイツのメルケル（Angela Merkel）首相に対する嫌がらせや懲罰、つまりトランプによる政治的衝動の色彩が強かった。[17] こうしたトランプ政権の対NATO政策は同盟の結束を損ねるものであり、対露を中心に米国の戦略の観点でマイナスの効果だったことは否定しえない。

EUに対する前述の姿勢とあわせ、トランプ政権の同盟政策として浮かび上がったのは、同盟国との関係と敵対国との関係を分けて考えない姿勢だった。いわゆる「関税戦争」においては中国とEU、日本などを同列に対象とし、同盟国ドイツのメルケル首相よりも、ロシアのプーチン（Vladimir Putin）大統領に個人的信頼を寄せるような姿勢を示す場面もあった。「米国ファースト（America first）」がトランプ政権の戦略——あるいはその土台を形成する基本原則——だったとすれば、同政権の世界地図には米国とそれ以外しか存在せず、そこには、同盟国と敵対国の区別もなかったのだろう。その意味では首尾一貫していたのかもしれない。

こうしたトランプ時代の混乱を受け、「反トランプ」を外交政策においても実践することを目指しているのが、二〇二一年一月に誕生したバイデン政権である。NATOに関してバイデンは、ストルテンベルグ（Jens Stoltenberg）事務総長との最初の電話会談で、第五条に明確に言及し、米国のコミットメントを明示した。[18] また、EUに関しては、三月二五日に欧州理事会（EU首脳会合）にEUからの招聘によって遠隔参加した際、「強いEUは米国の利益である」[19] と明言している。これは一見何の変哲もない政治的修辞にもみえるが、欧州統合の進展を支持してきた米国の従来の路線への回帰を鮮明にするものであり、前政権との差異を強調するという明確な意図をもったメッセージだった。

そして世論調査にあらわれる欧州市民の米大統領への信頼度は、バイデン政権の発足を受けていっきに上昇した。政策面での具体的成果があがる前であり、実態への評価よりは期待値なのだろう。それでも、米政権への信頼の度合いは、米国が対欧州戦略の結果に影響を及ぼすために、戦略的意味を有するといえる。

図表　西欧主要国における米大統領への信頼度の変化

**Biden receives much better ratings than Trump did**

*% who have* ***confidence*** *in__to do the right thing regarding world affairs*

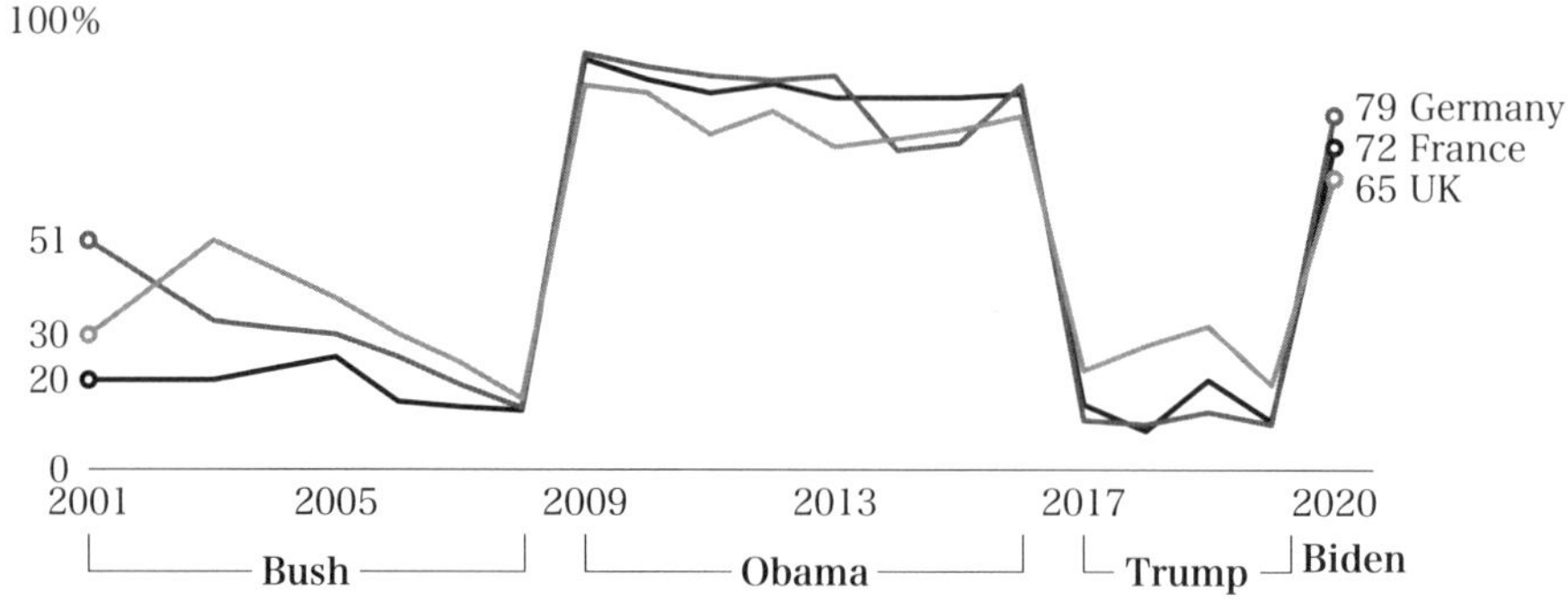


Source: Fall 2020 Global Attitudes Survey. Q28.
"British, French and German Publics Give Biden High Marks After U. S. Election"

**PEW RESEARCH CENTER**

（出典）"British, French and German Publics Give Biden High Marks After U. S. Election," Pew Research Center, 19 January 2021.

ただし、上記の図で明らかなように、少なくとも英仏独の欧州主要三カ国に関する限り、米政権への信頼度はブッシュ政権（共和党）で低迷し、二〇〇九年から一六年までのオバマ政権（民主党）で急上昇して最後までそれが維持され、トランプ政権（共和党）でまた極めて低い水準に落ち込み、バイデン政権（民主党）で急上昇した[20]。これだけ上下変化が明確だと、大統領の属人的要因というよりは党派的分断が目立つともいえる。それでもこうした世論状況は、米国の対欧州戦略に対して重要な前提を形成している。

### （3）中国の台頭と欧州の位置づけの低下

米国の戦略における欧州を考える際の最大の要素は中国の台頭であり、その結果としての欧州の位置づけ（優先順位）の低下である。これは、米国の国家安全保障上の脅威、つまり米国への挑戦国として、ロシアと中国のどちらを上位に置くかという問題でもある。これについては、米国内でも、ロシアを重視する伝統派の影響力が強い状態が続いたが、トランプ政権半ば以降、懸念・挑戦・脅威を論じる際に、ロシアよりも中国を重視する傾向が強まり、これはバイデン政権に引き継がれている。

バイデン政権が二〇二一年三月に発表した「国家安全保障戦略暫定指針（Interim National Security Strategic Guidance）」文書は、中国を、「安定的で開かれた国際システムに対し、経済、外交、軍事、技術の力を統合することで持続的に挑戦する能力を有する唯一の競争相手[21]」であると表現している。ロシアについては、「グローバルな影響力を向上させ、国際社会において妨害的役割（disruptive role）を果たすことに依然として強い意思を有している[22]」と述べている。軍備管理・軍縮分野を重視するバイデン政権にとっては、その観点でロシアを無視することはできず、また、ロシアへの対処が第二次的なものであると明言しているわけでもない。それでも、中露両国に関する表現の相違が示すメッセージは明確であろう。そして、米国にとっての脅威としてロシアよりも中国を重視するということは、地理的優先順位として、欧州よりもアジアを重視するということでもある。

さらに、中国との戦略的競争に専念するためにロシアとの関係を安定化させたいという発想にもつながる。例えばバイデン政権は二〇二一年五月に、ロシアとドイツを結ぶ天然ガスパイプライン「ノルドストリーム2」に関連した制裁を見送る決定を行ったが、これは、対中国政策におけるドイツの協力を確保し、中国を見据えて、ロシアを過度に刺激することを避けるという判断だったといわれている[23]。別のいい方をすれば、対中政策が独立変数であり、対露政策はその従属変数に位置付けられるということになる。これが定着すれば、新たな時代の到来といえるかもしれない。

すでに、オバマ政権におけるアジア重視に対して欧州では、「アジアへのピボット（pivot to Asia）」より「欧州からのピボット（pivot from Europe）」の側面が関心を呼び、懸念が高まったという背景があった。（オバマ政権の）米国は欧州へのコミットメントが揺らぐわけではないことを強調してきたが、いくら外交的レトリックで覆い隠そうとしても、米国の戦略的重心がシフトしていることは欧州としても否定できない。あるいは、そうした現実を誰よりも理解しているがゆえに、欧州は米国の一挙手一投足に神経質にならざるを得ないといった方が現実に近いかもしれない。

もっとも、米国の国家安全保障上の脅威認識がそのまま戦略に反映されるとは限らないのも現実である。一つの鍵は中東情勢である。というのも、オバマ政権下でアジア重視を打ち出すことが可能になったのは、当時イラクとアフガニスタンでの作戦が終焉を迎えつつあり、アジアに傾注する余裕がようやく生じたからだったことを忘れてはならない。つまり、二〇一一年や一二年の段階で急に中国の脅威が増大したのではなく、そのタイミングで米国が中国に注意を払えるようになったのである。多くの専門家やアジアに関与する政策担当者にとって、中国の台頭はそれ以前からの懸念事項であり、アジアへのピボットは遅すぎるものだった[24]。

加えて、当時はまだ二〇一四年のウクライナ危機前であり、欧州大陸は平和だと考えられていた。これらのことは、逆にいえば、いくら中国が重要視されたとしても、中東や欧州で大規模な危機が発生し、米軍の本土からの大規模な増派が必要となるような事態になれば、アジア重視の根底が大きく揺らぐということをも示している。加えて、中東での軍事作戦にあたっては欧州がその拠点になるとの側面も無視できない。バイデン政権は二〇二一年四月に、政権発足後初めての外国首脳として日本の菅義偉総理大臣をホワイト・ハウスに迎え入れたが、その直前には、同年九月一一日の9・11の二〇周年までにアフガニスタンからの米軍撤退を完了させると正式に発表していた(25)。アフガニスタンを含む中東への軍事的関与を縮小し、中国をはじめとするインド太平洋に戦略的・軍事的重心を移すことの一環でもあった。

ただし、米国内においても、脅威としての中国を重視するグループとロシアを重視するグループは、分野によっては依然として拮抗しているのが現実であり、対中重視が当然のコンセンサスとして成立しているわけではないだろう。例えば戦略核兵器の分野においては、ロシアのみが米国と対等の相手である現実は変わらない(26)。さらに、ロシア重視(＝その結果としてのNATO重視)派の巻き返しも考えられる(27)。

バイデン政権による前述の「国家安全保障戦略暫定指針」も、中国との競争を前面に出しつつ、同盟強化の対象としてはNATOが日米同盟より前に言及され、「我々のプレゼンスはインド太平洋と欧州において最も強固であり続ける」とし(28)、インド太平洋に次いで欧州を強調している点は見逃せない。つまり、中国一辺倒になれるわけではない。

米国がどの地域をより優先するかは、つねに綱引きの対象となってきたが、バイデン外交は、とりわけ注意深くバランスを確保する可能性が高い。就任後の電話会談に関しては欧州が優先されたが、ホワイト・ハウスに対面で一番乗りしたのは日本だった。国務長官は最初の外国訪問として日本を訪れたが、その直後にNATOも訪問した。バイデン大統領の最初の外国訪問先は、英国で開催のG7首脳会合と、直後のブリュッセル訪問だった。

そうした外交上の配慮に加え、実態としても、中国との競争にあたって価値を共有する同盟諸国との協力が不可欠であるという点をバイデン政権は強調しており、この観点で、欧州の同盟国の重要性が大幅に低下することは考えにくいという構造も指摘できる(29)。バイデン政権が重視する人権に関して、米国が最も深く協力できる相手が欧州諸国であることは、二〇二一年三月の新疆ウイグルに関する米欧――カナダ、EU、英、米――協調制裁の事例からも明らかである(30)。

## 2　欧州の対米戦略

### (1)「米国引き止め」対「米国からの自律」

冷戦期においては、ソ連の脅威を前にいかに自らの存続を確保するかが、欧州(西欧)にとっては現実的な最大の課題であった。その主要な手段は米国を引き込むことであり、これがNATOだった。ルンデスタッドのいう「招かれた帝国(Empire by invitation)(31)」である。

しかし、一九五〇年代から六〇年代にかけて、東西分断のもとで欧州の冷戦秩序が「安定」すると、西欧は行動の自律性を欲するようになり、米ソ両超大国に挟まれた息苦しい状況からいかに脱することができるかが課題になる。超大国に挟まれた状態は、西欧にとっても心地よいものではなかった。[32] 西ドイツの東方外交（*Ostpolitik*）に代表される欧州デタントの追求は、そうした欧州の意識を反映したものだった。フランスにおけるド・ゴール外交も自律性への欲求を体現したものである。

それでも、まずは米国による安全保障コミットメントを維持することが、ソ連の脅威を考えた際に不可欠であることは論を俟たなかった。前述のとおり、第二次世界大戦直後の段階において米国は、欧州へのコミットメントのかわりに欧州に自助努力を求めており、その後も米国の一部で欧州への「フリーライディング（タダ乗り）」批判が頻繁に沸き起こり、バードン・シェアリング（負担分担）が米欧関係のアジェンダとして定着することになった。

欧州側による自助努力のアピールは、欧州にとっては当初から、米国の対欧州コミットメントの継続を確保するための手段であった。この構図は、一九七〇年代以降のバードン・シェアリング論争、さらには一九九〇年代以降のEUにおける安全保障防衛協力においても引き継がれる。欧州が米国にとって信頼に足るパートナーであることを米国に対して示すことで、NATOを中心とする米欧関係を維持しようというのである。英国やドイツが基本的にこの考え方であった。

他方で、米国の事情や気まぐれに翻弄されることを嫌がり、欧州の自律性（autonomy）確保自体を目的とする考え方もある。この立場はフランスに代表され、今日ではマクロン（Emmanuel Macron）仏大統領がさまざまな発信をしている。[33] もっとも、この二つの立場は、究極的には両立しないものの、現実問題として当面は両立可能である。というのも、最終目的がどちらであったとしても、その過程では欧州における防衛協力の進展や各国レベルでの国防努力の強化（能力の向上）が不可欠であり、それは米欧同盟にとっても、欧州防衛（EUにおける防衛協力）にとってもプラスだからである。

欧州における防衛協力の最終目標を何に設定するかに関しては、欧州内でコンセンサスに欠けるのも事実だが、前節で指摘したように、米国側でも、欧州にどこまでの自律性を認めるべきかについての明確な方針が存在していないという問題もある。皮肉なことだが、双方における曖昧さが、米欧間の政治的な妥協を維持可能にしてきたともいえる。米欧ともに、最終的な到達地点を明確にする必要に迫られず、そのための覚悟が問われることもなかったのである。

そうしたいわば旧弊を解消しようとした（かにみえた）のがトランプ政権だったが、同政権も、例えばEUが欧州防衛基金（EDF）を創設し、独自の兵器開発に乗り出そうとすると、米防衛産業の参画を求めてきたのが現実だった。影響力を手放す用意はなかったのだろう。

欧州の側も、米国なしに自らの防衛を完結させる用意があるわけではない。結局のところ、NATOに対する米国のコミットメントの継続を求めているのである。それゆえ、それが揺らぐと米国を批判するという構図になる。これは、米欧間のバードン・シェアリング論争における長年の構図であり、まさにジェスチャーとしてのバードン・シェアリング、自助努力、自律議論なのだといえる。ある意味で歌舞伎のようなやりとりである[34]。

ただし、欧州は米国抜きではロシアに軍事的に対抗できない、というのは簡単であるが、それを自明視しすぎてはいけないとの議論もある。ロシアとの武力衝突に関していかなるシナリオを想定するかで、戦力バランスの評価は大きく変わるからである[35]。ロシアを念頭に米国抜きでの欧州防衛が現実的か否かは、欧州防衛の到達点をめぐる議論に今後とも大きく影響することになるだろう。

## (2)「戦略的自律」とは何か

そうしたなかで、二〇一〇年代半ば以降の欧州で議論が高まっているのが「戦略的自律（strategic autonomy）」である。EU文書においては、二〇一六年六月の「EUグローバル戦略」で初めて登場した[36]。同文書がいう戦略的自律は下記のとおりである。

欧州人として我々は自らの安全保障により責任を果たさなければならない。外部の脅威を抑止、対応し、我々を守る用意がなければならない。NATOが加盟国――そのほとんどは欧州である――を外部の脅威から守るために存在するが、欧州諸国はより装備を拡充し、訓練し、組織し、合同の努力に決定的に貢献するとともに、必要な際には自律的に行動しなければならない。適切なレベルの野心と戦略的自律性は、欧州の境界の内外で平和を推進し安全保障を守るために重要である[37]。

NATOの存在を前提に、それに貢献するといいつつ、外部の脅威への対応においてEUとして自律的に行動できるようにするという方向性が示されている。なお、同戦略文書が公表されたのは、二〇一六年六月二三日の英国におけるEU残留・離脱を問う国民投票の数日後だった。離脱の国民投票結果を受け、グローバル戦略の公表を延期する声もあったが、EUの有効性を示すためにもあえて公表に踏み切ったといわれる[38]。

EUグローバル戦略自体は、同年一一月の米大統領選挙でのトランプ当選以前に発表されたものであり、トランプ政権の誕生を受けたEUの対応ではない。それでも、こうした議論がトランプ政権によってより喫緊性の高いものになったことは否定しようがない。焦点となったのは、いわゆる「プランB（NATOを含めた既存体制の代替案）」の議論であった。ただし、それが何を目指すものかについては、前述のように欧州内でコンセンサスが存在するわけではなかった。

トランプ政権が一期四年で終了し、欧州を含めた同盟国との協力を掲げるバイデン政権が誕生したことで、「プランB」推進のモメンタムは薄れたとの感覚が欧州の一部では広がっている。しかし、二〇二〇年の米大統領選挙が明らかにしたのは、極めて深刻な米国の分裂状況であり、トランプ的なるものはおそらく今後も終わらない現実である。そうである限り、同盟国としての米国の信頼は――前述のような印象レベルで個々の大統領の人気は上昇したとしても――本質的な部分では、元には戻らないというのが欧州における基本的認識である。

そうしたいわば悲観的な米国認識を欧州が再認識させられたのが、二〇二一年八月の米軍のアフガニスタン完全撤退をめぐる一連の過程だった。アフガニスタンで長く米軍とともに活動してきた欧州諸国は、バイデン政権による一方的な撤退方針の決定に強く反発するとともに、それに従わざるをえない現実を前に、無力感にさいなまれたのである。[39] フランスの欧州担当大臣を務めたロワゾー（Nathalie Loiseau）は、「（欧州は）トランプがいなくなるのを待てば、『昔の正常』が戻ってくると考えたが、そのようなものはもはや存在しなかった[40]」と述べている。欧州の側がナイーブだったのかもしれないが、期待したはずのバイデン政権に裏切られたような感覚もあったのだろう。英国議会でも、米国一国に依存することの問題点が厳しく提起されることになった。

アフガニスタン撤退をめぐる米欧間の齟齬が、米欧関係の今後にどの程度影を落とし続けるかは不明である。というのも欧州自身、アフガニスタンへの軍事的関与を今後も長く継続したいと考えていたわけではないからである。それでも、今回の事例が、欧州が自律的に行動することの必要性と、米国への依存の危険性への認識を高めることになったのは事実であり、議論の行方が注目される。

### （3）対露戦略と中国の台頭への対応――欧州のインド太平洋重視

欧州の安全保障に対する脅威としては、テロやサイバー攻撃、移民問題、気候変動、自然災害、感染症等、さまざまに指摘されるし、例えばイタリアとバルト諸国のように、地理的条件の違いによる差異も大きい。しかし、敵対国家という観点では全般にロシアが最大の対象であり続けていることは自明であろう。他方で、米国においては、いわゆる「中国シフト」が急速に進んでいる。その結果として、当然のことながら、ロシアや欧州の相対的位置づけが低下することになる。そして、米戦略における欧州の地位低下は、欧州の戦略的計算にも影響を及ぼし始めている。

まさに欧州の戦略が問われているわけだが、その過程で課題となるのは次の二点である。第一に問われるのは、同盟国である米国の戦略的焦点の変化に、欧州としていかに、そしてどの程度まで歩調を合わせるかである。米国が重要だと考える問題の優先順位と同盟国とのそれにギャップが生じること自体は珍しくないが、米国の「中国シフト」が構造的で継続的なものだとすれば、欧州としても対応せざるをえない。これに関して、欧州は米中「等距離（equidistance）」でないとの指摘はよく聞かれる。価値の異なる中国より同盟国である米国に近いというのだが、これは当然のことに過ぎない。他方で、米国と完全に一体化するのも難しい。米中対立に必要以上に巻き込まれることは避けたいのである。こうした姿勢は、ボレル（Josep Borrell）EU外交・安全保障政策上級代表が「欧州独自の道（My Way）」を強調することから、「シナトラ・ドクトリン」と呼ばれたこともある。[41] ただしこれは、米中の間でバランスをとることを意味するのではなく、欧州独自の利益確保と米国との協調のバランスだと捉えた方がよいだろう。

関連して第二に問われるのが、欧州が今後、中国といかなる関係を築いてゆくのかという問題である。欧州（EU）・中国関係自体の分析は本稿の範囲を超えるが、これが、欧州の対外戦略の方向を左右するものになることは確実であろう。中国企業による欧州企業の買収を通じた技術流出やサイバー攻撃、新型コロナウイルス感染症の初期段階における情報隠蔽、さらには香港や新疆ウイグルの人権問題などによって、近年、欧州の対中国感情は急激に悪化し、EUは対中政策ツールの整備に余念がない。[42] 中国との経済関係は引き続き重要であり、欧州・中国関係全体がいっきに「ディカプリング」にまで向かう可能性は当面ほとんど存在しないが、関係好転の材料が皆無に近いことは否定できない。

こうしたなかで注目される一つの方向性が、欧州による「インド太平洋重視」である。これまで、フランス、[43] ドイツ、[44] オランダ[45]が国レベルでのインド太平洋戦略（ないし政策、指針等）を発表したほか、英国は二〇二一年三月に発表した包括的な外交・安全保障・防衛政策レビューである「統合レビュー（Integrated Review）」において「インド太平洋傾斜（tilt to the Indo-Pacific）」を打ち出した。[46] さらにEUは、四月に「インド太平洋における協力のためのEU戦略」策定に向けた方針を採択し、[47] 二〇二一年九月には正式な戦略文書が公表された。[48]

それら文書における力点やアプローチには違いもあるが、共通点として指摘できるのは、インド太平洋地域の欧州にとっての重要性が上昇していることへの認識であり、従来中国との関係の比重が高すぎたことを是正し、価値を共有するパートナーである日本や豪州、さらにはインド、あるいはASEAN（東南アジア諸国連合）と協力を強化しようという意思である。その背景には、中国に対する警戒感の上昇がある。[49]

米国の戦略との関係という、本稿の枠組みに沿って考えれば、ここで注目すべき第一は、欧州によるインド太平洋重視（ないし傾斜）のどの程度が、「対米考慮」なのかという点である。この要素が最も大きいと思われるのは英国であることは、おそらく明白だろう。二〇二一年に日本を含めたインド太平洋に展開される英空母「クイーン・エリザベス（HMS Queen Elizabeth）」を中心とする空母打撃群（CSG）は、計一八機の空母艦載機F35Bのうち、一〇機が米海兵隊の機体だったほか、米海軍の駆逐艦「ザ・サリヴァンズ」が全ての行程に参加した。[50] まさに「英米合同」のCSGだったのである。

英米間での空母を伴うハイエンドの共同作戦を、西太平洋において確認することが、軍事的には今回のCSG展開の最も重要な目的だったとみられる。EUを離脱した英国にとって、インド太平洋においても信頼に足る同盟国であることを米国にアピールする必要性は上昇している。

他方で、フランスにとってのインド太平洋関与は、何よりもまず同地域に存在する海外県等の仏領の防衛という、国家安全保障政策の文脈に位置するものであり、その点からも、「戦略的自律」の一環だという要素が強い。あるいは、米国がインド太平洋地域を重視し、コミットを深めれば深めるほど、それに「巻き込まれ」ずに、独自の道を確保する必要性が増すという構図も指摘できる。

第二に、インド太平洋の特に安全保障において、米国が欧州に何を期待するのかも自明ではなく、検討が必要である。というのも、米国は、欧州諸国のインド太平洋への関与を歓迎しているようでありながら、実際のところ何を期待しているのかが必ずしも明確ではないからである。

安全保障・防衛面でも、現場においては、英空母のインド太平洋展開を、艦載機や艦艇を提供してまで支援したり、また、二〇二〇年から翌年にかけてのフランス海軍の攻撃型原子力潜水艦のインド太平洋展開にあたっては、グアムにおいて全面的な支援を行うなど、米国が欧州諸国の軍隊によるインド太平洋展開を支援しているなどの実態がある[51]。

他方で、米国の一部には、欧州諸国が軍事的アセットをインド太平洋に展開させたとしてもインパクトは限られ、貴重な資源の無駄遣いになるため、それよりは欧州およびその周辺地域の安全保障における役割を増大させ、それら地域での米軍の負担を軽減させる方が、米国にとって有益だとの指摘もある[52]。これは、米欧間のいわば地理的役割分担の発想である。これ自体は新しいものではないが、最大の問題は、同盟国間での戦略観や脅威認識におけるギャップが拡大する結果になる可能性が高い点である。米欧間の対中認識ギャップが完全に解消されることはいずれにしても不可能だとしても、ギャップを放置することが同盟の持続可能性にプラスの影響を及ぼすことは考えにくい[53]。

しかもバイデン政権は、中国への対応にあたっても欧州を含む同盟国との協力を前面に打ち出している。その基本方針は、オースティン（Lloyd Austin）国防長官が述べるように、「ともに協議し、ともに決定し、ともに行動する」[54]である。ここには、同盟国への配慮を見出すこともできるが、同時に、期待や要求が大きいことも窺われる。

その期待・要求の中身を考えれば、前述のような軍事的側面も無視できないものの、欧州（ＥＵ）がより大きな役割を果たせるのは、経済、さらには、経済と安全保障の接点、つまり経済安全保障的分野であろう。二〇二〇年には、新型コロナウイルス感染症拡大を受けて、サプライチェーンにおける対中依存の危険性が欧州でも注目されることになった。その結果、「開かれた戦略的自律（open strategic autonomy）」として、サプライチェーンの多角化や製造拠点の欧州回帰などが議論されているほか、新たな通商政策の方向性としても、この概念が用いられている[55]。これは主として「対中自律」だが、同時に、「デジタル主権[56]」といった、「対米自律」を主眼としたものも同居しており、場合によってはEUがより内向きの傾向を強めることへの懸念も持ち上がっている[57]。

これらの議論はまだ端緒についたばかりだが、欧州の対米戦略をめぐる議論は、今後、こうした諸要素が組み合わされるなかで展開していくのだろう。

## おわりに

第二次世界大戦後の米欧関係を、米国と欧州それぞれにとっての戦略という観点で改めて振り返った際に気づかされるのは、冷戦期のかなりの程度固定化された関係がやはり圧倒的であった現実である。冷戦終結による衝撃、そしてさらにはトランプ政権期における、それを根底から「ぶち壊す」試みは、結局のところ、いまだに、冷戦期のモデルからの脱却をもたらしたとはいい難い。

そのため、バードン・シェアリングをめぐる議論も、欧州はどの程度の自律が可能なのか、米国はそれをどの程度まで許容するのか、そうした自律は、結局のところ米国による対欧州コミットメントの継続を目的のための手段に過ぎないのかという議論が依然として続けられているのである。こうした状況に、根底から変革を迫るのが、中国の台頭、および米国における戦略的重心の対中シフトなのかもしれない。

中国を念頭に置いた場合には、日本と欧州の間には類似点よりも相違点が目につくことが多い。しかし、米中対立という現実を前に、特に安全保障面での米国との関係を維持・強化しつつ、経済面では中国との関係を可能な限り継続したいという観点では、日欧間で共通点が多い。実際、欧州の来歴、そして今日置かれている状況は日本への示唆にも富んでいる。以下ではニつを挙げ、本稿の結びにかえたい。

第一は、位置している地域の米国にとっての重要性が増し、脅威度が高まれば高まるほど、米国との摩擦が増えかねない現実である。欧州はソ連に対する冷戦のまさに最前線であった。そして、ソ連という脅威に地理的に近く、それにさらされる度合いが高まれば高まるほど、脅威対象との関係には細心の注意が必要になり、海を隔てた米国との感覚がずれるのである。このことを端的に言い表しているのが、「我々はここにいるが、彼らはあちらにいる（We are here, and they are there）[58]」という一節である。同じ構造の問題が、今後は対中国の文脈で日米間で顕著になる可能性が高い。同盟関係を維持、さらには強化するなかで、いかにこの問題に対処できるかが問われる。

第二は、米国に翻弄される「普通の」同盟国の姿である。米国の同盟国としての日本は、すでに、米国に翻弄されてきたかもしれない。それでも、例えば米国主導の軍事作戦への参加といった、米国が同盟国に通常期待するものから、日本は距離を置いてくることができたのも現実である。日本の歴史や、それとも関連した近隣諸国との関係、さらには憲法の制約などが重なり、日本はこの観点では期待されないできたのである。米国の戦略的重心が対中国にシフトするなかで、そのような状況が今後も許される保証はどこにもないだろう。少なくとも、最大の脅威と対峙するにあたっての最前線の同盟国に、これまで以上の役割を求めないとすれば、ほとんど論理破綻である。正当化することは困難であろう。

端的にいって、日米同盟を「普通の同盟」にする圧力が増すということである。その際に参照し得る「普通の同盟」の例は、日米双方にとって、NATOを差し置いてほかにない。米欧関係やNATOに関する研究が日本でさらに求められるゆえんである。

［二〇二一年九月一五日脱稿］

(1) George Kennan, *Memoirs, 1925–1950*, Hutchinson, 1967, p. 359.
(2) "Vandenberg resolution," U. S. Senate Resolution 239, 80th Congress, 2nd Session, 11th June 1948, para. 3.
(3) Lawrence Kaplan, *The United States and NATO: The Formative Years*, University Press of Kentucky, 1984; Sean Kay, *NATO and the Future of European Security*, Rowman & Littlefield Publishers, 1998, Chapter 3.
(4) Marc Trachtenberg, *History and Strategy*, Princeton University Press, 1991 (Chapter 4: "The Nuclearization of NATO and U. S.-West European Relations").
(5) Michelle Cini, "From the Marshall Plan to EEC: Direct and Indirect Influences," in Martin Schain (ed.), *The Marshall Plan: Fifty Years After*, Palgrave Macmillan, 2001.
(6) Geir Lundestad, *"Empire" by Integration: The United States and European Integration, 1945–1997*, Oxford University Press, 1998.
(7) Charles Cogan, *The Third Option: The Emancipation of European Defense, 1989–2000*, Praeger, 2001.
(8) 例えば、Robert Hunter, *European Security and Defense Policy: NATO's Companion or Competitor?* RAND, 2002 などを参照。
(9) Madeleine Albright, "The right balance will secure NATO's future," *Financial Times*, 7 December 1998.
(10) John Peterson, "America as a European power: the end of empire by integration?" *International Affairs*, Vol. 80, No. 4 (2004); John Peterson and Mark Pollack (eds.), *Europe, America, Bush: Transatlantic Relations in the Twenty-First Century*, Routledge, 2003.
(11) Richard Wike and Jacob Poushter, "As Obama Years Draw to Close, President and U. S. Seen Favorably in Europe and Asia," Pew Research Center, 29 June 2016.
(12) "Trump: EU was 'set up to take advantage' of US," POLITICO. eu, 28 June 2018.
(13) "Trump: 'Europe treats us worse than China'," POLITICO. eu, 26 June 2019.
(14) Jean Pisani-Ferry, "Is Europe America's Friend or Foe?" *Project Syndicate*, 27 July 2018.
(15) 政権内部でのトランプの発言等、この問題の内幕は、ジョン・ボルトン（梅原季哉監訳）『ジョン・ボルトン回顧録――トランプ大統領との453日』朝日新聞出版、二〇二〇年、第五章に詳しい。
(16) 鶴岡路人「波乱のなかったNATOの70周年首脳会合？」笹川平和財団国際情報ネットワーク分析（IINA）、二〇一九年一二月一八日、同「バイデン政権下における米欧関係の展望――NATOとEUを中心に」日本国際フォーラム、二〇二一年二月二八日。
(17) 鶴岡路人「在ドイツ米軍削減計画――軍事的合理性と政治的衝動の衝突」笹川平和財団IINA、二〇二〇年六月二五日。
(18) White House, "Readout of President Joseph R. Biden, Jr. Call with Secretary General Jens Stoltenberg of NATO," 26 January 2021. なお米国側は電話会談のハイライトビデオまで作成して、バイデンが第五条へのコミットメントを確認している様子をツイッター等で発信した。
(19) White House, "President Biden Participates in European Council Summit," 25 March 2021.
(20) Richard Wike, et al., "British, French and German Publics Give Biden

High Marks After U. S. Election," Pew Research Center, 19 January 2021.

(21)　White House, *Interim National Security Strategic Guidance*, March 2021, p. 8.

(22)　Ibid.

(23)　"Amid internal disputes over Russia policy, Biden has chosen a mix of confrontation and cooperation,"*Washington Post*, 15 June 2021；「米、対ロ歩み寄り来月一六日に首脳会談」『日本経済新聞』（二〇二一年五月二七日）。

(24)　Aaron Friedberg, *Beyond Air-Sea Battle: The Debate over US Military Strategy in Asia*, Adelphi Series 444, Routledge for IISS, 2014, chapter 2.

(25)　White House, "Remarks by President Biden on the Way Forward in Afghanistan," 14 April 2021.

(26)　Office of the Secretary of Defense, *Nuclear Posture Review*, February 2018.

(27)　Ellse Labott, "It's Russia, Stupid (For Now)," *Foreign Policy*, 14 June 2021.

(28)　*Interim National Security Strategic Guidance*, pp. 10 and 15.

(29)　Anony Blinken, "Reaffirming and Reimagining America's Alliances," Speech at NATO HQ, Brussels, 24 March 2021.

(30)　Antony Bliken, "Promoting Accountability for Human Rights Abuse with Our Partners," Press Statement, 22 March 2021.

(31)　Geir Lundestad, "Empire by Invitation? The United States and Western Europe, 1945-1952," *Journal of Peace Research*, Vol. 23, No. 3 (1986).

(32)　A. W. DePorte, *Europe Between the Superpowers: The Enduring Balance*, Second edition, Yale University Press, 1987.

(33)　"La doctrine Macron: une conversation avec le Président français,"*Le Grand Continent*, 16 novembre 2020; "Emmanuel Macron in his own words (English)," *The Economist*, 7 November 2019.

(34)　鶴岡路人「岐路に立つ米欧関係と欧州『自律性』の模索」『外交』二〇一八年五・六月号、一二九頁。

(35)　Barry Posen, "Europe Can Defend Itself," *Survival*, Vol. 62, No. 2 (2020). 他方、米国抜きでは欧州の防衛は成立しないとの代表的な議論としては、Hugo Meijer and Stephen Brooks, "Illusions of Autonomy: Why Europe Cannot Provide for Its Security If the United States Pulls Back," *International Security*, Vol. 45, No. 4 (2021); Douglas Barrie et al., "Defending Europe: Scenario-based Capability Requirements for NATO's European Members," IISS Research Paper, April 2019 などを参照。

(36)　*Shared Vision, Common Action: A Stronger Europe - A Global Strategy for the European Union's Foreign And Security Policy*, European Union (EEAS), Brussels, June 2016.

(37)　Ibid., p. 19.

(38)　Nathalie Tocci, "Interview with Nathalie Tocci on the Global Strategy for the European Union's Foreign and Security Policy," *The International Spectator*, Vol. 51, No. 3 (2016).

(39)　鶴岡路人「アフガン崩壊——米撤退でヨーロッパに広がる『憤り』と『無力感』」『Foresight』（二〇二一年八月二六日）。

(40)　Mark Lowen, "Afghanistan crisis: How Europe's relationship with Joe Biden turned sour," BBC, 3 September 2021.

(41)　"Europe's "Sinatra doctrine" on China: The EU wants to go its own way,"*The Economist*, 13 June 2020; Josep Borrell, "In rougher seas, the EU's own interests and values should be our compass," EEAS Blog, 14 June 2020.

(42)　鶴岡路人「EUの対中国戦略——欧州はいかなるツールで何を目指すのか」『世界経済評論』（二〇二一年九・一〇月号）。

(43)　French Ministry of the Armed Forces, *France's Defence Strategy In the Indo-Pacific*, Paris, September 2019; Directorate for Asia and Oceania, French Ministry for Europe and Foreign Affairs, *French Strategy for the Indo-Pacific: For an Inclusive Indo-Pacific*, Paris, 2019.

(44)　The Federal Government (Germany), *Policy guidelines for the Indo-Pacific-Germany-Europe-Asia: Shaping the $21^{st}$ Century together*, Berlin, September 2020.

(45)　Government of the Netherlands, *Indo-Pacific: Guidelines for strengthening Dutch and EU cooperation with partners in Asia*, The Hague, 30 November 2020. partners in Asia

(46) HM Government, *Global Britain in a competitive age: The Integrated Review of Security, Defence, Development and Foreign Policy*, Presented to Parliament by the Prime Minister by Command of Her Majesty, CP 403, London, 16 March 2021.
(47) Council of the European Union, "EU Strategy for Cooperation in the Indo-Pacific-Council conclusions," 7914/21, Brussels, 16 April 2021.
(48) Joint Communication to the European Parliament and the Council, *The EU Strategy for Cooperation in the Indo-Pacific*, JOIN (2021) 24 final, Brussels, 16 September 2021.
(49) 鶴岡路人「英・仏・独・EU、対中姿勢の『本気度』」『中央公論』(二〇二一年一〇月号)。
(50) "Joint Statement on Carrier Strike Group 2021 Joint Declaration Signing," Press Release, Ministry of Defence, Gov.uk, 19 January 2021.
(51) 仏潜水艦については、Cassandra Thompson, "French Submarine Deployment to Western Pacific Presents Rare Training Opportunity for Guam-Based Boat," US Navy Office of Information, navy. mil, 17 December 2020 を参照。
(52) 例えば、Elbridge Colby and Ian Brzezinski, "How NATO Manages the 'Bear' and the 'Dragon'," *Orbis*, Vol. 65, No. 1 (2021) を参照。
(53) Tsuruoka Michito, "Europe in Europe, America in Asia?" *The Diplomat*, 18 August 2021.
(54) Lloyd J. Austin III, "The U. S. can't meet its responsibilities alone. That's why we believe in NATO," *The Washington Post*, 17 February 2021.
(55) Frances Burwell and Kenneth Propp, "The European Union and the Search for Digital Sovereignty: Building "Fortress Europe" or Preparing for a New World?" *Issue Brief*, Atlantic Council of the United States, June 2020; Carla Hobbs (ed.), *Europe's digital sovereignty: From rulemaker to superpower in the age of US-China rivalry*, European Council on Foreign Relations (ECFR), July 2020.
(56) 例えば、Communication from the Commission to the Parliament, the Council, the European Economic and Social Committee and the Committee of the Regions, "Trade Policy Review - An Open, Sustainable and Assertive Trade Policy," COM (2021) 66 final, Brussels, 18 February 2021 を参照。
(57) Nathalie Tocci, "European Strategic Autonomy: What It Is, Why We Need It, How to Achieve It," Istituto Affari Internazionali, 2021; Richard Youngs, *The European Union and Global Politics*, Macmillan International, 2021.
(58) Stanley Sloan, *Defense of the West: NATO, the European Union and the Transatlantic Bargain*, Manchester University Press, 2016, p. 85.

# あとがき

新聞や雑誌のような鮮度が命の媒体でもなく、学術書のような永年にわたって使い続けられるような重厚な議論というわけでもない、ムック本の編集というのはなかなか難しいものである。世界が目の回るような速度で変化し、バイデン大統領の支持率や内政、外交をめぐるアジェンダも急速に展開する中で、バイデン政権の外交と世界観を分析するのは至難の業である。

中でも急速に展開したのがロシアによるウクライナへの軍事侵攻である。本書の執筆者たちが校正作業に入るまでは、このような事態が起こることは想定できず、バイデン政権の外交安全保障政策は中国に焦点を当てたインド太平洋地域へのシフトが顕著であった時期であった。しかし、ロシアの軍事侵攻とそれに引き続く経済制裁など、バイデン政権の外交安全保障とその世界観を大きく変えるような出来事が起こり、本書での議論の想定を超える展開が起きている。

しかし、そんな中でも国際政治学、アメリカ研究の第一線の研究者たちが限られた材料を基に、極めて限られた時間の中でこれだけの議論を展開し、十分に読み応えのあるものを執筆してくれたことに深く感謝したい。トランプ大統領という「異形」の大統領の後を受け、二〇二一年一月六日の連邦議会議事堂襲撃事件を経て、アメリカ政治の「正常化」を託されたバイデン政権が、どのような世界観を持ち、どのような価値を実現していこうとするのか、ということを明らかにすることは、バイデン政権の残りの三年間を見通すだけでなく、アメリカの政治外交がどこに向かっていくのかを明らかにする作業である。

そのため、第I部ではバイデン政権に焦点を当てつつも、アメリカ政治外交における価値観、世界観を問うことが出来る執筆者に依頼し、内政外交にわたり縦横無尽に論じてもらった。執筆者ごとに異なるイメージや結論に至ってはいるが、多くの執筆者で共通しているのは、バイデン政権はトランプ政権の間に失われたアメリカの価値観とリーダーシップを再構築しつつも、政策としてはトランプ政権を継承するものが多く、アメリカの政治外交の将来が必ずしも明るいものではないことを示唆している点である。

第Ⅱ部では、バイデン政権の外交の戦略と、その外交の受け手となる主要国や地域の状況を、それぞれの地域の専門家に依頼し、論じてもらった。ここでも共通するのは、バイデン政権にかける期待はありつつも、不安を払しょくすることはできないといったところだろう。日本を含め、アメリカの同盟国はトランプ政権時代の不安とは異なる不安を抱えながら、これからの対米政策を再検討していかなければならない局面を迎えるだろう。

バイデン政権は内政では議会民主党をまとめきれず、重要法案を通せない状況が続く中で、そのリーダーシップが問われており、外交ではアフガニスタン撤退以降、国内外での信頼感の欠如に苦しみ、ロシアのウクライナ侵攻においても、一方では西側諸国の結束を固め、国際協調を軸に事態に対処するためのリーダーシップを発揮しつつ、他方で、早々に米軍の派遣の可能性を否定し、ウクライナへの支援は武器供与などに留まったことで、ロシアの侵略を止めることはできなかったことの評価はわかれている。さらに、二〇二二年には中間選挙があり、バイデン大統領の支持率が低下していけば、民主党にとっては厳しい選挙となり、その結果次第では政権運営がさらに困難になるだろう。

バイデン政権を語る際に、常に引き合いに出されるのは就任式の第一声が「America is back!（アメリカは戻ってきた！）」という一言であるが、それが「America backs down（アメリカは手を引く）」にならないことを祈るばかりである。

最後に、限られた時間と多数の執筆者、さらには二つの鼎談を組み込むという野心的な企画を快く受け入れ、まとめ上げてくれた、東京大学出版会の阿部俊一さんに感謝しかない。編者を代表してお礼申し上げます。

ウクライナからの避難民の悲痛な叫びを聞きながら

鈴木一人

## 編者略歴

佐橋　亮
東京大学東洋文化研究所准教授
専門は東アジアの国際関係・米中関係・国際政治学
著書に『米中対立――アメリカの戦略転換と分断される世界』（中央公論新社）、『共存の模索――アメリカと「二つの中国」の冷戦史』（勁草書房）などがある。

鈴木一人
東京大学公共政策大学院教授
専門は国際政治経済学・科学技術と安全保障・宇宙政策
著書に『宇宙開発と国際政治』（岩波書店）、『EUの規制力』（日本経済評論社、共編著）などがある。

バイデンのアメリカ
――その世界観と外交

U.P.plus

2022年4月21日　初　版

［検印廃止］

編　者　佐橋《さはし》 亮《りょう》・鈴木《すずき》一人《かずと》

発行所　一般財団法人　東京大学出版会
代 表 者　吉見俊哉
153-0041 東京都目黒区駒場 4-5-29
http://www.utp.or.jp/
電話 03-6407-1069　Fax 03-6407-1991
振替 00160-6-59964

印刷・製本　大日本法令印刷株式会社


ISBN 978-4-13-033303-0　Printed in Japan

# UP plus 創刊にあたって

現代社会は、二〇世紀末の情報革命とグローバル資本主義の深化によって大きく変貌を遂げてきました。情報革命はライフスタイルに大きな変革を及ぼし、わたしたちの生活に多大な影響を与え続け、いまなお変化の途中にあります。また、グローバル資本主義の進展もワークスタイルに大きな変革を及ぼし、世界の一体化を促進させてきました。しかし、同時に様々な次元で格差を生じさせ、分断を深めています。

しかし、二〇二〇年の初頭に発生したCOVID-19（新型コロナウイルス感染症）のパンデミックによって、より快適に、より便利に、より早く、ということを追求してきた現代社会は大きな影響を受けたのです。この出来事はわたしたちに大きな警鐘を与えるとともに、わたしたちが生きている社会のあり方、そして世界のあり方にも再考をうながしているのです。

このような状況下で、いま一度「知」というものを改めて考え直す時代が訪れているのではないでしょうか。いまの危機を乗り越え、格差や分断を乗り越えるには、人類が積み重ねてきた「知」の集積をたよりにして、あたらしい地平を開くことこそが求められているのではないかと考えられるのです。まだ見ぬ世界への道しるべとして、「知」はやはりかけがえのないものなのです。

このたび、東京大学出版会は、「UP plus」と題し、「知」の集積地である、大学からひろく社会と共有する「知」を目指して、複雑化する時代の見取り図としての「知」、そして、未来を開く道しるべとしての「知」をコンセプトとしたシリーズを刊行いたします。

「UP plus」の一冊一冊が、読者の皆様にとって、「知」への導きの書となり、また、これまでの世界への認識を揺さぶるものになるでしょう。そうした刺激的な書物を生み出し続けること、それが大学出版の役割だと考えています。

一般財団法人　東京大学出版会